GAODENG ZHIYE JIAOYU
DIANZI SHANGWU ZHUANYE
GUIHUA JIAOCAI

高等职业教育电子商务专业规划教材

跨境电子商务实务教程

KUAJING DIANZI SHANGWU SHIWU JIAOCHENG

■主　编　夏先玉　唐偲祺
■副主编　郭　浩　陈　倩

重庆大学出版社

内容提要

本书结合当前跨境电商人才对跨境贸易、电商平台以及平台操作技能等方面知识的需求,为了满足跨境电商发展对人才的迫切需求,采取重点职业院校与跨境电商企业强强联手的方式,借用企业实战经验,供高等学校电子商务相关专业课程教学使用。本书在对跨境电商概念、特点、模式分类和进出口流程进行介绍的基础上,从跨境电商涉及的各个环节出发,分别介绍跨境电商在 B2C 的进口物流运营管理和线上营销推广、海外代购、出口及进口线下推广与 O2O 体验店连锁加盟与运营数据分析等方面涉及的知识点及实际操作步骤。本书适合电商相关专业及研究人员参考阅读。

图书在版编目(CIP)数据

跨境电子商务实务教程 / 夏先玉,唐偲祺主编. --
重庆:重庆大学出版社,2020.8
高等职业教育电子商务专业规划教材
ISBN 978-7-5689-2063-6

Ⅰ.①跨… Ⅱ.①夏… ②唐… Ⅲ.①电子商务—高
等职业教育—教材 Ⅳ.①F713.36

中国版本图书馆 CIP 数据核字(2020)第 055857 号

高等职业教育电子商务专业规划教材
跨境电子商务实务教程
主 编 夏先玉 唐偲祺
策划编辑:尚东亮
责任编辑:文 鹏 方 正 版式设计:尚东亮
责任校对:万清菊 责任印制:张 策
*
重庆大学出版社出版发行
出版人:饶帮华
社址:重庆市沙坪坝区大学城西路 21 号
邮编:401331
电话:(023)88617190 88617185(中小学)
传真:(023)88617186 88617166
网址:http://www.cqup.com.cn
邮箱:fxk@ cqup.com.cn(营销中心)
全国新华书店经销
中雅(重庆)彩色印刷有限公司印刷
*
开本:787mm×1092mm 1/16 印张:13.5 字数:290 千
2020 年 10 月第 1 版 2020 年 10 月第 1 次印刷
印数:1—3 000
ISBN 978-7-5689-2063-6 定价:35.00 元

前　言

中国正在通过发展跨境电子商务来促进世界范围内的经济发展。国家"一带一路"的发展策略也为处于渝新欧路线上的各个城市和地区的电商行业带来了发展的新机遇,跨境电商在全国迅猛发展。本书主要介绍跨境电商的基本运营流程,并帮助打算进入或者是初入跨境电商行业的人员学习和了解跨境电商行业的相关工作过程和工作内容。

本书的编写体现了"以就业为导向,以能力为本位,以岗位需求和职业能力标准为依据,以促进学生的职业发展生涯为目标"这一指导思想。主要表现为:①教材整体构架凸显了企业工作的全过程,让学习者能以准职业者的身份进行情境带入式的学习。②所有任务章节的讲解均体现了"工作过程""行动导向"的这一职业教育理念。③教材的开发过程也是一次对跨境电商研究的过程。本书编写组调研了重庆多家跨境电子商务企业,访问了大量的从业人员,充分体现了高职教育的行业先进性、岗位针对性等相关要求。

"跨境电商基础实务"是职业教育电子商务类专业的核心专业课程,是一门实践性、技能性较强,同时兼具专业性、科学性的课程。随着市场经济的深入发展,国内对跨境电子商务从业人员的需求量日益增多,同时对行业从业人员的要求也越来越高。因此,我们编写了此书。

本书从跨境电子商务工作全过程的角度出发,结合每项具体工作任务展开,同时以工作任务的形式让读者进入虚拟工作环境进行体验式学习。全书内容新颖,理论与实务融合充分,体系较为完整,具有鲜明的特点和时代前瞻性。

本书由夏先玉、唐偲祺担任主编,郭浩、陈倩担任副主编。全书共分为七个任务,夏先玉编写任务三和任务四,唐偲祺编写任务五和任务六,郭浩编写任务二和任务七,陈倩编写任务一。

本书在编写过程中,参考和引用了国内外大量的文献资料和企业案例,在此谨向原书作者和项目策划者表示衷心的感谢。本书难免有疏漏之处,敬请读者指正。

编　者

2019 年 10 月

目　录

任务三　海外代购运营模式

任务四　跨境电商 B2C 的运营管理

任务五　跨境电商 B2C 的线上营销推广

任务六　跨境电商进口线下推广

任务七　跨境电商 O2O 体验店连锁加盟与运营数据分析

任务一
认识跨境电子商务

【工作情境】

经过几个月的反复面试,小张终于应聘到了一家跨境电子商务公司海悦汇,在营销推广部门工作。小张非常珍惜这样的工作机会,他认为在入职初期,一定要对跨境电子商务企业进行全面了解,这样才能更好地胜任自己的工作。

人物设定:小张,20岁,大专学历,营销策划专业,毫无工作经验

职务:跨境电子商务营销推广职位

所属部门:营销推广策划部

工作内容:领导交办的营销推广工作

需要的工作能力:电子商务营销推广技能

【工作目标与要求】

了解跨境电子商务的基本概念;

了解跨境电子商务的运营模式;

认识跨境电子商务的运营平台;

了解跨境电子商务的运营流程。

【工作流程】

跨境电子商务基本运营流程如图 1-1 所示。

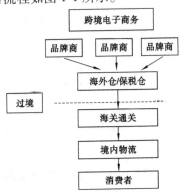

图 1-1　跨境电子商务基本运营流程

【工作案例】

大龙网及其运营模式

大龙网成立于 2010 年 3 月,是国家商务部首批跨境电商试点企业之一,博鳌亚洲论坛 2016 年年会官方合作伙伴,是 1 500 万家中国制造企业成为全球品牌商、全球供应商、全球跨境电商的孵化平台。作为我国跨境电商行业龙头企业和领军品牌,大龙网历经了跨境电商发展的每个阶段,2014 年在海关总署跨境贸易电子商务通关服务平台启用时,大龙网即走通了中国跨境电商海关通关第一票。它是目前国内最大的中国制造走出去的跨境电商 B2B 平台,也是中国第一家跨境"商联网"平台,倡导全球商业依靠互联网打造全球新商业联合体。

在"互联网+"的时代背景下,大龙网集团充分挖掘"一带一路"新兴经济体和发展中国家约 44 亿人口、总量约 21 万亿美元的巨大市场及其快速发展所带来的无限机遇,借国家接连出台一系列推动跨境出口的政策利好,同时聚焦出口企业在探寻全新海外市场、在传统外贸下出口过程中所遭遇的种种障碍,整合"一带一路"的全球资源,提出了跨境电商的"两国双园"模式。

"两国双园"模式在国内产业带聚集地建立龙工场跨境电商产业园,以招商、精品展示、跨境双创中心实现在产业带城市的落地,在海外开创了跨境 B2B 智能大卖场与跨境 B2B 品牌贸易中心的创新外贸形式,以共享经济模式聚合目标市场有实力的合作伙伴,为中国出口企业打造覆盖整个目标市场的分销网络。同时,大龙网推出全新的 FBO(Fulfillment By Osell),即跨境全程订单履行服务,以一站式整体出口解决方案助力中国制造一步跨境。

至此,大龙网集团旗下的 OSell 跨境 B2B 智能大卖场、OConnect 跨境品牌贸易中心、龙工场跨境电商产业园三大业务板布局初步形成。

目前大龙网集团在沙特、巴林、俄罗斯莫斯科、波兰华沙、越南胡志明、阿联酋迪拜、印度新德里、加拿大多伦多、德国杜伊斯堡、印尼雅加达、柬埔寨金边、巴西圣保罗等国家和地区分别设立海外本土化服务办公室及中国品牌样品体验中心,聚集海外本土的品牌、营销、运营、物流以及渠道建设等方面的优秀人才,在各地组建本土化的海外团队,整合全球本土化资源。同时在国内,大龙网集团在重庆、深圳、上海、北京、广州、苏州、徐州、杭州、台州、合肥、贵州、绵阳、青岛、乌鲁木齐、克拉玛依、洛阳、焦作、西安、梧州、大同等多个城市设立了分公司。

三圈合一:"互联网+""新商业"的基因定义跨境贸易新价值

大龙网通过整合资源和系统运营,建立"海外成熟渠道圈""中国过剩产能圈",打造"跨境电商线上线下服务生态圈"(图 1-2)。通过"三圈合一"的模式共享经济、互联互通,打造新中国制造的全球梦。

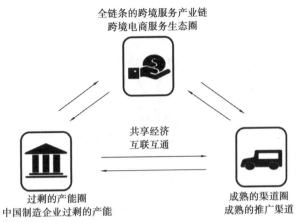

图 1-2 大龙网"三圈合一"共享模式

两国双园:全球商联网打造跨境新商业联合体

"两国双园"战略是基于大龙集团跨境电商产业生态圈,以两个国家同步打造的跨境电商产业园方式,通过大龙集团全球产销大数据的协同将国内优势产业和国外旺盛需求的"蓝海"市场连接(图 1-3),用两个本土化的生态链来协调好国与国之间的利益关系,将跨境电商打造成为一种"共享经济"的互惠互利模式,这也有效规避了全球经济萎靡、贸易保护抬头所引发的潜在出口风险。

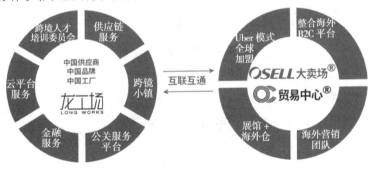

图 1-3 "两国双园"战略图示

一机两翼:新商业跨境互联互通

在全球本土化迅速发展的今天,传统全球产业带急需全球化的商业服务平台,与全球各地本土化渠道实行迅速互联互通;在互联网数字经济时代,这体现为全球商业的大数据服务平台——商联网;大龙网的"一机两翼"构建着新时代下全新的商务互联服务经济(图 1-4)。

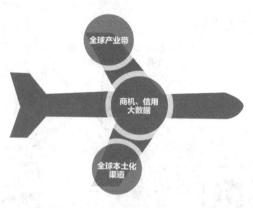

图 1-4　大龙网"一机两翼"商务互联

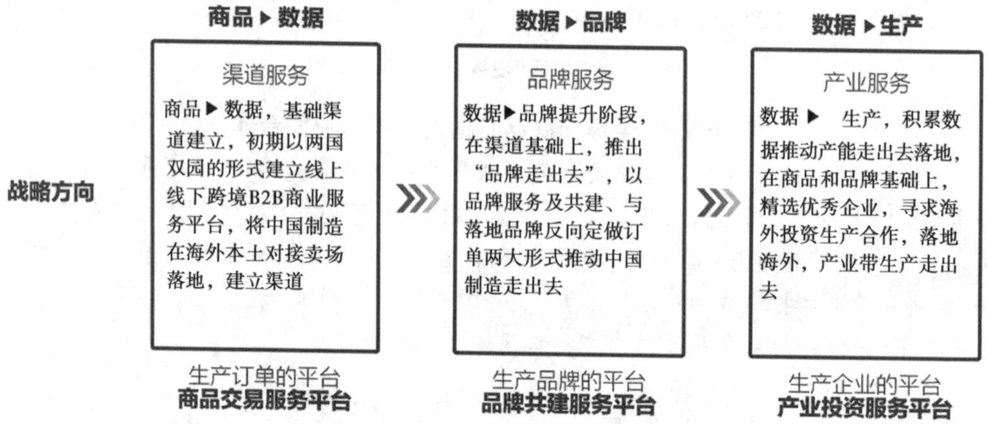

商品▶数据	数据▶品牌	数据▶生产
渠道服务	品牌服务	产业服务
商品▶数据,基础渠道建立,初期以两国双园的形式建立线上线下跨境B2B商业服务平台,将中国制造在海外本土对接卖场落地,建立渠道	数据▶品牌提升阶段,在渠道基础上,推出"品牌走出去",以品牌服务及共建、与落地品牌反向定做订单两大形式推动中国制造走出去	数据▶生产,积累数据推动产能走出去落地,在商品和品牌基础上,精选优秀企业,寻求海外投资生产合作,落地海外,产业带生产走出去
生产订单的平台	生产品牌的平台	生产企业的平台
商品交易服务平台	**品牌共建服务平台**	**产业投资服务平台**

战略方向

图 1-5　新商业联合体三层价值图示

1.1　跨境电子商务基本认知

1.1.1　跨境电商的概念

跨境电商,即跨境电子商务,是指不同国境地域的交易主体之间,以电子商务的方式达成交易(在线订购、支付结算),并通过跨境物流递送商品、清关,最终送达,完成交易的一种国际商业活动。

跨境电商是基于网络发展起来的,网络空间相对于物理空间来说是一个新空间,是一个由网址和密码组成的虚拟但客观存在的世界。网络空间独特的价值标准和行为模式深刻地影响着跨境电子商务,使其不同于传统的交易方式而呈现出自己的特点。

由于政策的支持,中国目前的跨境电商发展迅猛,主要的跨境电商有亚马逊,天猫国际,洋码头,网易旗下考拉海购、蜜芽,香江商城旗下香江海购、速卖通和大龙网等。

1.1.2 跨境电商与传统电商的区别

传统电商,其交易买卖双方一般属于一个国家,即国内的商家卖家在线销售给国内的买家。而跨境电商是不同国别或关境地区间的买卖双方进行的交易,从业务模式上简单来看,多了国际物流、出入境清关和国际结算等业务(图1-6)。

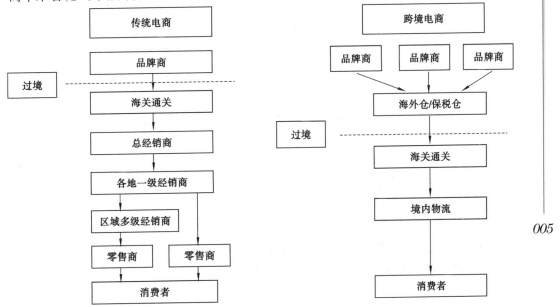

图 1-6 跨境电商与传统电商的区别

1.1.3 跨境电子商务的特征

1) 全球性(Global Forum)

网络是一个没有边界的媒介体,具有全球性和非中心化的特征,依附于网络发生的跨境电子商务也因此具有了全球性和非中心化的特性。电子商务与传统的交易方式相比,一个重要特点在于电子商务是一种无边界交易,突破了传统交易的地理限制。互联网用户不需要考虑跨越国界就可以把产品尤其是高附加值产品和服务提交到市场。网络的全球性特征带来的积极影响是信息最大程度的共享,消极影响是用户必须面临因文化、政治和法律的不同而产生的风险。任何人只要具备一定的技术手段,在任何时候、任何地方都可以让信息进入网络,买家和卖家可以联系进行交易。美国财政部在其财政报告中指出,对基于全球化的网络建立起来的电子商务活动进行课税困难重重,因为电子商务是基于虚拟的电脑空间开展的,丧失了传统交易方式下的地理因素;电子商务中的制造商容易隐匿其住所而消费者对制造商的住所是漠不关心的。如一家很小的爱尔兰在线公司,通过一个可供世界各地的消费者点击观看的网页,就可以通过互联网销售其产品和服务,只要消费者接入了互联网。很难界定这一交易究竟是在哪个国家内发生的。

这种远程交易的发展,给税务当局制造了许多困难。税收权力只能严格地在一国范围内实施,网络的这种特性为税务机关对超越一国的在线交易行使税收管辖权带来了困难。而且互联网有时扮演了代理中介的角色。在传统交易模式下往往需要一个有形的销售网点,如通过书店将书卖给读者,而在线书店可以代替书店这个销售网点直接完成整个交易。而问题是,税务当局往往要依靠这些销售网点获取税收所需要的基本信息,代扣代缴所得税等。没有这些销售网点的存在税收权力的行使也会发生困难。

2)无形性(Intangible)

网络的发展使数字化产品和服务的传输盛行,而数字化传输是通过不同类型的媒介,如数据、声音和图像在全球化网络环境中集中进行的,这些媒介在网络中是以计算机数据代码的形式出现的,因而是无形的。以一个 e-mail 信息的传输为例,这一信息首先要被服务器分解为数以百万计的数据包,然后按照 TCP/IP 协议通过不同的网络路径传输到一个目的地服务器并重新组织转发给接收人,整个过程都是在网络中瞬间完成的。电子商务是数字化传输活动的一种特殊形式,其无形性的特性使税务机关很难控制和检查销售商的交易活动,税务机关面对的交易记录都是体现为数据代码的形式,使税务核查员无法准确地计算销售所得和利润所得,从而给征税带来困难。

数字化产品和服务基于数字传输活动的特性也必然具有无形性,传统交易以实物交易为主,而在电子商务中,无形产品却可以替代实物成为交易的对象。以书籍为例,传统的纸质书籍,其排版、印刷、销售和购买被看作产品的生产、销售。然而在电子商务中,消费者只要购买网上的数据权便可以使用书中的知识和信息。而如何界定该交易的性质、如何监督、如何征税等一系列问题给税务和法律部门带来了新的课题。

3)匿名性(Anonymous)

跨境电子商务由于跨境电子商务的非中心化和全球性的特性,因此很难识别电子商务用户的身份和其所处的地理位置。在线交易的消费者往往不显示自己的真实身份和自己的地理位置,因为这丝毫不影响交易的进行,网络的匿名性也允许消费者这样做。在虚拟社会里,隐匿身份的便利迅即导致自由与责任的不对称。人们在这里可以享受最大的自由,却只承担最小的责任,甚至干脆逃避责任。这显然给税务机关制造了麻烦,税务机关无法查明应当纳税的在线交易人的身份和地理位置,也就无法获知纳税人的交易情况和应纳税额,更不要说去审计核实。该部分交易和纳税人在税务机关的视野中隐身了,这对税务机关是致命的。以 eBay 为例,eBay 是美国的一家网上拍卖公司,允许个人和商家拍卖任何物品,到目前为止 eBay 已经拥有 3 000 万用户,每天拍卖数以万计的物品,总计营业额超过 50 亿美元。但是 eBay 的大多数用户都没有准确地向税务机关报告他们的所得,存在大量的逃税现象,因为他们知道由于网络的匿名性,美国国内收入服务处(IRS)没有办法识别他们。

电子商务交易的匿名性导致了避税现象的恶化,网络的发展,降低了避税成本,使电子商务避税更轻松易行。电子商务交易的匿名性使应纳税人利用避税地联机金融机构规避税收监管成为可能。电子货币的广泛使用以及国际互联网所提供的某些避税地联机银行对客户的"完全税收保护",使纳税人可将其源于世界各国的投资所得直接汇入避税地联机银行,规避了应纳所得税。美国国内收入服务处在其规模最大的一次审计调查中发现大量的居民纳税人通过离岸避税地的金融机构隐藏了大量的应税收入。而美国政府估计大约 3 万亿美元的资金因受避税地联机银行的"完全税收保护"而被藏匿在避税地。

4)即时性(Instantaneously)

对网络而言,传输的速度和地理距离无关。传统交易模式中,信息交流方式如信函、电报和传真等,在信息的发送与接收间,存在着长短不同的时间差。而电子商务中的信息交流,无论实际时空距离远近,一方发送信息与另一方接收信息几乎是同时的,就如同生活中面对面交谈。某些数字化产品(如音像制品、软件等)的交易,还可以即时清结,订货、付款、交货都可以在瞬间完成。

电子商务交易的即时性提高了人们交往和交易的效率,免去了传统交易中的中间环节,但也隐藏着法律危机。在税收领域表现为:电子商务交易的即时性往往会导致交易活动的随意性,电子商务主体的交易活动可能随时开始、随时终止、随时变动,这就使税务机关难以掌握交易双方的具体交易情况,不仅使税收的源泉扣缴的控管手段失灵,而且客观上促成了纳税人不遵从税法的随意性,加之税收领域现代化征管技术的严重滞后,都使依法治税变得苍白无力。

5)无纸化(Paperless)

电子商务主要采取无纸化操作的方式,这是以电子商务形式进行交易的主要特征。在电子商务中,电子计算机通信记录取代了一系列的纸面交易文件。用户发送或接收电子信息。由于电子信息以比特的形式存在和传送,整个信息发送和接收过程实现了无纸化。无纸化带来的积极影响是使信息传递摆脱了纸张的限制,但由于传统法律的许多规范是以"有纸交易"为出发点的,因此,无纸化带来了一定程度上法律的混乱。

电子商务以数字合同、数字时间截取了传统贸易中的书面合同、结算票据,削弱了税务当局获取跨国纳税人经营状况和财务信息的能力,且电子商务所采用的其他保密措施也将增加税务机关掌握纳税人财务信息的难度。在某些交易无据可查的情形下,跨国纳税人的申报额将会大大降低,应纳税所得额和所征税款都将少于实际所达到的数量,从而引起征税国国际税收流失。如世界各国普遍开征的传统税种之一的印花税,其课税对象是交易各方提供的书面凭证,课税环节为各种法律合同、凭证的书立或做成,而在网络交易无纸化的情况下,物质形态的合同、凭证形式已不复存在,因而印花税的合同、凭证贴花(即完成印花税的缴纳行为)便无从下手。

6)快速演进(Rapidly Evolving)

跨境电子商务互联网是一个新生事物,现阶段尚处在幼年时期,网络设施和相应的软件协议的未来发展具有很大的不确定性。但税法制定者必须考虑的问题是网络,像其他的新生儿一样,必将以前所未有的速度和无法预知的方式不断演进。基于互联网的电子商务活动也处在瞬息万变的过程中,短短的几十年中电子交易经历了从 EDI 到电子商务零售业的兴起的过程,而数字化产品和服务更是花样出新,不断改变人们的生活。

而一般情况下,各国为维护社会的稳定,都会注意保持法律的持续性与稳定性,税收法律也不例外。这就会引起网络的超速发展与税收法律规范相对滞后的矛盾。如何将分秒都处在发展与变化中的网络交易纳入税法的规范,是税收领域的一个难题。网络的发展不断给税务机关带来新的挑战,税务政策的制定者和税法立法机关应当密切注意网络的发展,在制定税务政策和税法规范时充分考虑这一因素。

跨国电子商务具有不同于传统贸易方式的诸多特点,而传统的税法制度却是在传统的贸易方式下产生的,必然会在电子商务贸易中漏洞百出。网络深刻地影响人类社会,也给税收法律规范带来了前所未有的冲击与挑战。

1.2 跨境电商分类

1.2.1 按跨境业务类型分

跨境业务包括进口业务和出口业务,同样,跨境电商也分为进口跨境电商和出口跨境电商。目前无论是进口还是出口,跨境电商的卖家大都依托于平台,如天猫国际、香江海购(香江商城全球购电商平台)等来实现销售。

1)进口跨境电商

进口跨境电商是海外卖家将商品直销给国内的买家,一般是国内消费者访问境外商家的购物网站选择商品,然后下单,由境外卖家发国际快递给国内消费者。

目前国内主要的进口跨境电商见表1-1。

表 1-1 国内主要的进口跨境电商

网站名称	销售类型	营销模式
聚美优品	化妆品	自营+保税区
保税国际	多品类	平台
蜜芽宝贝	母婴	自营+保税区
洋码头	多品类	APP+保税区
蜜淘	多品类	自营+保税区+APP
海品汇	多品类	自营
集食通	多品类	自营
海品会	多品类	自营+保税区
万国万购	多品类	平台
跨境购	多品类	平台+保税区
西游列国	多品类	平台
海星淘	多品类	平台
母婴之家	母婴	平台+APP+保税区
亲亲宝贝	母婴	自营+保税区
德宝	母婴	自营
万国优品	多品类	平台+保税区
德购商城	多品类	自营
小红书	多品类	APP+买手店平台
云猴网	多品类	平台
尿布师	母婴	自营+保税区
思乐家	母婴	自营+保税区
跨境淘生活馆	多品类	平台+保税区
跨境趣	母婴、日化	平台
淘淘羊	母婴、日用品	自营+保税区
宝贝反斗城	母婴、日化	自营+保税区
又一猫	母婴、酒水	自营+保税区
麦乐购	母婴	自营+保税区
嘻呗网	多品类	平台+保税区

续表

网站名称	销售类型	营销模式
澳黛	日化	自营+保税区
罗斯曼	母婴、保健品	自营+保税区
摩西网	多品类	自营+保税区+代拍
海淘11区	母婴、日化	自营+保税区
胖大星	母婴	自营+保税区
欧美淘	母婴、日化、食品	平台+保税区
路易通	母婴、奢侈品、日用品	自营+保税区
奥汀	电器、母婴	自营+保税区
悦扬	母婴	自营+保税区
海猫商城	母婴、日化、小电器	自营+保税区
e+生活圈	多品类	自营+保税区
踢踢踏	母婴	自营+保税区
舶品家	母婴	自营+保税区
欧购	多品类	自营+保税区
洋购易	零食	自营+保税区
立享堂	多品类	自营+保税区
大韩家	母婴、零食	自营+保税区
蕾谷网	母婴、家电	自营+保税区
涌优购	保健品、食品、日化	自营+保税区
猴猴海外购	食品、日用	自营+保税区
跨境城	零食、日化、奢侈	自营+平台+保税区+体验店
天一购	母婴、酒水、日用品	自营+保税区
海米网	化妆品、保健品、母婴	自营+保税区
爱品宝	母婴	自营+保税区
源一家	纸尿裤	自营+保税区
汇萌出品	母婴、日用品	自营+保税区
爱淘客	乐高、尿布、小家电	自营+保税区
五洲一佳	多品类	自营+保税区
宝宝翻跟头	尿不湿	自营+保税区

网站名称	销售类型	营销模式
七色阳光	酒水、零食	自营+保税区
海淘网	多品类	自营
一六八海淘	母婴、食品、日用品	自营+APP
hai360	多品类	网站+APP+代购
辣妈商城	母婴、家具、日化	平台+APP+保税区
美国购物网	多品类	平台+保税区
一分网	多品类	资讯+CPS+APP
唯一优品	母婴	平台+APP+保税区
妈妈圈	母婴	平台+保税区
么么嗖	多品类	APP
顶顶	日韩美妆	自营+APP
思芙美唯美网	化妆品	网站+APP
贝贝特卖	母婴	网站+APP+保税区
洋葱淘	日韩美妆	自营+APP
嗨个购	多品类	自营+APP
魅达网海外购	奢侈品	APP
海淘折扣	多品类	资讯+APP
不如代购	奢侈品、潮品	网站+APP
值邮么	多品类	资讯+自营+APP
GMall 全球购	多品类	APP+平台+保税区
海淘城	多品类	自营+保税区
海蜜	多品类	APP+买手店平台
街蜜	多品类	APP+买手店平台
淘世界	多品类	APP+买手店平台
HIGO	多品类	APP+买手店平台
微店全球购	多品类	APP+买手店平台
OFashion	奢侈品	APP+买手店平台

2) 出口跨境电商

出口跨境电商是国内卖家将商品直销给境外的买家,一般是国外买家访问国内商家的网店,然后下单购买,并完成支付,由国内的商家发国际物流至国外买家。

目前主要有以下 4 个主要的出口跨境电商平台。

Aliexpress(速卖通)

2009 年 9 月 9 日正式上线的速卖通平台依靠阿里巴巴庞大的会员基础,已经成为目前全球最活跃、产品品类最丰富的跨境平台之一。

速卖通的特点是价格比较敏感,低价策略比较明显,这也跟阿里巴巴导入淘宝的卖家客户策略有关联,很多人现在做速卖通的策略就类似于前几年的淘宝店铺。速卖通市场的侧重点在于新兴市场,特别是俄罗斯和巴西。对于俄罗斯市场,截至 2013 年 3 月底,速卖通共有超过 70 万的俄罗斯注册用户,占平台所有注册用户约 9%,现在的注册数据应该更加火爆。速卖通页面操作中英文版简单整洁,适合新人上手,通过社区和阿里巴巴的客户培训,跨境新人可以通过速卖通快速入门。

总结:

适合产品符合新兴市场的卖家(俄罗斯、巴西等),也适合产品有供应链优势、有明显价格优势的卖家,最好是工厂直接销售,贸易商基本上没戏。

Amazon(亚马逊)

亚马逊和阿里巴巴有很多相似之处,都已经打造了庞大的客户群和数据基础设施,亚马逊对卖家的要求还是比较高的,特别是产品品质,对产品品牌也有一定的要求,手续也比速卖通等平台复杂。

新人注册亚马逊账号以后,后期收款的银行账号需要是美国和英国等国家的。成熟的亚马逊卖家,最好先注册一家美国公司或者找一家美国代理公司,然后申请联邦税号。关于新人注册成为亚马逊的供应商,一般需要注意以下几点。

①有比较好的供应商合作资源,供应商品质需要非常稳定,最好有很强的研发能力,做亚马逊"产品为王",切记这点。

②接受专业的培训,了解开店政策和知识,亚马逊的开店复杂并且有严格的审核制度,如果违规或不了解规则,不仅会有封店铺的风险甚至会有法律上的风险,所以建议大家选择一家培训公司先培训再做。

③需要有一台电脑专门登录 Amazon 账号,这个对 Amazon 的店铺政策和运营后期都非常重要,一台电脑只能登录一个账号,不然会跟规则有冲突。用座机验证注册新用户最好。

④最重要的是需要一张美国的银行卡,Amazon 店铺产生的销售额是全部保存在 Amazon 自身的账户系统中的,要想把钱提出来,必须要有美国本土的银行卡。解决这

个问题也比较简单,因为作为外贸人一般都有一些海外客户资源,包括客户和海外的朋友,通过他们解决这个问题也不是特别困难,国内也有一些代理机构做这样的服务。

⑤流量是关键,亚马逊流量主要分内部流量和外部流量两类,类似于国内的淘宝,同时应注重 SNS 社区的营销,通过软文等营销方式也有较好的效果。

总结:

选择亚马逊平台,一般建议是有很好的外贸基础和资源(包括稳定可靠的供应商资源,美国本土的人脉资源)的卖家,最好还要有一定的资金实力,并且有长期投入的心态。

eBay

对 eBay 的理解大家基本上可以等同于国内的淘宝,对国际零售的外贸人来说,eBay 的潜力还是巨大的,因为 eBay 的核心市场在美国和欧洲,是比较成熟的市场。

相对于亚马逊,eBay 的开店手续也不是特别麻烦,但是 eBay 的规则重点是保护买家利益,如果产品特别是销售后发现质量问题,很容易出现卖家无法收款的状况,因此做 eBay 最核心的问题应该是付款方式的选择,大家现在一般都选择 paypal 这个付款方式,但这个付款方式也有一定的风险,经常有这样的实际案例,遇到有买卖争议时 eBay 最终偏向买家,导致卖家损失惨重。

eBay 成功的关键是选品,因为 eBay 主要的市场是美国和欧洲,所以做 eBay 前最好做个市场调研,一般可以通过以下几种方法做调研:

①进入 eBay 研究一下整个市场的行情,再结合自己的供应链特点作深入分析。

②对美国欧洲市场的文化、人口、消费习惯和消费水平进行研究,从而选择有潜力的产品做 eBay。

③选择一些 eBay 的热销产品,从产品渠道、产品价格仔细研究,分析如果自己开店优势在哪里。

④对优势热销产品,应该去研究市场优势和未来的销售潜力,这很重要,因为选择一个产品需要有一个较长周期的考虑。

⑤对产品在美国和欧洲市场的利润率及持续性的考虑,深入研究产品品类。

eBay 有以下几个特点:

①eBay 的开店门槛比较低,但是需要东西和手续(如发票和银行账单等)比较多,所以需要对 eBay 的规则有非常清楚的了解。

②eBay 开店是免费的,但是上架一个产品需要收钱,这跟国内的淘宝的区别很大。

③eBay 的审核周期很长,最开始卖时不能超过 10 个宝贝,而且只能拍卖,需要积累信誉才能越卖越多,而且出业绩和出单周期也很长,积累时间有时候让人受不了,只能慢慢积累。

④如果遇到投诉最麻烦,封掉店铺是常有的事情,所以产品质量一定要过关。

总结:

eBay 操作比较简单,投入不大,适合有一定外贸资源和有产品的地区优势(如产品目标市场在欧洲和美国)的外贸人做跨境电子商务。

Wish

Wish 主要靠价廉物美吸引客户,在美国市场有非常高的人气和非常多的市场追随者,核心的产品品类包括服装、珠宝和手机礼品等,大部分都是通过中国发货。Wish 的主要吸引力就是产品价格特别便宜,但是因为 Wish 平台个性的推荐方式,产品品质往往比较好,这也是 Wish 平台短短几年发展起来的核心因素。

Wish 97%的订单来自移动端,APP 日均下载量稳定在 10 万左右,峰值时冲到 20 万,目前用户数已经突破 4 700 万。就目前的移动互联网优势来看,Wish 的潜力是比较大的,大家可以先注册一个 Wish 进行操作。下面简单介绍一下 Wish 平台的几个核心特点。

①私人定制模式下的销售。

Wish 利用智能推送技术,为 APP 客户推送他们喜欢的产品,真正做到点对点推送,因此客户下单率非常高,而且满意度很高。Wish 还有一个优点就是它一次显示的产品数量比较少,这样客户的体验是非常不错的,因为客户不想花太多时间浏览他们不喜欢或者不需要的产品。通过精准营销,国内的 Wish 卖家短期内销售额暴增。

②移动电商未来真正的王者。

其实 Wish 最初仅仅是一个收集和管理商品的工具,就是基于 APP 的火爆,最终发展成了一个交易市场,并且越来越火爆。对中小零售商来说,Wish 的成功,让大家明白了移动互联网的真正潜力。

1.2.2 从买卖双方主体的属性分

从买卖双方主体的属性上来说,跨境电商也可以分为 B2B、B2C、C2C 等模式。

1)B2B 模式

B2B(Business to Business),是指商家与商家建立的商业关系。商家们建立商业伙伴的关系是希望通过大家所提供的东西来形成一个互补的发展机会,大家的生意都可以有利润。例如,阿里巴巴速卖通等就是 B2B 出口跨境电商平台。各个厂家都可以跟阿里巴巴速卖通合作,将产品放到速卖通平台上进行销售。

B2B 模式是电子商务中历史最长、发展最完善的商业模式,能迅速带来利润和回报。它的利润来源于相对低廉的信息成本带来的各种费用的下降,以及供应链和价值链整合的好处。它的贸易金额是消费者直接购买的 10 倍。企业间的电子商务成为电子商务的重头。它的应用有:通过 EDI 网络连接会员的行业组织,基于业务链的跨行业交易集成组织,网上及时采购和供应营运商。

B2B电子商务模式主要有降低采购成本、降低库存成本、节省周转时间、扩大市场机会等优势,目前常见的B2B运营模式主要有垂直B2B(上游和下游,可以形成销货关系)、水平B2B(将行业中相近的交易过程集中)、自建B2B(行业龙头运用自身优势串联整条产业链)、关联行业的B2B(整合综合B2B模式和垂直B2B模式的跨行业EC平台)。

B2B的主要盈利模式是会员收费、广告费用、竞价排名费用、增值服务费、线下服务费、商务合作推广和按询盘付费等。

2) B2C 模式

B2C(Business to Consumer),就是供应商直接把商品卖给用户,即"商对客"模式,也就是通常说的商业零售,直接面向消费者销售产品和服务。如你去麦当劳吃东西就是B2C,因为你只是一个客户。天猫国际、亚马逊海外购、香江海购就是B2C进口跨境电商平台。

B2C网站类型主要有综合商城(产品丰富的传统商城EC化)、百货商店(自有库存,销售商品)、垂直商店(满足某种特定的需求)、复合品牌店(传统品牌商的复合)、服务型网店(无形商品的交易)、导购引擎型(趣味购物、便利购物)、在线商品定制型(个性化服务、个性化需求)等。B2C的盈利模式主要是服务费、会员费、销售费和推广费等。

3) C2C 模式

C2C(Customer to Customer)指客户与客户之间的点对点交易,网站只是提供一个交易平台,收取一定的交易费用,现在的拍卖网站都是这样的,淘宝全球购、洋码头为典型的C2C企业。

1.2.3　按平台经营模式分

从平台经营模式来看,分为三类:卖家入驻的交易平台类模式、自采自销的综合营销类模式、提供导购和信息咨询服务的导购资讯类模式(图1-7)。

平台信息类模式主要是指,为买家和卖家提供交易产品信息平台,平台不参与具体商品的销售环节。只是为商家和消费者提供产品销售和购物的网络平台环境。其中,平台型又分B2B、B2C和C2C三类,从规模看,B2C为主流模式。

据不完全统计,2013年底我国电商平台企业已超过5 000家,境内通过各类平台开展跨境电子商务的外贸企业已超过20万家。阿里巴巴、环球资源、中国制造网、环球市场集团、浙江网盛、生意宝等电商平台企业占据了我国跨境电子商务较大的市场份额。

综合营销类模式是指商家通过其他商家提供的交易平台,或者构建自己的交易平台,来对自己的商品进行销售和经营的模式。自营模式一部分是走垂直化路线,将品类缩小,如蜜芽、贝贝进口母婴电商,还有一部分企业是依托原有的购物平台,另辟全球购专栏,如唯品会海外精选。

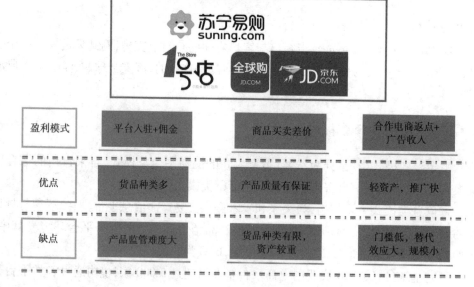

图 1-7　三大平台经营模式对比

1.3 跨境电商具体运营模式

1.3.1 传统海淘模式

海淘即海外/境外购物,就是通过互联网检索海外商品信息,并通过电子订购单发出购物请求,然后填上私人信用卡号码,由海外购物网站通过国际快递发货,或由转运公司代收货物再转寄回国。海淘一般采取款到发货。

2016年3月24日晚间,三部委发布《关于跨境电子商务零售进口税收政策的通知》称,自2016年4月8日起,我国实施跨境电子商务零售进口税收政策,并同步调整行邮税政策。这意味着海淘免税时代结束了。

1.3.2 直发/直运平台模式

直发/直运平台模式又称为 Drop shipping(制造商直发货)模式。在这一模式下,电商平台将接收到的消费者订单信息发给批发商或厂商,后者则按照订单信息以零售的形式对消费者发送货物。

由于供货商是品牌商、批发商或厂商,因此直发/直运是一种典型的 B2C 模式。我们可以将其理解为第三方 B2C 模式(参照国内的天猫商城)。

直发/直运平台的部分利润来自商品零售价和批发价之间的差额。用户为有需求的中国消费者在当地采购所需商品并通过跨国物流将商品送达消费者手中。

①优势是对跨境供应链的涉入较深,后续发展潜力较大。

a.直发/直运模式在寻找供货商时是与可靠的海外供应商直接谈判签订跨境零售供货协议的;

b.为了解决跨境物流环节的问题,这类电商会选择自建国际物流系统(如洋码头)或者和特定国家的邮政、物流系统达成战略合作关系(如天猫国际)。

②劣势是招商缓慢,前期流量相对不足,前期所需资金体量较大。

这类平台的代表有:天猫国际(综合)、洋码头(北美)、跨境通(上海自贸区)、苏宁全球购(意向中)、海豚村(欧洲)、一帆海购网(日本)、走秀网(全球时尚百货)。

1.3.3 M2C 模式

M2C 模式即平台招商模式。这一类平台的代表是天猫国际,主要是通过开放平台的方式吸引商家,入驻国际品牌。

①优势是用户信任度高,商家需有海外零售资质和授权,商品海外直邮,并且提供本地退换货服务;

②痛点在于大多为 TP 代运营,价位高,品牌端管控力弱,正在不断改进完善模式中。

1.3.4 B2C 模式

B2C 模式即保税自营+直采模式。这一类平台的代表有京东、聚美和蜜芽等。

①这类模式的优势在于平台直接参与货源组织、物流仓储买卖流程,销售流转高,时效性好,通常 B2C 玩家还会附以"直邮+闪购特卖"等模式补充 SKU(全称为 Stock Keeping Unit,是库存进出计量的基本单位)丰富度和缓解供应链压力。

②这类模式的痛点在于品类受限,目前此模式还是以爆品、标品为主,有些地区商检海关是独立的,能进入的商品根据各地政策不同都有限制(如广州不能走保健品和化妆品)。同时还有资金压力:搞定上游供应链,提高物流清关时效,在保税区自建仓储,做营销、打价格战补贴用户来提高转化率和复购率,这些都需要钱;爆品、标品毛利率极低,却仍要保持稳健发展,资本注入此刻意义尤为重大。在现阶段,有钱、有流量、有资源谈判能力的大佬们纷纷介入,此模式基本已经构建了门槛,不适合创业企业入场了。

③这类模式中,有一个特别的母婴垂直品类分支,目前比较知名的有蜜芽和贝贝等。母婴品类的优势是,它是最容易赢得跨境增量市场的切口,刚需、高频、大流量,是大多家庭单位接触海淘商品的起点。母婴电商大多希望能在单品上缩短供应链,打造品牌,获得信任流量,未来逐步拓展至其他高毛利率或现货品类,淡化进口商品概念。痛点在于,母婴品类有其特殊性,国内用户目前只认几款爆款品牌,且妈妈们还都懂看产地,非原产地不买。几款爆品的品牌商如花王等,国内无法与其直接签约供货。母婴电商们现在都是用复合供应链保证货源供应,如国外经销商、批发商、买手、国内进口商等。这样一来,上游供应链不稳定,价格基本透明,且无毛利,部分玩家甚至自断双臂大促战斗。目前基本所有实力派电商大佬都以母婴品类作为吸引、转化流量的必备品类,而创业公司们则逐渐降低母婴比例或另辟蹊径,开始差异化竞争。

1.3.5 C2C 模式

C2C 模式即海外买手制模式。如淘宝全球购、淘世界、洋码头海外扫货神器、海蜜和街蜜等。海外买手(个人代购)入驻平台开店,从品类来讲以长尾非标品为主。淘宝全球购目前已经和一淘合并,虽然看来是跨境进口 C2C 中最大的一家,但淘宝全球购也有很多问题,比如商品真假难辨,区分原有商家和海外买手会造成很多矛盾等,在获取消费者信任方面还有很长的路要走。

①优势:C2C是目前笔者比较喜欢和看好的模式,构建的是供应链和选品的宽度,电商发展至今,不论进口出口、线上线下,其本质还是商业零售和消费者认知。从工业经济到信息经济,商业零售的几点变化是消费者主导化、生产商多元化、中间商信息化,而商品核心竞争力变成了个性需求和情感满足。

在移动互联网时代,人群的垂直细分,让同类人群在商品的选择和消费能力上有很大的相似度,人与人之间相互的影响力和连接都被放大了,流量不断碎片化是由“80后”“90后”的价值观和生活消费方式决定的,千人千面、个性化是这两代人的基本消费需求逻辑,因此移动电商应场景化。其次,面对商品如此丰富的现状,提高资源分配效率,如何更快地选到用户想要的商品,节约选择成本也尤为重要。C2C达人经济模式可以在精神社交层面促进用户沉淀,满足正在向细致化、多样化、个性化发展的需求。这一代人更注重精神消费,作为一个平台,每一个买手都是一个 KOL(即关键意见领袖),有自己的特质和偏好,优秀买手可以通过自己的强时尚感和强影响力打造一些品牌,获得价值观层面的认同和分享,同时也建立了个人信任机制。对比起来,B2C 的思路强调是标准化的商品和服务,从综合到垂直品类,在 PC 时代汇聚大规模流量;而移动电商,与传统 PC 端电商不同,有消费场景化,社交属性强的特征,对于丰富的海淘非标商品,C2C 的平台效应可以满足碎片化的用户个性需求,形成规模。

②当然 C2C 的模式还是有它固有的痛点,传统地靠广告和返点盈利的模式,服务体验的掌控度差,个人代购存在法律政策风险,买手制平台的转化率目前普遍只有2%不到,早期如何获得流量,提高转化率,形成海淘时尚品牌效应,平衡用户与买手的规模增长都是难点。

1.3.6　BBC 保税区模式

跨境供应链服务商,通过保税进行邮出模式,与跨境电商平台合作为其供货,平台提供用户订单后由这些服务商直接发货给用户。这些服务商很多还会提供一些供应链融资的服务。优势在于便捷且无库存压力,痛点在于 BBC 借跨境电商之名行一般贸易之实,长远价值堪忧。

1.3.7　海外电商直邮

海外电商直邮的主要平台是亚马逊。优势在于,有全球优质供应链物流体系和丰富的 SKU;痛点在于,跨境电商最终还是要比拼境内转化销售能力,对本土用户消费需求的把握就尤为重要,亚马逊是否真的能做好本土下沉还有待考量。

1.3.8 返利导购/代运营模式

一种是技术型,目前主要代表平台有么么嗖、Hai360 和海猫季。这些是技术导向型平台,通过自行开发系统自动抓取海外主要电商网站的 SKU,全自动翻译,语义解析等技术处理,提供海量中文 SKU 帮助用户下单,这也是最早做跨境电商平台的模式。还有一种是中文官网代运营,直接与海外电商签约合作,代运营其中文官网。这两种方式有着早期优势,易切入,成本低,解决信息流处理问题,SKU 丰富,方便搜索,而痛点在于中长期缺乏核心竞争力,库存价格实时更新等技术要求高,蜜淘等一些早期以此为起点的公司已纷纷转型。

1.3.9 内容分享/社区资讯模式

如小红书平台,通过内容引导消费,自然转化。优势在于天然海外品牌培育基地,流量带到福利社交易平台进行在线交易,但长远还是需要有强大供应链能力。

1.4 跨境电商运营流程

1.4.1 进口运营流程

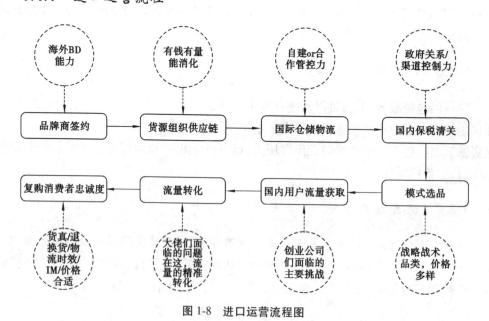

图 1-8 进口运营流程图

进口跨境电商目前主要有两种模式:保税模式(图1-9)和直邮模式(图1-10),这两种模式都以个人物品入境申报,缴纳行邮税,且50元人民币以内(包含50元)的免征。

要走个人物品清关(行邮税)模式,必须满足以下条件:

①寄自或寄往其他国家和地区(非港澳台地区)的物品,每次限值为1 000元人民币(港澳台地区800元)。

②若包裹仅有单件且不可分割,经海关审核属个人合理自用的,则不受此(1 000元)金额限制。

③自贸专区和直海外邮的商品不能出现在同一张订单。

图1-9　保税模式

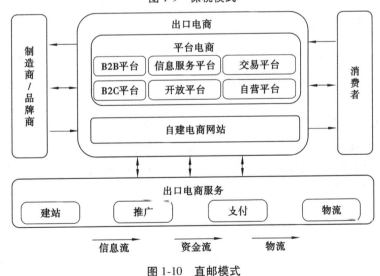

图1-10　直邮模式

1.4.2　出口运营流程

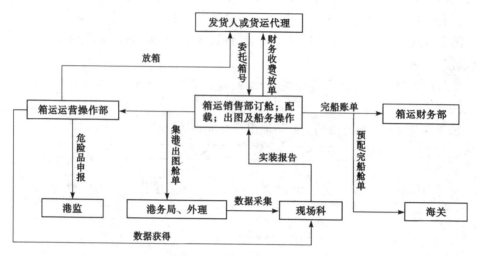

图 1-11　出口运营流程图

1.5　跨境电商物流方式

1.5.1　邮政小包

据不完全统计,中国跨境电商出口业务70%的包裹都通过邮政系统投递,其中中国邮政占据50%左右的份额,中国香港邮政、新加坡邮政等也是中国跨境电商卖家常用的物流方式。

优势:邮政网络基本覆盖全球,比其他任何物流渠道都要广。而且,由于邮政企业一般为国有企业,有国家税收补贴,因此价格非常便宜。

劣势:一般以私人包裹方式出境,不便于海关统计,也无法享受正常的出口退税。同时,速度较慢,丢包率高。

1.5.2　国际快递

国际快递主要是指 UPS、FedEx、DHL、TNT 这四大巨头,其中 UPS 和 FedEx 总部位于美国,DHL 总部位于德国,TNT 总部位于荷兰。国际快递对信息的提供、收集与管理有很高的要求,以全球自建网络以及国际化信息系统为支撑。

优势:速度快、服务好、丢包率低,尤其是发往欧美发达国家非常方便。如使用 UPS

从中国寄包裹到美国,最快可在 48 小时内到达,TNT 发送欧洲一般 3 个工作日可到达。

劣势:价格昂贵,且资费变化较大。一般跨境电商卖家只有在客户强烈要求时效性的情况下才会使用,且会向客户收取运费。

1.5.3　专线物流

跨境专线物流一般是通过航空包舱方式将货物运输到国外,再通过合作公司进行目的地国国内的派送,是比较受欢迎的一种物流方式。

目前,业内使用最普遍的物流专线包括美国专线、欧洲专线、澳大利亚专线、俄罗斯专线等,也有不少物流公司推出了中东专线、南美专线。EMS 的"国际 E 邮宝"、中环运的"俄邮宝"和"澳邮宝"、俄速通的 Ruston 中俄专线都属于跨境专线物流推出的特定产品。

优势:集中大批量货物发往目的地,通过规模效应降低成本,因此,价格比商业快递低,速度快于邮政小包,丢包率也比较低。

劣势:相比邮政小包,运费成本还是高了不少,而且在国内的揽收范围相对有限,覆盖地区有待扩大。

1.5.4　海外仓

海外仓储服务(简称海外仓)是指由网络外贸交易平台、物流服务商独立或共同为卖家在销售目标地提供的货品仓储、分拣、包装、派送的一站式控制与管理服务。卖家将货物存储到当地仓库,当买家有需求时,第一时间做出响应,及时进行货物的分拣、包装以及递送。整个流程包括头程运输、仓储管理和本地配送三个部分。

目前,由于优点众多,海外仓成为业内较为推崇的物流方式。如今年 eBay 将海外仓作为宣传和推广的重点,联合万邑通推出 Winit 美国仓、英国仓、德国仓。出口易、递四方等物流服务商也大力建设海外仓储系统,不断上线新产品。

优势:用传统外贸方式走货到仓,可以降低物流成本;相当于销售发生在本土,可提供灵活可靠的退换货方案,提高了海外客户的购买信心;发货周期缩短,发货速度加快,可降低跨境物流缺陷交易率。此外,海外仓可以帮助卖家拓展销售品类,突破"大而重"的发展瓶颈。

劣势:不是任何产品都适合使用海外仓,最好是库存周转快的热销单品,否则容易压货。同时,对卖家在供应链管理、库存管控、动销管理等方面提出了更高的要求。

1.5.5　国内快递的跨国业务

随着跨境电商程度越来越火热,国内快递也开始加快国际业务的布局,比如 EMS、顺丰均在跨境物流方面下了功夫。

由于依托邮政渠道,EMS的国际业务相对成熟,可以直达全球60多个国家。顺丰也已开通到美国、澳大利亚、韩国、日本、新加坡、马来西亚、泰国、越南等国家的快递服务,并启动了中国往俄罗斯的跨境B2C服务。

优势:速度较快,费用低于四大国际快递巨头,EMS在中国境内的出关能力强。

劣势:由于并非专注跨境业务,经验相对缺乏,对市场的把控能力有待提高,覆盖的海外市场也比较有限。

1.6 跨境电商的难点问题

和传统电商相比,跨境电商的主要难点在于:进口清关入境,海外商家外币结算业务的办理。

清关主要和海关、检验检疫、外管等部门打交道,需要符合政策规定流程,政府关系等也非常重要。

外币结算,需要考虑是以什么外币结算,确定币种后是否可以更换?什么时候结算?(结算受汇率波动影响,如果刚好碰到人民币暴跌,很可能利润全部亏光甚至倒贴。)

因此,商家在选择入驻跨境电商平台时要慎重考虑:平台提供什么服务?入驻资费成本是多少?商品备案、入境清关步骤、具体结算方式等内容。

【工作小结】

海外品牌通过跨境电商在中国市场传播主要通过以下几种方式:

1.品牌对流通没有控制,跨境电商平台的买手或采购团队在海外零售店扫货,并销售给用户。在这种模式下,平台掌握了绝对的话语权,品牌方无法掌握其产品在中国的销售情况。

2.品牌方将在中国的销售全权交给代理商负责。代理商可以选择任何的平台和销售模式,也可以再次分销给下级代理商,目的就是将商品卖出去。在这种模式下,品牌方对销售有了一定的规划,但品牌在中国的推广营销很难顺利进行,货源不明、真假混卖的情况也时有发生。

3.品牌方授权最高级代理商在包括京东全球购、天猫国际等在内的大平台上开店,店铺由专门的代运营公司进行运营,品牌方或代理商向其供货。很多品牌都采用这样的模式,平台可以为店铺分配可观的流量、提供公共保税仓和完善的国内物流,品牌方也可以在店里讲述品牌故事和企业理念,让用户了解自己的品牌文化。

4.品牌方自建中文官网,消费者可以在官网上直接下单购物,商品由品牌方从海外直邮到国内。通过这种模式,品牌方可以直接接触中国消费者,也可以了解他们的需求,传播自己的品牌文化。但语言、支付方式、客服、消费习惯等的不同,让这些网站的用户体验难以做得很好。高昂的国际物流费用也让一些用户难以承担。

5.品牌方与平台直接合作,抛弃了所有中间环节。平台会为品牌提供质量较高的推荐位,品牌可以直接参与或与平台配合,在运营、推广和宣传等方面拥有更高话语权。

【关键术语】

外币结算;B2C;B2C;C2C

【复习思考题】

一、选择题

1.( )在整个跨境电子商务中的比重最大,约占整个电子商务出口的90%。
( )虽只占跨境电子商务总量的10%左右,却是增长最为迅速的部分。

A.B2B　B2C　　　B.B2C　B2B　　　C.C2C　B2C　　　D.B2C　C2C

2.参加电子商务的实体有( )。(多选)

A.顾客　　　　B.商户　　　　C.银行　　　　D.认证中心　　　　E.支付宝

3.跨境电商参与主体有哪些? ( )(多选)

A.通过第三方平台进行跨境电商经营的企业和个人

B.跨境电子商务的第三方平台

C.物流企业

D.支付企业

4.以下哪些是跨境电商人员需要具备的素质? ( )(多选)

A.了解海外客户网络购物的消费理念和文化

B.了解相关国家知识产权和法律知识

C.熟悉各大跨境电商平台不同的运营规则

D.具备"本地化/当地化"思维

5.为什么要做跨境电商? ( )(多选)

A.有利于传统外贸企业转型升级

B.缩短了对外贸易的中间环节

C.促进产业结构升级

D.有利于中国制造应对全球贸易新格局

二、简答题

1.传统店铺相对于网上开设的店铺,局限性体现在哪些地方?

2.跨境电商的物流贸易流程是怎样的?

三、讨论题

通过网络查询,讨论中国跨境电商的发展历程。

"只有想不到,没有买不到",在发达的网络时代,这句话绝对不是口号,网络代购方式唤来了蜂拥而至的"代购族"。近年来,网络海外代购作为一种便捷实惠的购物方式,满足了广大消费者的需求,备受青睐。这种既能使国内消费者以较低的格购买到高品质的产品,又能给代购商带来较为丰厚的回报的商业模式,让不少人趋之若鹜。海外代购这种中国特色商业模式,横扫欧美、日韩,让人民币挺进多国,让免签国家和地区数量逐年增长,让世界记住中国、记住中国人。

起源:2005年个人代购

代购产业的起步阶段,甚至称不上是"产业"。只存在于在外留学的中国学生或者是在外工作的中国人,每年回家的时候帮亲戚朋友带点国内没有的化妆品、手表、皮包等物品。人们总是更期望得到他们从国外带回来或者寄回来的物品,因为这些物品有些国内没有,有些国内有但是价格高昂。而跑腿的次数一多,委托人自然要给些"小费"感谢。久而久之,以收取商品价格10%的代购费,成了不少代购的共识。随着海外代购受到国人热捧,除了职业代购人外,因公经常出差的人、境外导游和空姐成了"私人代购"行业中的主力军。一些理性的聪明人开始看到这种行为中存在的商机,他们开始联合自己在国外的亲戚朋友,帮人们购买他们想要的物品。这种传统的代购模式下,用户选择好商品,找到靠谱的代购,然后给予一定比例或金额的代购费,接下来的事情都由代购去完成。在这个流程里代购的选择非常关键,往往依靠同事或者朋友的口碑推荐。

发展:2007年淘宝全球购

后来,电脑与网络开始走进每个家庭。电子商务的发展,生活水平的提高以及国内食品安全等问题,让人们习惯于网上购物,并且购物范围从国内发展到了国外。海淘开始兴起,出现了一批专注于海淘的网站和企业,这些海淘网站和企业充当了过去代购者的角色。2007年,淘宝创立淘宝全球购,汇聚了销售海外优质商品的卖家,真正满足了消费者"足不出户淘遍全球"的心愿。新模式让海外购物变得更方便。如果仅靠朋友代购,只有小范围的人才能从海外代购。但是如今,网络平台为人们提供了更方便的渠道。随着全球购的商品越来越丰富,网民们足不出户即可便捷购买全球正品大牌,让奢侈品变得更加亲民。有资料表明,自从淘宝网开通海外代购服务以来,该网店每月成交量均增长3倍。因此,全球购壮大了代购行业的市场,也使得刚刚新兴的代购市场体系日趋完备。

壮大:2008年三鹿奶粉案

2008年,在经过三鹿奶粉事件后,国内奶品的质量让众多消费者心灰意冷,更多的家庭选择从海外代购奶粉,一度兴起国内代购奶粉的热潮。我们先回顾"三鹿"事件:2008年3月,南京出现婴儿肾结石病例,随后,甘肃14名婴儿同患肾结石,疑因食用某同一品牌奶粉。9月10日,全国数十婴儿患肾结石,罪魁指向"三鹿"奶粉。甘肃上报59例、死亡1例;南京10例;豫赣鄂等也有同样病例。患儿家长反映婴儿食用的是"三鹿"牌奶粉。经查明,中国有22家乳品企业69批次产品中检出三聚氰胺,其中包括伊利、蒙牛和光明等龙头企业。事情发生后，老百姓谈奶变色，使得中国乳制品龙头行业的信用度下跌，便有了进口奶制品的空前火爆。淘宝、易趣、进口奶粉代购赫然列于网页最热门搜索栏目之列。而后，中国的年轻妈妈们，从越来越多的"奶粉事件"中吸取教训，她们开始把目光投向纯正的国外原产地奶粉。随后，如小山一般的奶粉包裹堆满了中国东部各大口岸城市的码头，从天津到青岛，从上海到宁波，从厦门到广州，一大批从国外邮寄来的奶粉，在满足千万家庭的婴幼儿口粮的同时，也冲击着中国的奶制品进口贸易以及国内几乎奄奄一息的民族奶粉产业。

强盛：2014 年"海代"走出灰色地带

2014 年 8 月 1 日，海关总署"56 号文"生效，"56 号文"实施后，个人物品将按行邮税进行征税，未经备案的私人海外代购将被定为非法。根据政策要求，跨境电商整个过程的数据需要纳入"电子商务通关服务平台"，与海关联网对接。此外，进出境货物、物品信息也要提前向海关备案。"其实，大的企业平台已经早有准备，阿里巴巴在海外进行了多起并购，其中不少和电子商务相关，京东也是如此。它们计划走出去，跟国外合作，将经营规范化。""56 号文"对于国际规模性的正规跨境物流电商是一件好事，更好地规范了行业中的企业。据统计数据显示，2013 年，中国海外代购市场的交易规模超过 700 亿元，2014 年市场规模超过 1 500 亿元。

同时，海外代购已不局限于简单的生活用品：由单一名牌箱包到一时成名的海外奶粉到生活用品再到奢侈品，消费者所用商品都可通过海外代购实现。多样的品种、低廉的价格、较高的质量是海外代购兴起的主要原因。在国内，由于进口时较高的关税和部分代理商的垄断，化妆品、电子产品和奢侈品等产品的价格普遍偏高。按照相关规定，位列海外代购首位的化妆品要收 50% 的进口税，而数码产品、手表类征收 30% 的进口税，金银首饰及文化用品等商品征收税率最低为 10%。除了进口关税，我国进口产品进入流通环节还要收取增值税。所以随着互联网电商平台的发展和普及，一部分中国人选择借助代购渠道购买这些商品，足不出户依然可以买到远远低于境内市场价格的商品。

尤其是产品的多样性也为海外代购的壮大添上了浓墨重彩的一笔。相对于国内产品，国外产品更具有针对性，更符合国内消费者的喜好要求，加之电子商务的成熟，使消费者通过网络购物的方式能够更加便捷地获得自己喜欢的商品。与此同时，庞大的留学生队伍也为代购业提供了大量的供货渠道。目前，网络海外代购主要有 C2C（Consumer to Consumer）、B2C（Business to Consumer）两种服务模式，C2C 模式指的是个人在大型购物网站的平台上搭建的私人代购店铺，如淘宝网上的海外代购店铺；B2C 模式指的是商家直接搭建的专业代购网站，如美国代购网、易趣网。其中，C2C 模式又可以划分为两种不同的服务方式，一种为卖家依据消费者对品牌、型号、尺寸等产品相关信息的要求，在海外购买并以邮寄或者随身携带的方式入境。另一种为卖家提前将国外的热销产品购买至国内，并在网络店铺中展示产品并出售。

海外代购与海淘虽然能满足消费者的需求,但往往也伴随着诸多问题:

第一,海外代购的产品可能存在假货或残次品,消费者往往无法判断。

第二,海外代购的所需花费的时间往往需要2~3周或更长,产品不能及时送达消费者手中,削弱了用户体验。

第三,海淘虽然能在价格上使消费者得到一些实惠,但是实际操作上却非常麻烦,首先消费者必须能看懂外文网页,然后进行注册、选择转运公司、报关、缴纳关税等一系列操作,除此之外,消费者还要承担商品损坏、商品遗失等各种风险。

第四,海淘的支付方式往往需要具有国际支付功能的双币信用卡或者国际上比较流行的第三方支付工具如paypal,支付方式的局限性也给消费者海淘增加了困难。

第五,目前,尚无针对个人海外代购的专门法规,仅靠从事海外代购的个人自律,导致消费者在购买代购产品时维权困难。海外代购更多的是体现委托代理的关系,一旦出现问题,双方应按照"有约从约,无约就依法"的方式处理。所依照的法律应是《民法通则》和《合同法》,而不应完全依照适用于一般企业和经营者的《消费者权益保护法》和《产品质量法》。

在这种大环境下,国内外电商瞄准中国百姓对海外产品的巨大需求,纷纷斥巨资投入跨境零售业务,诸如国外的亚马逊、乐天以及国内的天猫国际、洋码头等,都开始加入这一市场的争夺。这些平台不仅提供进口业务,也提供出口业务。以天猫为例,天猫在跨境这方面通过和自贸区的合作,在各地保税物流中心建立了各自的跨境物流仓。它在宁波、上海、重庆、杭州、郑州、广州6个城市试点跨境电商贸易保税区、产业园签约跨境合作,全面铺设跨境网点。据中国跨境电商网监测显示,2014年"双11",天猫国际一半以上的国际商品就是以保税模式进入国内消费者手中,是跨境的一次重要尝试。

具体而言,就是货品从海外进入,免税存放保税仓,消费者下单后,产品直接从保税仓发出,商家不用一单一单购买后向消费者终端发货,而是可以批量运输,从而节约人力、物流等成本。最重要的是,以保税模式进入仓库的货物,可以以个人物品清关,无须再缴纳增值税。

然而,随着海外代购的发展,其弊端也日益凸显,尤其是在发生了空姐代购案后,代购的一些法律问题也引人深思。

2012年9月5日,前空姐李×航因从事代购业务、带化妆品入关长期不申报,涉嫌走私普通物品罪,一审以犯走私普通货物罪判李某有期徒刑11年,并处罚金人民币50万元。李×航拥有自己的淘宝代购店,在过去几年里,她通过在韩国免税店购买化妆品,以客带货方式从无申报通道携带进境,共计偷逃海关进口环节税人民币113万余元。

走私普通货物、物品罪客观方面一般将其表述为违反海关法规,逃避海关监管,走私"普通"货物、物品,偷逃应缴关税税额较大,或者一年内曾因走私被给予两次行政处罚后又走私的行为。结合此案,被告"长期携带货物入境"说明符合刑法规定的"多次走私"行为特征,"携带"具体来说是现在代购商主要采用的个人携带行李物品入境的带货方式,其未"申报"关税、买入后又在境内"销售",说明了其携带商品的"货物"性质,因此采用物品入境方式而未申报属于典型的偷逃税行为。另外,其走私的货物是化妆品,根据我国《进境物品归类表》和《进境物品完税价格表》,化妆品的税率为50%,属于税率最高的物品之一,这也是李某走私数额达到特别巨大的一个原因。

由此可见,随着海外代购业的迅速发展,所涉及的法律灰色地带也开始显现。"法不责众"是十分愚蠢的想法。既然有了相关政策,作为个体就不要去赌执行力度。在2010年,针对海外直邮包裹增多,关税流失严重,海关发布《2010年第43号公告》规定,取消过去对个人邮递物品500元人民币的免税,调至50元。此规定,使基本所有的代购品都需要纳税,直接增加了代购的成本,缩小了代购的利润空间。

同时,2014年4月海关出台新政规定,所有境外快递企业须使用EMS清关派送包裹,不得按照进境邮递物品办理手续,这就意味着代购人通过第三方海外转运公司进行托运的包裹,很多须按照贸易货物通关,需要被检查补缴税,直接导致快递公司上升价格,有的涨幅甚至达50%,代购商品的价格优势大受影响。此外,新政还对进境物品完税价格进行了调整,化妆品完税价格上涨,电子产品下调。而完税价格越高,需要交纳的税费就越高。由此可见,政府对海外代购的监管力度在日益加强。今后,代购产品避税的难度将大大提高,其价格优势将逐渐消减。在日趋规范化的大环境下,代购产业将转型以求进一步的发展。

海外代购发展至今,已经存在了很久,各个环节也已经相对成熟,却仍然存在不少问题。例如售后服务很难保证,用户没有直接和海外电商平台交易,售后服务也需要依赖中间人,无形中造成了退换货的难度。还有关税和物流的不确定性,也都是摆在人们面前的问题,代购未来的发展之路依旧崎岖。

【工作实践】

请大家帮小王对他所在的跨境电商行业进行初步的分析。

工作背景:目前上线的跨境电商平台非常多,各类平台竞争激烈。要想在激烈竞争中取得胜利,必须不断地学习、了解和掌握不同跨境电商平台的特点和运营模式。找出各类平台之间的差距和优缺点。对跨境电商行业的从业人员而言,这是工作要求的基本素质。

对初入职的人员而言,深入了解企业和行业的情况,能非常有效地提高对工作的认知,迅速地提升工作能力,因此非常有必要在入职初期对所在企业和所处行业进行深度的调研和剖析。

工作要求:对海悦汇跨境电商平台进行了解和剖析。

工作辅助提示:主要分析其运营模式、浏览量和关注度等情况。

工作模板案例:跨境电商案例:Ianker海外品牌运营分析。

一、网站简介

①网站主要为产品展示,用户口碑建设,吸引流量并导入到平台,主要平台为 amazon 和 eBay。

②产品自有品牌 Anker 已经拥有一定的知名度,主要产品为智能手机电池、USB 设备、移动电源和键盘鼠标等。重点市场目前是北美、欧洲、日本和中国。

③网站主要的推广渠道为红人博客文章推荐,少量论坛,以及参加一些国际展会。

二、网站各个阶段重点

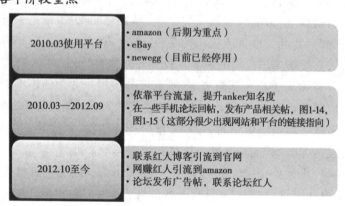

图 1-12　网站阶段任务

2010 年 10 月 16 日注册 Ianker.com 这个域名。

2011 年 10 月将 anker 注册为品牌。

2012 年下半年开始重点投放红人博客,主要流量都是引导至官方网站。

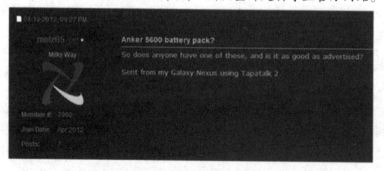

图 1-13

图 1-14

三、网站流量:15 000/日

1.流量趋势(图 1-15)

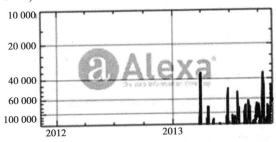

图 1-15　流量趋势

2.流量占比(图 1-16)

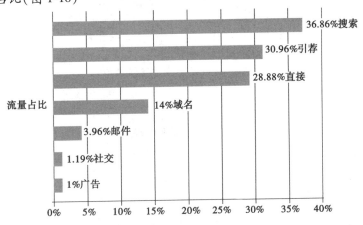

图 1-16　流量占比

031

3.区域流量占比(图 1-17)

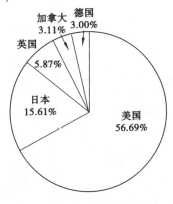

图 1-17　区域流量占比

4.anker 搜索趋势

"anker"这个词在美国和德国搜索量较高。除了英国地区在 10 月份搜索量有下降,其他地区均是上升的趋势,尤其是日本。

但从域名搜索的结果就可以看出,搜"anker"这个词并不仅仅是搜索 ianker 的品牌词 anker,所以这部分的域名搜索趋势并不精确。

德国区:首页只有两个 ianker.com 相关结果,一个官网,另一个为 amazon。

美国区:首页出现三个相关结果,分别是 amazon.co.uk, amazon.com 和官网。

欧洲各区域:首页都只有两个 ianker.com 相关结果,一个官网,另一个为 amazon。

日本:域名搜索结果首页除官网和 rakuten.co.jp 在线商城外,其他都是 amazon 上 anker 相关的结果。

四、外链域名占比:总域名数 592 个

可以看出 Ianker 主要的推广渠道为红人博客(图 1-18)。

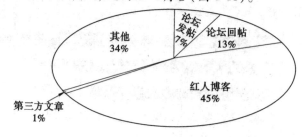

图 1-18　主要推广渠道

五、引荐流量

1.红人博客

①合作方式:

a.免费寄送产品给红人,红人在博客重写测评 review。

b.跟网赚红人合作主要写推荐性文章,给出链接指向 amazon,根据引荐或成交给博客主提成。

c.已购买客户通过个人博客写 review, 这部分客户的博客流量并不多。

②红人博客发布时间占比:

2012	2013.1	2013.2	2013.3	2013.4	2013.5	2013.6	2013.7	2013.8	2013.9	2013.10	2013.11	2013.12
2.3%	2.9%	2.3%	3.6%	5.8%	7.8%	4.9%	10.4%	9.7%	23.4%	10.4%	2.9%	13.6%

③全部博客语种占比:主要的还是在英语、日语和德语区

英语	日语	德语	法语	意大利	西语
55.6%	17.8%	11.9%	5.9%	5.9%	2.2%

博客类型:电子类,以苹果相关及其他的一些技术类的博客为主,其中有部分博客

的主题围绕与苹果相关的产品信息。博主/作者:对电子及数码爱好者。

博客月搜索量:59 个博客的月搜索量为 3 万,占比 37%(参考数据:160),红人博客中日流量最高的为 130 万/日。涉及产品:以外接电源 Astro 系统为主,少量的键盘鼠标(日本)。

文章类型:产品推荐/review 为主,少量测评及客户 review,有部分资源是被转载,其中一链接指向:63% 以上的博客是单一指向官网,37% 的博客中的链接同时指向官网和 amazon,其中大部分人以网赚为目的指向 amazon,3% 的博客中有指向 eBay 的链接。

④重点红人博客共发布 13 篇文章,网站日流量为 130 万/日。

作者	发布数量	发布时间	链接指向	观看量
Adam Achis	1 篇	2013-01-29	Amazon	14 953
Alan Henry	6 篇	2013-05-26	Amazon	328 841
Alan Henry		2013-05-28	官网产品页	53 160
Alan Henry		2013-07-02	Amazon	33 705
Alan Henry		2013-08-15	Amazon	100 745
Alan Henry		2013-09-29	官网产品页	94 949
Alan Henry		2013-10-01	官网产品页	17 881
Shep Callister	6 篇	2013-10-09	Amazon	28 009
Shep Callister		2013-10-16	Amazon	55 953
Shep Callister		2013-10-28	Amazon	26 848
Shep Callister		2013-11-12	Amazon	31 713
Shep Callister		2013-11-13	Amazon	60 109
Shep Callister		2013-11-14	Amazon	9 821

2013 年 ianker 网站流量趋势如图 1-19 所示。

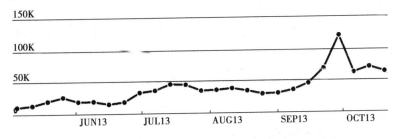

图 1-19　2013 年 ianker 网站流量趋势

与网站流量对比可以看出:在 5 月最后一周和 9 月最后一周,网站流量明显升高。

其中 Lifehacker 网站上一篇文章为五个品牌电池投票,结果显示 anker 品牌得票率最高。文章浏览量为 328 841。

总结:红人博客是网站流量的爆发以及 anker 口碑的提升的主要推广渠道。

2.论坛:118 个

1)论坛发帖:30 个,占比 25%

其中有 11 个为广告帖,主要包括新品广告、限时促销、giveaway 和网站推荐等。这部分帖子都为自己发,观看量并不高,最高为 500 多。非自己发布的帖子中主要为咨询,求助类的,并没有出现 reviews 性质比较明显的帖子。

2)论坛回帖:88 个,占比 75%

①回帖这部分基本都是用户在回帖中提及某款产品,或者是针对某款产品的讨论。用户回帖中链接指向产品页面的占比为 70%。anker 自己回复的帖子中都是纯链接形式。

②除外链中分析得到的论坛推广资源外,还发现有一部分做 amazon 联盟广告的论坛,坛主会在恢复论坛帖的同时推荐 amazon 中 anker 产品的销售链接。

3.论坛总结

①论坛这部分虽然有做,但是并没有重点推广。

②没有出现比较火的论坛,或者红人广告帖。

③在部分论坛中广告帖,但后期并没有持续跟进推广。

④论坛资源比较散,各个语种都有,其中英语 60%、德语 9%、日语 6%,其他各小语种占比为 25%。包括阿拉伯语、西班牙语、以色列语、希腊语、荷兰语等。

⑤论坛对 anker 的作用为产品品牌的辅助推广,到 2013 年开始集中出现做 amazon 联盟广告的论坛推荐 anker 产品。目前在 amazon 联盟中搜"battery bank"出现的产品 70% 是 anker 的产品,这也是论坛会选择推荐 anker 的原因之一。

六、广告

谷歌广告目前只投放了美国区,且投放量很小,目前流量占比较低。投放的关键词也比较杂,没有投放重点关键词。目前这部分对网站流量影响基本没有。

七、在线商城

anker 在做平台销售的同时,还和各个区域的在线商城有合作,如中国的京东商城,日本的 http://gomadic-corp.shop.rakuten.com/,新加坡的 http://list.qoo10.sg,科威特的 http://kuwait.souq.com,而且在网上有专页说明求合作伙伴和经销商。说明 anker 有在做一些 B2B 的尝试,尤其是与在线商城的合作。

八、社交

社交流量占网站流量比重比较小(1%)。

FB 目前粉丝为 3 728,并没有重点推广,主要做了一些 giveaway 的活动。

2013 年 3 月开始陆续每月一次 giveaway,5 月 6 月除外(展会),每次特定一款产品,针对特定国家的人群通过 FB 发布消息。4 月策划 Power Users 的活动,用户申请赢得免费产品,同时相应的需要写产品 review,针对的是红人(喜欢测评,分享有帮助的内容的人群)。这部分内容效果并不明显。

Youtube

粉丝:163,建号时间:2012.11,视频数:30,视频内容:产品 reivew,更新频率不固定。

Youtube 中搜索 anker,许多与 anker 产品相关的视频,大部分视频观看量少,只有非常少部分是大红人做的视频。视频下面的描述中,留的链接大部分是指向 amazon,这类视频主要是网赚红人做的。

分析总结:

①网站重点利用红人博客渠道提升产品知名度,以及用户口碑。

②借助平台流量以及在线商城的流量推广产品认知度。

③论坛没有重点推广,虽然也做了一些尝试,但是很散,不系统,没有策略性。

【小贴士】

以上数据及观点由"比邻互动"提供,请关注本文作者的微博及微信公众号。

任务二
跨境电商如何做好 B2C 的进口物流运营管理

【工作情境】

　　小王在进入公司营销推广部门后,感觉力不从心。他虽然对公司的整体情况有了大致了解,但是依然不太清楚公司具体的运营流程,不能有效地设计营销推广方案,因此他特别申请调整岗位,先到采购物流部门轮岗一段时间。之前小王了解到,跨境电商的运营模式有很多种类型,但是大部分企业也跟他所在的企业一样,主要采用的是 B2C 的进口运营管理模式,因此,他要胜任好采购物流部门的工作,就必须了解跨境电商是如何进行商品进口的采购、物流等运营管理的。

　　人物设定:小王,22 岁,大专,营销策划专业,有 2 年营销推广部门的工作经验。

　　工作岗位:国际采购。

　　所属部门:商品中心。

　　工作内容:负责签订采购合同、核对订单数据、沟通谈判。

　　需要的工作能力:流利的英语口语能力、合同翻译能力、仔细认真的工作态度。

【工作目标与要求】

　　了解跨境电子商务企业海外采购的方式;

　　了解跨境电子商务企业物流建仓的方法;

　　了解跨境电子商务企业报关的具体工作内容;

　　了解跨境电子商务企业进行 B2C 的订单接单和发货的工作流程。

【工作流程】

　　跨境电商进口物流流程如图 2-1 所示。

【工作案例】

OVS 威易速递简介

　　OVS 威易速递是一家全新的跨境仓储物流综合供应链服务商,其整合强大的海外仓储资源、国际物流资源以及国内清关资源,专注于为跨境电商降低综合成本,提升物

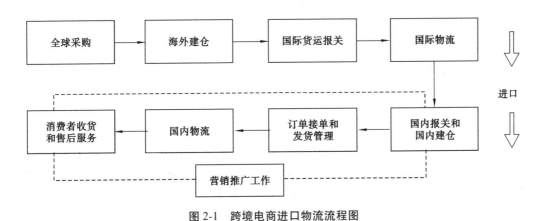

图 2-1　跨境电商进口物流流程图

流安全和时效,阳光正规清关,为电商平台和商家提高用户体验,增强市场竞争力提供强有力的支持。

目前 OVS 威易速递在欧洲、亚洲等均设有专业海外仓储,其中德国仓位于欧洲经济中心法兰克福,占地面积近 10 000 平方米,长期为跨境电商提供覆盖全欧洲的仓储物流服务;中国香港仓位于九龙湾,面积 2 000 余平方米,可为客户提供全球货物香港的进口分拨、货物仓储、分类分拣等服务。广州保税仓整进散出模式,为跨境电商合理节税,降低操作成本,结合中国邮政的国内派送网络,最大限度地完善物流服务。同时 OVS 威易速递自主开发了中欧、中澳、中俄等多条国际电商专线,让整个服务网络覆盖全球主要经济中心,不管客户身在何处,都能享受到威易完善的跨国物流综合服务。

OVS 威易速递基于香港邮政、B2B2C 保税仓备货模式、B2C 集货模式 3 种服务模式,为客户提供多元化和量身定制跨国物流解决方案,为跨境电商提供海外仓储、国际空运、保税仓储、进境清关、国内派送、订单管理、电商 ERP 等一站式全程服务,并根据客户货源、商品属性、速度要求提供多元化和量身定制跨国物流解决方案。

在覆盖全球的仓储和航线资源、智能化 ERP 系统、高效正规清关等优势的基础上,OVS 威易速递日均处理量达 3 000~4 000 票,并呈几何式增长趋势,在跨境电商中发挥越来越重要的作用。

一、OVS 威易速递优势

1.香港邮政独家资源

香港邮政是万国邮政(万国邮联)环球特快专递服务在香港的品牌名称,其卓越的服务已经获得国际认同,并连续八年获颁万国邮联特快专递服务合作组优质金奖。

OVS 威易速递在香港邮政拥有独一无二的资源,可通过万国邮联覆盖面广的优势,将全球 210 个目的地的商品空运至 OVS 威易速递香港仓中转,同时将清关压力分散至各个收件人所在地方的海关。OVS 威易速递香港仓位于九龙湾,面积 2 000 余平方米,是整个亚洲的分拨中转中心,OVS 威易速递充分发挥香港国际航班中转中心以及距离广州、深圳近的地理优势,和广州保税仓互相呼应,可采用海陆空三种运输方式,最大限度地帮助跨境电商获得时效稳定、价格低廉、安全性高、物超所值的物流服务。

2.覆盖全球的专业化国际仓储

依托与 OVS 威易速递自主研发的 ERP 系统,结合覆盖全球的海外云仓储,OVS 威易速递可为跨境电商提供拣货准确高效、成本最优的专业仓储服务。

香港仓

香港仓位于九龙湾,占地面积 2 000 余平方米,OVS 威易速递利用香港国际航班中转中心的优势,充分发挥空运价格和高效清关的优势,将香港仓定位成威易全球进出口快件的分拨中心,并结合深圳与广州到香港路程短的特点,和广州保税仓遥相呼应,并开辟陆运专线,让包裹更方便地进入内地,更快时效地派送。

广州保税仓

位于广州的交通中心,邮政的流花大陆,占地面积达 1 000 余平方米,在业务量大的时候可弹性扩充到 30 000 平方米,并已在南沙建立面积达 30 000 余平方米的保税仓储。并充分发挥其距离香港近的地理优势,与香港仓遥相呼应,确保物流的高效性和快捷性。

德国仓

位于欧洲重要工商业、金融和交通中心法兰克福,已为进出口电商提供多年的覆盖欧洲的仓储物流服务,并获得 eBay 优秀卖家物流奖励,利用靠近波兰的优势,操作成本比同行要低 30%~40%。目前德国仓占地面积 5 000 余平方米,并已开工建设现代化、智能化新仓库,预期两个月后完工,届时德国仓日处理能力将成倍增长。

3.高效、低成本国际空运航线

OVS 威易速递拥有多条航运专线,客户可根据货源所在地自由选择。同时 OVS 威易速递作为 UPS、Fedex 和南航的长期合作伙伴,可享受比同行低 20%~30% 的最低折扣的国际物流费用。结合香港仓地理优势,利用香港国际航班多、价格低的优势,客户可选择香港交货,再通过 OVS 陆运专线运抵广州、深圳,最大限度地帮助客户节省物流费用。同时客户可通过 OVS 物流追踪系统,全程跟踪定位物流信息。

4.行邮税标准,24 小时快速正规清关

OVS 威易速递是广东邮政的深度合作伙伴,跨境易项目的独家合作运营商。跨境易作为邮政清关的唯一系统平台,是所有跨境电商必须介入的系统平台。

OVS 威易速递通过跨境易系统与海关系统直接对接,快速完成商品备案、进仓申报、核册核销、仓储管理、买家身份证认证、税单反馈等环节,海关全程监管,正规申报,24 小时快速清关,全程以"行邮税"对商品进行征税或免征,帮助跨境电商和海淘买家合理节省关税,真正实现快速高效、正规安全清关。

5.精细化、智能化 ERP 系统

依托长期服务跨境电商的仓储物流经验,针对现有电商对仓储要求准确、高效、成本最优的特点,OVS 威易速递自主研发了跨境电商 ERP 系统,以精细化、智能化为原则,操作效率比同行高 30%~40%,帮助跨境电商加速客户订单的履行,大大提高了跨境电商拣货效率和发货准确率。

OVS 威易 ERP 系统优势如下:

①通过专属仓库号和收件人双重校验入库,提高入库的准确率。

②所有货物实行条形码管理,PDA 扫描入库,便于对商品实施全过程控制管理。

③实行专属库位制,根据客户货物数量与属性智能开设新库位。

④智能入库系统,可实现货物验货、拍照、称重、分拣和包装等。

⑤A4 清单拣货和 PDA 扫描验证双重出库,大大提高了拣货和发货的准确率。

⑥远程管理可控,库存预警,智能采购。

⑦可海外直接打单,全程物流可跟踪。

6.个性化增值服务

智能 API 系统对接接口,可一站式对接淘宝、天猫等多个网络销售平台,实现数据的双向、实时、无缝传输,订单实时集成,同步响应发货。

针对不同的商家,不同的品牌,OVS 威易速递提供个性化包装服务,可使用商家指定的包装材料和包装方式,并为商家提供粘贴品牌标识、宣传图片等服务,满足商家包装个性化和品牌个性化的需求。

7.7×24 小时全球无时差客服

OVS 威易速递为跨境电商和买家提供 7×24 小时无时差客服,通过在线客服、电话客服、系统智能客服等随时随地提供专业、细致的服务。

二、差异化服务模式介绍

在高效安全、低价快捷、正规合法的基础上,OVS 威易速递可提供 3 种差异化服务模式,便于客户根据自己的商品属性、速度要求选择最适合自己的个性化跨国物流解决方案,为不同的跨境电商和买家提供个性化特色服务。

模式 1 香港邮政

利用 OVS 威易速递在香港邮政的独家资源,帮助客户把商品包裹以最大的折扣空运至香港分拨中心,以香港邮件转发的方式进行清关,通过万国邮联的端口,服务范围可覆盖全球 210 多个目的地,并把清关压力散发至各个收件人所在地的海关,无清关上线压力,清关品类也不受任何限制,无须身份证,也无须预交关税,是跨境电商国际物流的理想选择。

工作时效:5~10 个工作日

适用客户:海淘、时效要求低的包裹、特殊物品

服务优势:

①高性价比:OVS 香港邮政具有绝对的价格优势,客户可享受最大价格折扣。

②灵活性高:无须身份证,无须预交关税。

③清关无上限:把清关压力分散至各个收件人所在地海关,无清关压力。

④商品无限制:自由港,清关品类不受限制。

⑤安全性能高:香港邮政完善的流程与40年的国际包裹运输经验,可确保货物的安全性,可靠性。

模式2 B2B2C保税仓备货模式

B2B2C保税仓备货模式是海关的一种特殊监管模式,整进散出,跨境电商货物整柜从境外运入OVS威易速递广州保税仓,然后按照销售订单,OVS威易速递从保税仓直接进行分拣、包装、配送,并通过跨境交易平台向海关申请单件清关,海关按照行邮税标准对包裹进行征税或免征(50元及以下免征),并自动放行。

B2B2C保税仓备货模式是集国际运输、仓储管理、分拣包装、清关配送以及信息管理为一体的综合服务模式,跨境电商既可选择预先备货到保税仓,也可以选择商品海外预先打包,当天到当天清关配送,是跨境电商仓储物流的理想方式。

工作时效:3~4个工作日

适用商家:大卖家,想要节省操作费用、周转快速的SKU

服务优势:

①费用低:整进散出,标准化程度高,方便装箱,可大幅度降低操作费用。

②时效更快:可24小时快速清关,客户下单后,3~4天直达买家。

③吞吐量无上限:海关只需在进仓日和月末核查,中间过程均为自动放行,固处量无上限。

④税费可预测:商品预先备案,税费可直接参照行邮税表进行计算。

⑤国内操作费用低:分拣、打包等各环节操作费用远远低于海外。

模式3 B2C集货模式

以海外直发模式,跨境电商可直接将货物交至OVS威易速递遍布全球的海外仓库,客户下单后,海外直接生成EMS快递单号,直接打单,空运集运至国内,并按照行邮税标准24小时内快速清关,EMS配送至全国,直达买家。

B2C集货模式是一种集海外仓储管理、国际物流运输、进境清关、国内派送于一体的一站式解决方案,商品无须提前备案,只需提供身份证号码就能确保客户包裹快速清关进境,服务全面、价格合理、优质快捷,是为跨境电商提供的一个时效与价格都具有优势的国际物流方案。

工作时效:5~10个工作日

适用商家:转运商、海淘人员、小商家、测试商家

服务优势:

①费用较低:空运集运,有效降低费用。

②时效稳定:5~10天工作时效,基本可24小时内快速清关。

③海外打单,一单到底:系统可海外直接打单,EMS一单到底,全程可跟踪。

④预报关模式:跨境交易系统与海关系统直接对接,可海外直接将包裹信息申报到

海外清关系统,提高处理效率。

⑤灵活性高:无须提前申报,商品类型不受限制。

2.1　如何进行海外采购

2.1.1　跨境电子商务企业的国际采购

1)国际采购的含义

国际采购是指利用全球的资源,在全世界范围内去寻找供应商,寻找质量最好、价格合适的产品(货物与服务)。经济的全球化,使企业在一个快速变化的新世界和新经济秩序中生存与发展,采购行业已成为企业的重中之重和重大战略。从某种意义上讲,采购与供应链管理工作可以使一个企业成为利润的"摇篮",同样也可以使一个企业成为利润的"坟墓"。

对跨境电子商务企业而言,能否在国际采购中,用最少的代价,采购到最具优势的产品,是企业最为关键的一个环节。各个跨境电子商务企业之间的竞争,往往可以说是货源的竞争。如一段时间内,国内市场对进口面膜需求量巨大。各家跨境电子商务企业谁能在最短的时间,用最具优势的成本,采购到国内市场需求的各种品牌的面膜,就能在这类产品中赚到最多的利润。相反,如果跨境电子商务企业的国际采购不顺,采购的价格过高,或者采购的周期过长,必然会导致该企业在该类产品的销售上出现失利或者亏损的结果。

2)国际采购的特点

国际市场采购与国内市场采购相比有以下特点。

①采购地距离遥远。由于国际市场采购一般距离比较远,所以对货源地市场情况不易了解清楚,这就给国内跨境电子商务企业造成了一定的困难。同时国际物流供应的过程也比较复杂,不过由于目前渝新欧国际物流通道的建立,给国内跨境电子商务企业带来了便捷。尤其是重庆地区的跨境电子商务企业就可以直接把货物从德国通过铁路运输回内地,既节约了运输周期,也降低了运输成本。

②国际采购的程序比较复杂。国际采购从采购前的准备、采购合同磋商、签订和履约,以及争议的处理等各个方面都较国内采购复杂得多,需要了解许多国际贸易的专业知识,才能更好地完成采购任务。因此,对国际采购员而言,不仅要熟练掌握外语,还必须熟知国际贸易知识,掌握国际采购的相关法律法规,并要加强社交能力。

③国际采购的风险较大。由于国际采购时间长、距离远,又涉及外汇汇率等方面的变化,所以国际采购在运输、收货和结算方面都面临很大的风险。

3)国际采购的主要形式

一般而言,国际采购主要通过以下几种途径进行采购:

(1)自购

自购是国际采购中最惯常采用的一种方式,是指公司或个人在海外市场直接从产品制造商那里采购货品。这种采购要求购买者需要进行单一产品的大宗采购,才能获得出厂价或者较低价。否则很多产品的制造商是不会以较低价格销售产品种类多、采购数量少的产品。这就要求采购者具有更强的分销实力,能够一次性消化大量的货品。这对采购商而言是一个相当大的风险。聚美优品就是大量采用自购的方式,在创业初期,其公司CEO陈欧就跟全球各个品牌商进行谈判采购,以较低的价格采购品牌商过季或打折的商品,然后进行分销。

(2)产业链公司采购

并不是所有的企业都有这么强大的分销实力,能对单一产品进行大宗采购。大部分企业都是多种类、少量采购。这种情况下,企业往往会选择从上游的产业链公司进货,成为大宗批发商的下游采购单位。这样,就可以满足产品种类多、数量少的批发采购。产业链公司就担当了大宗采购商采购的角色,来为下游的采购企业采购商品。

(3)国家商会推荐采购

除了自己采购和向产业链公司采购以外,还可以跟当地的一些国家商会、行会进行合作开展采购工作。这些商会和行会往往是当地的民间企业主自发组织形成的,能组织地方特色的产品,提供比较合理的价格。

4)国际采购工作的要求和具体工作内容

(1)国际采购员的工作能力要求

不同的行业和不同的跨境电子商务公司对国际采购工作人员的要求和工作内容都不尽相同,但是大多数都对以下工作能力提出了要求:

①较好的英语交流能力是基础。

②工作态度认真,仔细负责。

③懂得国际贸易、财务会计、国际物流等相关知识。

④懂得合同签订的相关知识。

(2)国际采购员的主要工作内容

①根据本团队年度计划拟订所负责品相的年度采购计划和费用预算。

②随时了解、分析并汇报所负责品相和关联产品的产地情况和市场销售状况,定期做产地和市场调研报告,全面分析市场需求变化。

③查访并筛选供应商,严格按照采购流程索取各类资信和证明材料。

④选择适合各市场的产品,与供应商谈判并制订有利的供货条件(包括质量/包装/品牌/价格/订货方式/订货数量规格/运输交货条件等)并确保质量安全。

⑤收集市场各类资讯,掌握市场的动态和竞品信息,及时反馈并调整采购订单。

⑥订单跟进,包括订单确认、发货、运输、到货质量确认、索赔、市场售价、损耗和毛利等。

5)国际采购的模式与分类

(1)按照采购方式的发展历程分

①现货采购。现货采购是指商品流通企业直接通过市场充分自主地向供货方协商定价,即时进行银货交换的一种采购方式。换句话说,就是"一手交钱,一手交货"。适用于市场上商品资源很充足,什么时候去采购都能采购到,要采购多少都能满足的情况。

现货采购的优点主要体现在两个方面:

a.灵活性强。什么时候需要,什么时候去采购,且马上能取得所需商品。

b.能适应需求的变化和市场行情的变化。需求多,可多采购些;需求少时,可少采购些。市场上某种商品的价格低时,可适当多采购些;市场上某种商品的价格高时,可适当少采购些,够满足需求即可。

现货采购的缺点主要是没有稳定的资源保证。当市场上某种商品紧缺时,可能出现想采购该种商品,却采购不到。有时即使能采购到该种商品,也可能不是原先的品牌和质量。

②远期合同采购。远期合同采购是商品流通企业与供应商协商成交后,签订购销合同,按合同规定的交货时间进行交割的采购方式。主要适用于需要量较大,需用规律比较明显的商品。

远期合同采购的优点主要体现在两个方面:

a.供需双方都有稳定感。对需方(商品流通企业)来说,签订了远期合同就有了稳定的货源;对供方(供应商)来说,签订了远期合同,就有了稳定的销路。

b.加强了供需双方的计划性。签订了远期合同后,供方(供应商)可以按需生产,以销定产,根据所订合同编制生产经营计划,需方(商品流通企业)可以按计划进行销售。

远期合同采购的缺点主要是不能适应迅速变化的市场情况。因为签订合同是在计划期开始之时,采购总量、采购批量、交货时间等,都是预计的。计划期开始后,市场情况可能发生变化,引起采购总量、采购批量、交货期等都会发生变化。此时供应商已经根据签订的合同,安排生产或采购,要改变原来合同比较困难。

③期货采购。期货采购是指采购时供货单位尚没有现成商品,交易成立后,双方约定一定期限,实行商品与货款相互接受的一种买卖活动。这种采购方式购销双方承担的风险都比较大。

期货采购的特点如下:

a.采购地点固定。期货采购必须在规定的交易场所内进行,且要通过自己选定的经纪人代理采购。采购的实物交割也是在交易所规定的地点进行的。

b.采购合约标准化。期货交易中,规定双方权利和义务的法律依据称为期货合约。它是标准化的交易合同,其内容和形式均由期货交易所规定。这就避免了远期合同采购中每笔交易都需经过谈判达成协议的繁杂手续,简化成交过程。

期货采购按其目的不同,可分为两类:以转移价格风险为目的的套期保值采购和以盈利为目的的投机性采购。

(2)按照采购权限分

①分散采购。分散采购在政府采购的范畴内,是指采购人对集中采购目录以外,且限额标准以上的货物、工程、服务进行的非集中采购。可以由采购单位自己组织,也可以委托采购代理机构。但分散采购是政府采购两种组织形式之一,可不是随意采购,必须按照政府采购程序实施。

②集中采购。它是指政府采购中将集中采购目录内的货物、工程、服务集中进行采购,集中采购包括集中采购机构采购和部门集中采购,目录内属于通用的政府采购项目,应当委托集中采购机构代理采购,属于本部门、本系统有特殊要求的项目,应当实行部门集中采购。

(3)按照采购主体完成采购任务的途径分

①直接采购。直接采购就是不通过其他中间商,直接采购的行为方式。适用于规模大,分销能力强,对成本要求高的企业。

②间接采购。间接采购是指通过中间商实施采购行为的方式,也称委托采购或中介采购,主要包括委托流通企业采购和调拨采购。适合于核心业务规模大,盈利水平高的企业。

(4)按照招标采购的方式分

①招标采购。它是指采购方作为招标方,事先提出采购的条件和要求,邀请众多企业参加投标,然后由采购方按照规定的程序和标准一次性从中择优选择交易对象,并提出最有利条件的投标方签订协议等过程。整个过程要求公开、公正和择优。招标采购是政府采购最通用的方法之一。招标采购可分为竞争性采购和限制性招标采购。它们的基本做法是差不多的,其主要区别是招标的范围不同,一个是向整个社会公开招标,一个是在选定的若干个供应商中招标,除此以外,其他在原理上都是相同的。

一个完整的竞争性招标采购过程由供应商调查和选择、招标、投标、开标、评标、决标、合同授予等阶段组成。

②单一来源采购。它是指只能从唯一供应商处采购、不可预见的紧急情况、为了保证一致或配套服务从原供应商添购原合同金额10%以内的情形的政府采购项目,采购人向特定的一个供应商采购的一种政府采购方式。

(5)按照采购标的的属性分

①工程采购。它是指通过招标或其他方式选择合格的承包单位来完成项目的施工

任务,并包括与之相关的人员培训和维修等服务,如大型水利枢纽工程、城建工程和灌溉工程等属于有形采购。

②货物采购。它是指业主或称购货方为获得货物通过招标的形式选择合格的供货商或称供货方,它包含货物的获得及其获取方式和过程。

货物采购的业务范围主要包括以下几方面。

a.确认所要采购货物的性能和数量。

b.供求商的调查分析,合同谈判与签订、合同执行过程中的监督、控制。

c.合同支付及纠纷处理等。

③服务采购。对服务采购一词,我国《政府采购法》按照国际惯例,没有准确的界定,只是用了排除和归纳法。《政府采购品目分类表》将服务概括为印刷出版,专业咨询,工程监理,工程设计,信息技术的开发设计、维修,保险,租赁交通工具的维护保障,会议,培训,物业管理和其他服务等 11 个大项,所以对它们获取的过程就称为服务采购。

企业的服务采购是采购满足组织内部不能或不愿提供的服务或相关服务。通过招标、竞标,企业挑选最适合的供应商并要求其提供专业的、高效的,能够给企业带来利益的服务。把从供应商那里采购来的服务,与企业的战略管理有效结合,有利于企业获取更专业的技术和人才,减少业务负担,获得专家的意见,降低支出,增强企业的竞争力。

(6)按照交易主体的国别和采购标的来源分

①国内采购。它是指单位或个人基于生产、销售、消费等目的,向国内的供应商购买商品或劳务的交易行为,通常无须动用外汇。

②国际采购。它是指超越国界的、在一个或几个市场中购买产品、货物或者服务的过程,这种国际化采购可以使公司以有竞争力的方式进行管理,在国际市场上成功地运营。

2.1.2 国际采购的 5R 原则

采购人员采购的 5R 原则是指选择合适的供应商以合适的价格、品质和数量,采购合适的产品。另外,采购人员应具备成本意识和质量意识,应该对自己所管理的产品规格、型号、加工方法和包装烂熟于心,同时采购人员还需对原材料的市场价格波动有所了解。

1) 适价(Right Price)

在适当的时候,以适当的价格从适当的供应商处买回所需要数量物品的活动。作为采购人员,需要进行询价、议价和定价。

2) 适质(Right Quality)

优秀的采购人员不仅要做一个精明的商人,同时也要在一定程度上扮演管理人员的角色,在日常的采购工作中要安排部分时间去推动供应商改善、稳定物品的品质。

3)适时(Right Time)

采购人员要扮演协调者与监督者的角色,去促使供应商按预定时间交货。对某些企业来讲,交货时机很重要。

4)适量(Right Quantity)

批量采购虽然有可能获得数量折扣,但会积压采购资金,采购量太小又不能满足生产需要。因此,合理确定采购数量相当关键。一般按经济订购量采购,采购人员不仅要监督供应商准时交货,还要强调按订单数量交货。

5)适地(Right Place)

天时不如地利,企业往往容易在与距离较近的供应商的合作中取得主动权。企业在选择试点供应商时,最好选择近距离供应商来实施。近距离供货不仅使得买卖双方沟通更为方便,处理事务更快捷,也能降低采购物流成本。对于国内跨境电子商务企业而言,更应该优选选择渝新欧铁路沿线的国家的商家进行采购。

2.1.3 国际采购的流程

较之国内采购,国际采购受国际贸易规则、惯例和海关监管措施等的约束,其操作过程比较规范化和程序化。由于国际贸易的复杂性和风险性,国际采购在企业内部的管理程序和政府监管的手续等方面更严格,因此,其流程设计业就更复杂,主要流程如图 2-2 所示。

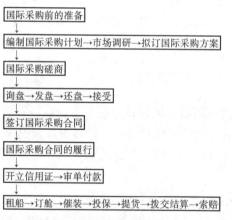

图 2-2　国际采购主要流程

1)国际采购前的准备工作

①编制国际采购计划:根据销售客服发回的销售订单情况,采购人员需要核实订单信息,并根据订单的数量和时间,合理安排好各种商品的采购计划,以确保最后商品能

及时采购并送往消费者手中。

②进行市场调研:在具体采购之前,采购人员需要对各类产品的供货商进行调研,选择按照 5R 原则,进行合理采购。

③拟订国际采购方案:根据调研的结果,结合之前编制的采购计划,制订出详细的采购方案,为采购的实施做好准备。

2)国际采购的磋商

国际采购磋商是国际采购业务的重要阶段,采购商与数家交易对象进行洽购磋商,通过比价、选择和讨价还价,议定采购价格。磋商的形式有书面磋商形式、口头洽商形式和行为表示形式。

国际采购磋商的程序为询盘—发盘—还盘—接受。

（1）询盘(Inquiry)

买方或卖方为购买或销售货物而向对方提出关于交易条件的询问,以邀请对方发盘的表示。询盘是交易的起点,对买卖双方无约束力。由于它多用来询问价格,又称为询价。

（2）发盘(Offer)

发盘,又称报盘、报价,在法律上称为要约。发盘是买卖双方中的一方向另一方提出购买或出售某种货物的各项交易条件,并且愿意按这些条件与其达成交易,签订合同的一种肯定的表示。有发盘人(Offeror)和受盘人(Offeree)两个当事人。在国际电子商务中,称为发端人(Originator)和收件人(Addressee)。

构成发盘的条件:

①向一个或一个以上的特定人提出。

发盘必须指定可以表示接受的受盘人,特定的人指在发盘中指明个人姓名或企业名称。受盘人可以是一个,也可以指定多个。不指定受盘人的发盘,仅应视为发盘的邀请,如商业广告或价目单。

②发盘的内容须十分确定。

所列条件完整、明确、终局。

完整指通常应包括货物品名品质、数量、包装、价格、装运、付款和保险等七项条件。公约规定,一发盘只要包括商品的名称、数量和价格就属于"内容是完整的"。

明确指不含糊,所谓"参考价""大约 5 月份""大概""预计""可能"都是不明确的表示。

终局指有法律约束力,如"以我方确认为准"是有保留条件的。

③发盘必须表明发盘人对其发盘一旦被受盘人接受即受约束的意思。

发盘人的发盘在得到接受时,发盘人将按发盘的条件与受盘人订立合同承担法律责任。

④发盘必须送达受盘人

到达主义,中间丢失不能算有效发盘,受盘人没有收到或没有正式收到就没有法律效力。

发盘的有效期:

在国际货物买卖中,发盘一般应有有效期,发盘的有效期是指可供受盘人对发盘做出接受的期限。

(3)还盘和再还盘(Counter-Offer)

还盘是受盘人对发盘条件提出变更或另外增加条件的表示(受盘人对发盘的条件不完全同意而提出添加、限制或其他更改的表示)。再还盘是对还盘的还盘。

(4)接受(Acceptance)

买方或卖方同意对方在发盘中提出的各项交易条件,并愿按这些条件达成交易订立合同的肯定表示。一方发盘,另一方接受,合同即告成立。

3)国际采购合同的履行

国际采购合同的履行,要按照以下7个步骤来进行。

(1)开立信用证

首先,按照合同规定的内容,填写开证申请书。然后,连同国际采购有关合同的副本及附件送交中国银行。最后,由中国银行根据国际采购合同的规定,审查开证申请书,无误后开立信用证寄发国外。

(2)租船订舱与催装

开立信用证后,买方应及时委托外运公司办理租船订舱手续。手续办妥后,要迅速将船名、船期通知卖方,并及时了解卖方备货和装船的情况,做好催装工作。也可以委托驻外机构(企业)或派人员就近了解、检查、督促卖方按时履行交货义务。

(3)办理货物保险

如果国际采购合同是按 FOB 条件成交的,办理货运保险是卖方的责任。具体手续由卖方委托外运公司办理。每批货收到国外装船通知后,应将详细信息提供给保险公司,办理货运保险手续。

(4)审单与付汇

开证行对外付汇的同时,也通知进口商按当日人民币外汇牌价,向开证行买汇赎单。如属代理进口,进口商将凭银行的付汇通知书与委托订单单位结算。如果银行审单时,发现单证不符或者单单不符,应立即向国外议付行提出异议,并根据具体情况而采取拒付、货到检验合格后再款、国外议付行改单后付款、国外银行出具书面担保后付款等不同的处理方法。在付款的同时,要注意提出保留索赔权,以维护自身的合法权益。

(5)报关及接货

货物到达目的地后,买方应及时办理报关、接货手续。海关凭进口许可或报关单,查验无误后放行,买方接货。一般可以委托外运公司代为办理。

(6)验收与拨交

到达目的地卸货时,港务局要核对卸货,如发现缺少,应填制"短缺报告"交船方签字,作为所匹配的依据。如发现缺损,应将货物存放于海关指定仓库,由保险公司会同商检机构检验,做出处理。国际采购货物经过检验后,由买方委托外运公司提取货物,并转交给订货单位。

(7)索赔

采购方在运输过程中,对出现的问题,可以进行索赔。

向卖方索赔:

原装数量不足;

货物品质不符;

包装不良致使货物受损;

不按期交货或不交货。

向承运人索赔:

货物数量少于提单所载数量;

提单为清洁提单而货物有残缺,且属船方过失所致;

据租船合约规定应由船方负责的货损。

向保险公司索赔:

根据保险的相关条款内容,向保险公司提出索赔。

4)国际采购人员的工作流程

国际采购部门的采购员主要的工作流程有查货、订货、付款、货物跟进、确认运输方式和验收 6 个工作环节。

(1)查货(inquiry)

首先,采购员需要根据客服提供的电子版或书面的查货单对采购产品的图片、供应厂商、型号、规格、数量、项目用途等信息进行一一核对,确保采购物品与客服提供的订货单一致,避免采购错误。

核对完成后,需要采购主管在书面查货单上签字确认。采购员在采购主管确认签字以后,需要当日制作电子版询货单(Inquiry),询货单包括产品图片、型号、规格、数量、价格、交货期等详细信息。询货单完成以后,就需要通过 E-mail 发送至采购厂家。

一般情况下,厂家会在 2 日内进行确认回复(如有现货,需要求厂商保留现货 7 天)。收到厂家的回复以后,采购员需要将厂家回复结果回复公司客服人员,并等待客服确认是否采购。其间,采购人员需要紧追客服确认结果,否则如果有采购预期,采购的厂商或许没有现货可以提供,延误采购。

（2）订货（purchase order）

当查货确认后，客服人员回复确认了采购信息时，就可以开始订货工作了。采购员需要再次核对客服提供的电子版或书面的订货单信息（包含产品图片、型号、规格、数量、供应厂商、项目用途等信息），并在书面订货单上签字。然后，于当日制作电子版采购单（purchase order），包括产品的图片、型号、规格、数量、价格、交货期等信息。完成后，将电子版的采购单 E-mail 给厂家，确认订货。最后，采购人员需要打印出厂家形式发票（proforma invoice），核对并到财务请款。

（3）付款

完成订货以后，采购员需要完整填写请款单各项内容，并依次找本部门主管、客服人员、经理签字后交给财务室审核，经财务室审核无误后，需公司总经理签字后将请款单交给出纳进行公对公付款。财务付款后，采购员需将付款凭证扫描并 E-mail 给厂家，请厂家安排生产或发货。最后，需要填好书面和电子版的每月付款明细表。

（4）货物跟进

付款后，采购人员需要及时与厂商邮件确认货物进度，并及时更新跟进表，并同时 E-mail 客服。

对于有现货的货物：付款当日需向厂商取得货物包装信息，采购公司确认运输方式后，通知厂商，2 天内取得运单号。

对于有一定交期的货物：随时将货物信息反馈给客服，在交货前 5 天联系厂商，确认正确交期。款未付或有尾款需支付时，按付款流程执行。付款后 2 天内与厂商取得货物包装信息，采购公司确认运输方式后，通知厂商，2 天内取得运单号。

（5）确认运输方式

快递计算体积：长×宽×高（cm）/5 000＝质量

空运计算体积：长×宽×高（cm）/6 000＝质量

以上均取最大值为标准计算运费，确认运输方式需要注意比较全程费用。

包装后质量<10 千克时，要求厂商更改货值在 30EURE 以下，选择 TNT 运输。

包装后质量>10 千克时，比较 JW 和 DHL 的价格，选择最低报价的运输公司确认运输。

包装后质量>20 千克时，比较 JW、DHL 和香港 PETER 空运公司的价格，选择最低报价的运输公司确认运输。

包装后质量>40 千克时，比较香港 PETER 空运公司和北京展茂的价格，选择最低报价的运输公司确认运输。

（6）验收

采购的货物到货以后，采购员需要填写收货登记本，登记好到货时间、发货厂家、产品名称、用途、质量、数量、运输方式和运单号。然后,采购员需要对货物进行验收,认真核对货物的信息、数量,有无残损等情况。验收无误后,采购员需要制作电子版验收单,写明具体的厂家、货物名称、型号、图片、数量、订单和到货时间、用途等,发送给制作部仓管人员。

然后,采购员需要通知客服人员货已到,并通知人员取货。并用黑色记号笔在货物包装外写清楚厂家、名称、数量、用途、什么时间到公司,打印好验收单交给取货人员。

最后,采购人员还需要跟进仓管员进行最后的验收(数量、质量),取得最终签名的验收结果。

如果验收合格,将最终验收单发送给客服部。如果验收不合格,则采购人员需要和厂家联系,并将验收单备案,作为对供应商绩效考核的一部分,一直追踪厂家直到验收问题解决。

5)国际采购资料员的工作内容及要求

(1)整理供应商资料

需要对所有采购合同进行整理和归档,同时对每天的往来邮件进行整理并归档,便于公司管理人员查询和跟进后续工作。

(2)整理物流公司资料

需要对所有物流公司进行编号,做详细的索引资料,便于采购人员查询。主要包括所有物流公司的公司名称、网站、联系人、联系方式、提供服务、费用计算公式、最低起运量、最低费用和运输方式等。

对所有物流公司的往来邮件进行定期整理和归档。定期更新所有物流公司的联系人,联系方式和具体提供的服务内容。

①能提供全程进口运输服务的公司:DHL、TNT 和中港物流。

②只提供从国外到香港运输服务的公司:JW(FEDEX)。

③只能提供从香港到大陆运输服务的公司:通港、中港和跃丰。

2.1.4　国际采购中需要注意的问题

①国际采购中要注意,采购物品必须是我国海关许可的,是在海关正面关单中列举出来的。采购人员必须认真核对,不能采购我国海关负面关单中的商品,否则不能入关。

②国际采购的商品,必须要有国际或者国内办理的质量认证的证书,以确保采购物品的质量得到保障。

2.2 如何进行海外建仓

1)海外仓库的含义

海外仓库是指在除本国地区的其他国家建立的仓库,一般用于电子商务。货物从本国出口通过海运、货运、空运的形式储存到该国的仓库,买家通过网上下单购买所需物品,卖家只需在网上操作,对海外的仓库下达指令完成订单履行。

海外仓库的角色,类似于一个端到端的全程物流整合者。在配送模式上,效仿亚马逊的外包,将拼箱、装柜、报关委托给货代公司,国际物流委托给海运、空运,国外"最后一公里"的上门服务委托给 UPS、DHL 等;自建海外仓储,协助卖家预先调节库存,并提供配送过程中的实时跟踪反馈,在卖家的库存成本和买家体验之间取得了一个平衡。

2)海外建仓是跨境电子商务企业的迫切需求

2013 年,随着阿里巴巴搭建菜鸟网络,"大物流时代"概念在国内电商行业掀起高潮,所谓"大物流时代",简单地说,就是打破时间、空间和成本的约束,让商品配送实现真正的无缝对接。而外贸电商领域的"大物流时代",或者说解决以往小包时代成本高昂,配送周期漫长问题的唯一解决方案,就是在海外设立仓库,简称海外建仓。

据 eBay《2014 年跨境电商零售出口产业发展趋势报告》显示,全球五大电商市场对中国的跨境电商需求达到 110 亿美元,而中国跨境电商企业也渐渐渗入俄罗斯等新兴市场,有的企业已开始在海外市场布局仓储物流中心,打破跨境电商物流瓶颈。

对于海外建仓,企业可以自己购买土地建立自己的仓库。如果考虑到成本和风险因素,也可以选择采用租赁海外当地的仓库的方法。一家名为"eeparts"的外贸 B2C 企业独辟蹊径地转型第三方仓储,将自己位于美国的仓库开放给国内 B2C 卖家,反馈在国内卖家的交易平台上,则显示"本地发货"。而本地优先,是搜索排序的一大游戏规则,这就为跨境电商企业创造了优势。海外建仓,是跨境电商降低成本的破局之法,在买家下订单之前,货已经运抵他的家门口备着了,买家一经下单,隔日到货也不是问题。

3)海外自建仓库需要注意的问题

（1）营利周期问题

一个海外仓能坚持多久、是否亏损是经营海外仓最先要考虑的问题。以一个 1 000 平方米的美国仓为例,租金是 5 000 美元每月,需要雇 5~6 个当地员工,每个员工工资是 2 000~2 500 美元,各种耗材、水电、设备等其他杂费大概为 1 000 美元,这就意味着每个月需要付出 2 万美元左右的成本。以每单 1 美元的利润来算,需要一个月 2 万单才能保证不亏本,每个月 25 个工作日,平均下来每天要有 800 单,多久才能"熬"到 800

单,企业必须对营利周期心里有数。

(2)爆仓与效率低下问题

货物的快速流转是海外仓利润的重要组成部分,如果吸收了很多大货物、慢销品、季节品的客户,又对客户新货的到货时间、数量不了解,稍有不慎就可能要爆仓。同时大货和小货混合操作,效率是极其低下的,这在海外仓创建之初是致命的,目前很多海外仓巨头都已在刻意控制货物分类管理。

(3)经验短板问题

在考虑建仓之前,要对可能出现的各种异常突发情况作分析并制订相应的应急处理方案,如产品错发、漏发或丢失了怎么办,物流商价格波动怎么处理,客户拖账怎么协调。做到心中有数,有的放矢,才不至于在出现突发情况下,无所适从。

(4)异地管理问题

怎样在国内遥控海外仓库?怎样了解海外仓的每一件产品数量?怎样了解每一笔订单的产生费用?光用 Excel 肯定管理不过来,海外仓管理软件是每一个海外仓的标配。

海外仓可能是很多传统企业转型电商服务的切入点,虽然现在很火,但不鼓吹一哄而上,而是需要谋定而后动,根据企业自身的需求和情况来选择适应的管理软件配合管理。

2.3　如何进行进口报关

1)报关的类型

进口报关分为一般贸易进口和进料加工企业的进口两种方式。这两种方式的进口报关程序大体相同。不同的是要先办手册,分为进料加工手册和来料加工手册。然后再缴纳关税,缴纳保证金。

(1)一般贸易进口报关

一般贸易进口,首先要确定付款方式,是 T/T 呢,还是 L/C。如果是 L/C,那就要先开信用证,等开完信用证后,再确定进口的船期。等船到以后,才开始进行进口的操作。

①首先是要得到国外客户的提单、发票、箱单,如果是从韩国和日本进口货物,还必须要有非木质包装证明。

②然后需要拿提单到船公司去换单,也就是拿提单到船公司换回该批货物的提货单,即舱单。上面有公司进口货物的详细船务信息。

③需要提前做商检的进口货物,还要到商检局做商检。实际上换单和商检应该提前进行。如果进口的货物不需要商检,那就不用了。实际上进口的货物需要不需要商

检,可以让货代公司帮忙查询,也可以通过商品编码书自己查。

④等换完单以后,如果需要商检的货物已经进行商检了,那就需要填好进口报关单给货代进行报关。报关所要用的资料主要有发票、箱单、从船公司换回的提货单、报关委托书、进口货物报关单,如果需要商检的还要有商检证。

⑤一般贸易的进口货物要交进口关税,所以为了加快进口通关的力度,最好是提前开一张口头的支票,等海关打出缴款书以后,再补开支票。一般进口货物给海关的关税都要用支票交付。交关税一般是到中国银行,等交完关税以后,银行会给你在缴款书上面盖银行的章。

⑥把交款书交给货代,然后由货代给海关通关放行。这就是一般所说的一次放行。

⑦海关收到关税以后会在提货单上盖海关的放行章,拿着这个提货单到船公司所在的码头提货。这就是一般所说的二次放行。

(2)进料加工贸易的进口报关

进料加工贸易的进口报关流程,其大体的程序与一般贸易进口的报关流程差不多。唯一不同的是要先办手册。手册分为进料加工手册和来料加工手册。报关的时候要用加工贸易的手册,再加上一般贸易所需的资料进行报关。

关于缴关税问题,由于进料加工贸易办理了手册,所以如果进口的货物是免税的,只需要按照要求缴保证金就可以。有的是需要缴全额的也就是100%的保证金,有的只缴100元的保证金。当你的手册上面的所有进口料件和出口成品都出完了以后,那就要对保证金进行核销。核销完成后,所缴的保证金会全部退还。这和一般贸易所交的关税的操作程序一样。只不过一个是关税,一个是保证金。

2) 报关的流程

①将客户提供的到货通知书、正本提单或电放提单到船公司交换单费、码头费等,换取进口提货单。(注意看客户提供是 HBL 还是 MBL。)

②准备进口报关所需单证:a.必备单证:装箱单、发票、合同一式一份、报关、报检委托书各一份。b.如是木制包装箱的需提供熏蒸证书及盖 IPPC 章已做消毒杀虫的处理。c.不同的产品所需要的特殊单证准备齐全。d.有减免税关税的国家请提供相关国家优惠产地证。

③进口申报后如海关审价需要,客户需提供相关价格证明。如信用证、保单、原厂发票、招标书等海关所要求的文件。

④海关打印税单后,客户需在 7 个工作日缴纳税费。如超过期限,海关按日计征收滞纳金。

⑤报关查验放行后,客户需及时到代理公司缴纳报关、报检代垫代办费。

需要特别注意的是,货物到港后 14 日内必须向海关申报,如超过期限海关按日计征滞报金(按货物价值万分之五)。超过 3 个月,海关将作无主货物进行变卖。尽量实报货值,如果引起海关审计就会产生不必要的仓租、柜租。

3)报关的具体操作程序

进口报关工作的全部程序分为申报、查验、审价、缴税和放行 5 个阶段。

(1)进口货物的申报

进口货物的收、发货人或者他们的代理人,在货物进口时,应在海关规定的期限内,按海关规定的格式填写进口货物报关单,随附有关的货运、商业单据,同时提供批准货物进口的证件,向海关申报。报关的主要单证有以下几种:①进口货物报关单,②随报关单交验的货运、商业单据,③进口货物许可证,④检验检疫证,⑤进口货物批准单证,⑥报关报检委托书。

(2)进口货物的查验

进口货物,除海关总署特准查验的以外,都应接受海关查验。查验的目的是核对报关单证所报内容与实际到货是否相符,有无错报、漏报、瞒报、伪报等情况,审查货物的进口是否合法。海关查验货物,应在海关规定的时间和场所进行。如有特殊理由,事先报经海关同意,海关可以派人员在规定的时间和场所以外查询。申请人应提供往返交通工具、安排住宿并支付费用。

海关查验货物时,要求货物的收、发货人或其代理人必须到场,并按海关的要求负责办理货物的搬移、拆装箱和查验货物的包装等工作。海关认为必要时,可以进行开验、复验或者提取货样,货物保管人应当到场作为见证人。查验货物时,由于海关关员责任造成被查货物损坏的,海关应按规定赔偿当事人的直接经济损失。赔偿办法:由海关关员如实填写《中华人民共和国海关查验货物、物品损坏报告书》一式两份,查验关员和当事人双方签字,各留一份。双方共同商定货物的受损程度或修理费用(必要时,可凭公证机构出具的鉴定证明确定),以海关审定的完税价格为基数,确定赔偿金额。赔偿金额确定后,由海关填发《中华人民共和国海关损坏货物、物品赔偿通知》,当事人自收到《通知单》之日起,3 个月内凭单向海关领取赔款或将银行账号通知海关划拨,逾期海关不再赔偿。赔款一律用人民币支付。

(3)进口货物放行

海关对进口货物的报关,经过审核所提交的报关单据、查验实际货物,并依法办理了征收货物税费手续或减免税手续后,在有关单据上签盖放行章,货物的所有人或其代理人才能提取或装运货物。此时,海关对进口货物的监管才算结束。另外,进口货物因各种原因需海关特殊处理的,可向海关申请担保放行。海关对担保的范围和方式均有明确的规定。

4)报关申请办理条件

有下列情形之一的,担保人可以向海关提供担保,申请放行货物:

①进出口货物的商品归类、完税价格、原产地尚未确定的;

②有效报关单证尚未提供的;

③在纳税期限内尚未缴纳税款的;

④减免税审批手续或者其他海关手续尚未办结的。

国家对进出境货物、物品有限制性规定,应当提供许可证件而不能提供的,以及法律、行政法规规定不得担保的其他情形,海关不予办理担保放行。

5)报关应当提交的资料

保证金审批表及其随附单证应当包括下列主要内容:

①担保人和被担保人的姓名、名称、住所地、联系方式;

②申请担保的货物名称、数量、货值、申请理由,运输工具号码、申报日期;

③保证金的数额、期限;

④保证事项和担保范围;

⑤担保责任;

⑥担保人、被担保人存款账号或其开户银行账号;

⑦海关认为需要说明的其他事项。

需要注意的是,担保人应在海关保证金审批表上加盖印章,并注明日期。

6)进口报关所需要的单证

进口报关主要需要以下单证:

①进口法定检验证;

②进口机电许可证(旧);

③进口旧机电产品装运前检验证书(我国9个驻外商检机构分别在日本、中国香港、不莱梅、马赛、伦敦、加拿大、西班牙等地);

④进口口岸检疫局办的进口旧机电产品备案申请书;

⑤如进口的机器是印刷机就需要到国家新闻总署办理印刷经营许可证;

⑥如产品税号涉及国家强制认证的需提供3C证书;

⑦如进口国为美、日、韩、欧盟成员国等国家的还需提供IPPC(木质包装熏蒸证明)。

7)进口报关办理条件和要求

担保人申请提前放行货物而提供担保的,应向现场海关业务部门提出书面申请,并根据海关的要求提供保函等权利凭证以及有关文件。

对于因减免税审批手续未办结申请凭保证金(保函)放行的,担保人凭企业所在地主管海关关税处出具的《海关同意按减免税货物办理税款担保手续证明》向现场海关业务部门办理担保申请,担保人向海关办理担保手续,应通过银行转账的形式提供担保;对于无法办理银行转账或金额较小的,可以以现金形式交付。以现金形式交付的,业务部门应在收据上注明"现金收取"。

以保证金形式提供担保的,担保人交款后,由财务部门凭银行回单确认保证金到账,由业务部门在 H2000 系统中的"保金保函子系统"办理核注,向担保人开具《海关保证金、风险担保金、抵押金专用收据》,对被担保货物予以放行。

以保函形式提供担保的,由业务部门在 H2000 系统中的"保金保函子系统"办理核注,对被担保货物予以放行。

担保人在担保期内履行纳税义务的,现场海关业务部门应自纳税人履行纳税义务之日起 3 个工作日内书面通知财务部门和担保人办理退款手续。财务部门凭担保人《海关保证金、风险担保金、抵押金收据》退款联和业务部门转来的《海关(交)付款通知书》在 2 个工作日内办理退款并进行账务处理。

8)进口报关的办理时限

现场海关业务部门收到申请的,海运口岸应当在 3 个工作日内决定是否接受担保,陆运口岸应当在 1 个工作日内决定是否接受担保。如不能做出决定,经本海关负责人批准,可以延长 1 个工作日。

9)进口报关的收费标准及依据

根据《海关总署关于印发〈海关保证金、风险担保金、抵押金管理办法〉的通知》(署财发〔2005〕339 号)、《深圳海关关于印发〈深圳海关保证金、风险担保金、抵押金管理实施细则〉的通知》(深关财〔2005〕994 号),进口报关不收取任何费用。

10)进口报关后的代理

货物到达目的港之后,需要专业的报关公司代理进口报关业务,当然,许多大型的国有企业有自己的报关员,也可以做报关。进口报关代理商作为中间人,不拥有货物的所有权,进口代理费用是指外贸企业将进口商品拨交给订货单位的一种价格形式。外贸企业受买方委托,办理进口业务,从中为当事人提供各种服务,并收取代理手续费。代理价格由到岸价格及消费税、外贸企业代理手续费和银行财务管理费构成。

11)进口报关注意事项

进口报关最需要注意的是货物的所有权问题,货物所有人在跟进口代理商谈妥之后,必须签订进口代理协议,明确写明货物的所有权,以避免由此产生的纠纷。而进口代理商也要适时维护自己的权益,由于放货给客户之后而没有得到应得利益而产生的纠纷以及法律诉讼案例,已不胜枚举。

①接到客户全真单据后,应确认货物的商品编码,然后查阅海关税则。确认进口税率。确认货物需要什么监管条件,如需做各种检验,则应在报关前向有关机构报验。报验所需单据:报验申请单、正本箱单发票,合同、进口报关单两份。

②换单时应催促船舶代理部门及时给海关传舱单,如有问题应与海关舱单室取得联系,确认舱单是否转到海关。

③当海关要求开箱查验货物,应提前与场站取得联系,调配机力将所查箱子调至海关指定的场站。(事先应在场站确认好调箱费、掏箱费。)

④若是法检商品应办理验货手续。如需商检,则要在报关前,拿进口商检申请单(带公章)和两份报单办理登记手续,并在报关单上盖商检登记在案章以便通关。验货手续在最终目的地办理。

如需动植检,也要在报关前拿箱单发票合同报关单去代报验机构申请报验,在报关单上盖放行章以便通关,验货手续可在通关后堆场进行。

⑤海关通关放行后应去三检大厅办理三检,向大厅内的代理报验机构提供箱单、发票、合同报关单,由他们代理报验。报验后,可在大厅内统一窗口交费,并在白色提货单上盖三检放行章。

⑥商检手续办理后,去港池大厅交港杂费。港杂费用结清后,港方将提货联退给提货人供提货用。

⑦所有提货手续办妥后,可通知事先联系好的堆场提货。

⑧进口单证(装箱单、发票、贸易合同)等所有单证一定要和实际货物一致。

⑨装箱单、发票、贸易合同等单证上的货物品名一定要一样并且和实际货物的品名一致。

⑩装箱单上的货物重量和方数要和提单上的一致,并且要和实际货物一致。

⑪合同上面要有合同号,发票上面要有发票号。

⑫是木质包装的需要在木质包装上有 IPPC 标示。

⑬从韩国和日本进口的货物,还要有非木质包装证明。

⑭凡进口下列 9 类商品必须提前 5 天预申报:汽车零件、化工产品、高科技产品、机械设备、药品、多项食品、多项建材、钢材、摩托车零配件。

⑮凡进口旧印刷机械,进口年限不能超过 10 年,超过 10 年的国家不允许进口。

⑯凡进口发电机组,工作实效不能超过 15 000 小时,年限不能超过 8 年。

⑰旧医疗器械,三废(废铁、废钢、废铜)国家不允许进口。

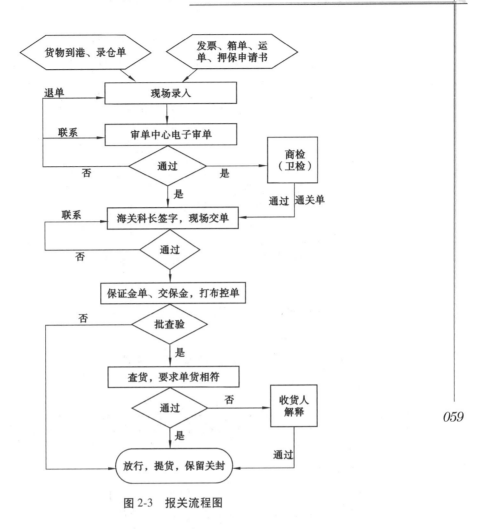

图 2-3　报关流程图

2.4　如何进行进口商品物流与配送工作

1) 进口商的资质要求

进口商是指须经中华人民共和国商务部批准,有权经营进出口贸易业务的单位,经国家经贸部或省、市级经贸委批准其有进出口商品经营和代理权的企业。

2) 进口商品配送流程

进口商品的配送流程是指进口货物需要经过的流程,主要流程包括:签订进口代理合同→办理相关许可证→开信用证(电汇)→外商发货→审核进口单据→换单→三检及商检→报关预录→海关审价→缴纳税金→海关查验→放行货物→提货→动植物检验检疫→送货至仓库→结算单据留存→完成。

这一系列的工作,可以是进口商自己独立完成,也可以交给货运公司协助完成。如果交给货运公司来协助货物的运输和物流,进口商只需要交货到货运公司,或者通知货运公司上门收货。货运公司收到货以后,以快件形式或批文(许可证)向海关报关,免除了贸易报关的复杂手续。目前很多进口企业都是将物流交给货运公司、清关公司进行处理。

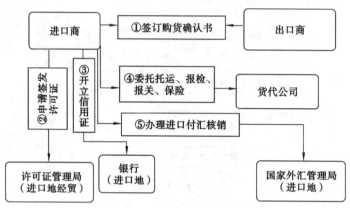

图 2-4　国际贸易进口总体流程图(FOB 价)

2.5　进入国内保税仓的方法

1) 保税仓的含义

保税仓是用来存储在保税区内未交付关税的货物的多功能仓储库房,就如境外仓库一样。外国商品存入保税区后,不必缴纳进口关税,可自由出口,只需交纳存储费和少量费用,即商品全部由国(海)外批量采购,将货物通过海运等方式集中囤积在保税区,当网上订单产生时,再直接清关发货进行国内派送。

海关允许存放在保税仓库的货物有三类:

一是供加工贸易(进、来料加工)加工成品复出口的进口料件;

二是外经贸主管部门批准开展外国商品寄售业务、外国产品维修业务、外汇免税商品业务及保税生产资料市场的进口货物;

三是转口贸易货物、外商寄存货物、国际航行船舶所需的燃料和物衬及零配件等。

保税仓库分公用型和自用型两类。公用型保税仓库是根据公众需要设立的,可供任何人存放货物。自用型保税仓库是指只有仓库经营人才能存放货物的保税仓库,但所存放货物并非必须属仓库经营人所有。

另外,保税仓库中专门用来存储具有特定用途或特殊种类商品的仓库属于专用型保税仓库。专用型保税仓库包括液体危险品保税仓库、备料保税仓库、寄售维修保税仓库和其他专用型保税仓库。

（1）液体危险品保税仓库，是指符合国家关于危险化学品仓储规定的，专门提供石油、成品油或者其他散装液体危险化学品保税仓储服务的保税仓库。

（2）备料保税仓库，是指加工贸易企业存储为加工复出口产品所进口的原材料、设备及其零部件的保税仓库，所存保税货物仅限于供应本企业。

（3）寄售维修保税仓库，是指专门存储为维修外国产品所进口寄售零配件的保税仓库。

2）保税区的含义

保税区是中国继经济特区、经济技术开发区、国家高新技术产业开发区之后，经国务院批准设立的新的经济性区域。由于保税区按照国际惯例运作，实行比其他开放地区更为灵活优惠的政策，它已成为中国与国际市场接轨的"桥头堡"。因此，保税区在发展建设伊始就成为国内外客商密切关注的焦点。保税区具有进出口加工、国际贸易、保税仓储商品展示等功能，享有"免证、免税、保税"政策，实行"境内关外"运作方式，是中国对外开放程度最高、运作机制最便捷、政策最优惠的经济区域之一。1990 年 6 月，经中央批准，在上海创办了中国第一个保税区——上海外高桥保税区。1992 年以来，国务院又陆续批准设立 14 个保税区和 1 个享有保税区优惠政策的经济开发区，即天津港、大连、张家港、深圳沙头角、深圳福田、福州、海口、厦门象屿、广州、青岛、宁波、汕头、深圳盐田港、珠海保税区以及海南洋浦经济开发区。目前全国 15 个保税区隔离设施已全部经海关总署验收合格，正式投入运营。1992 年，在邓小平同志南方谈话之后，各保税区纷纷加快了实质性启动，基本建设进展迅速，初步形成了招商引资的软硬环境，海内外客商投资踊跃，大多数保税区首期开发区域的土地已批租或出让完毕，并在进一步开发二期工程，吸引外资工作也出现了可喜的局面。经过多年的探索和实践，全国各个地区的保税区已经根据保税区的特殊功能和依据地方的实际情况，逐步发展成为当地经济的重要组成部分，目前集中开发形成的功能有保税物流和出口加工。随着中国加入 WTO，全国保税区逐步形成区域性格局，南有以广州、深圳为主的珠江三角洲区域，中有以上海、宁波为主的长江三角洲区域，北有以天津、大连、青岛为主的渤海湾区域，三个区域的保税区成为中国与世界进行交流的重要口岸，并形成独特的物流运作模式。

3）进口企业货物进入保税区的原因

企业货物进入保税区，能使商品价格更便宜的主要原因：

①货物批量从海外集装箱运进来，运费便宜；

②一般都是进口批发商开展电子商务销售，中间渠道较少；

③竞争激烈，价格透明；

④货物进口，按道理要交关税增值税，但是通过跨境试点，货物进入保税区以后，是保税状态（暂时不交关税增值税，出区的时候要缴纳），发货的时候因为有订单支付单

061

运单,以及消费者实名认证信息(身份证号码和姓名),所以是按个人物品出区的,不征收关税增值税,只征收行邮税。两者之间是有区别的,如100元的纸尿裤,按货物走,关税增值税大概是20元,如果通过个人物品走,按销售价格150元,行邮税10%计算,税费是15元,只要低于50元的额度,这个就是免征的。所以跨境试点里面,10%行邮税率的个人物品,只要价格低于500元就免征税。

4)如何进出保税仓

进入保税区的货物要报关才能进入保税仓,同时还需要看货物的性质。

(1)保税货物入库的要求

保税货物入库需提供的单证主要包括:①海关制发的《保税仓库入库核准单》;②货主或其代理人与保税仓库共同签订的仓储协议;③保税货物购销合同;④保税货物的发票、装箱单;⑤进口货物报关单;⑥海关需要的其他单证。

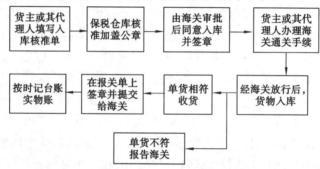

图2-5 货物进出保税全流程

①货主或其代理持提单、发票、装箱单,到保税仓库办理《保税仓库货物进库申请表》。

②货主或其代理持提单、发票、装箱单、保税仓库与外商的存储协议,已预录入的进口货物报关单(一式六份)和《保税仓库货物进库申请表》(一式四份)交保税部门申请办理进库预报手续。

③保税部门收到上述申请后,根据部署有关规定进行预审单证无误后,在《保税仓库货物进库申请表》上签注意见,并在进口报关单上加盖保税仓库进库章并编序号,登记入账,返回给货主。

④货主或其代理人凭盖有保税仓库进库章的上述单证,到申报部门报关。申报部门凭盖有保税仓库进库章办理有关进库报关手续。

⑤货物为烟台以外的其他口岸进口货物,应向烟台海关的保税部门进行预申报,转关管理部门凭保税部门已签注意见的《保税仓库货物进库申请表》,对该批货物按转关运输的规定,开具转关联系单,并注明"存入××保税仓库",制成关封交货主或其代理人带给启运地海关办理转关手续。货主或其代理人同时还应在烟台海关预先办妥转关货

物的入库核准单。启运地海关审核同意后,将相关单证制成关封后由货主或其代理人带给烟台海关。货主或其代理人应在海关指定的路线、时间内将货物运输到烟台,并持关封,货物入库核准单和相关单证到烟台海关办理报关手续后方可入库。

(2)转关运输货物的入库要求

货主或其代理人在货物转关前,应先向指运地海关货管科提交转关申请并随附转关货物的相关单证(合同、发票、装箱单等)。指运地海关审核同意后办理转关运输货物联系单,制成关封交货主或其代理人带给启运地海关办理转关手续。货主或其代理人同时还应在指运地海关预先办妥转关货物的入库核准单。启运地海关审核同意后,将相关单证制成关封后由货主或其代理人带给指运地海关。货主或其代理人应在海关指定的路线、时间内将货物运输到指运地,并持关封、货物入库核准单和相关单证到海关办理报关手续后方可入库。

(3)保税货物的在库管理

对各类已入库的保税货物,按照货主、货物类别分开保管;各类货物之间设置明显的隔离带,以示区别;对于各类在库的保税货物,每月末均进行一次盘存,确保账物相符,无差错,发现货物储存期将近 1 年时,通知货主尽快提货,特殊情况可向海关申请延期,但延期最长不能超过 1 年。

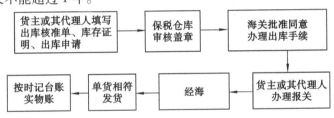

图 2-6 保税货物的出库流程

(4)保税货物的出库要求

需提供的单证:①海关制发的《保税仓库出库申请表》;②海关制发的《保税仓库领料(提货)核准单》;③保税货物购销合同;④保税货物发票、装箱单;⑤进口货物报关单;⑥海关需要的其他有关单证。

(5)保税货物的内销

保税货物经海关核准转为进入国内市场销售时,货主或其代理人除办理正常上述出库手续外,还应向海关递交进口货物许可证件,进口货物报关单和海关需要的其他单证并交纳产品(增值)税或工商统一税后,由海关签印放行,准予货物出库。

(6)保税货物的继续保税出库

①保税仓库货物以加工贸易方式(继续保税)出库,货主事先必须持批准文件、合同等有关单证向海关办理加工贸易备案登记手续,办理加工贸易手册之后,在用手册报关时,填写加工贸易专用报关单。

②货主或其代理人应持原进口报关单、提单、发票、合同,已预录入的加工贸易专用进口报关单(一式六份)和《保税仓库货物出库核准单》(一式四份)交保税部门,申请办理出库预报手续。

③货主或其代理人持进口货物许可证件(需要的情况下)及盖有保税仓库出库章的上述单证,到申报部门报关。

(7)保税货物的复运出口

保税货物的复运出口,除办理正常的上述出库手续外,还应当填写出口货物报关单,并交验进口时海关签印的报关单,向海关办理复运出口手续。

【工作小结】

国际采购是指利用全球的资源,在全世界范围内去寻找供应商,寻找质量最好、价格合适的产品(货物与服务)。经济的全球化,使企业在一个快速变化的新世界和新经济秩序中生存与发展,采购行业已成为企业的重中之重和重大战略。货物采购后,需要在国外报关后才能通过国际物流运送到国内。货物抵达国内港口前就要开始着手准备国内报关的相关手续和工作,以确保货物一抵达国内港口就能进入国内报关、检验检疫的程序。国外报关相对简单,只需要通过国外的海关的产品抽检和审核便可放行。可以直接交由国际货运公司一条龙办理相关手续和服务。

【关键术语】

海外仓;保税仓;保税区

【复习思考题】

一、选择题

1.各个跨境电子商务企业之间的竞争,往往可以说是( )的竞争。

A.货源   B.资源   C.资金量   D.客户群

2.( )是国际采购中最常采用的一种方式。

A.产业链公司采购   B.自购

C.国家商会推荐采购   D.代购

3.( )是指采购时供货单位尚没有现成商品,交易成立后,双方约定一定期限,实行商品与货款相互接受的一种买卖活动。

A.期货采购   B.现货采购

C.远期合同采购   D.预付款采购

4.进口报关应该分为一般( )和( )这两种方式。

A.贸易进口   B.货物进口

C.进料加工企业的进口   D.产品销售进口

5.保税货物的出库要求有(　　　　　　)。(多选)

A.海关制发的《保税仓库出库申请表》

B.海关制发的《保税仓库领料(提货)核准单》

C.保税货物购销合同

D.保税货物发票、装箱单

E.进口货物报关单

F.海关需要的其他有关单证

二、简答题

1.保税仓的含义是什么?

2.跨境电商进口物流流程有哪些?

三、讨论题

通过网络查询,收集我国海关背书的产品目录。

【工作实践】

小王要从美国运输一批进口汽车到国内销售,请你帮他寻找一家合适的国际物流公司。

工作背景:不同国际物流公司的运输费用和周期是不同的,选择不同的公司和不同的运输渠道对货物运输过程中产生的物流费有一定的影响。同时由于物流周期与销售周期之间的关联关系,物流时间和国内接驳港口地点都对后续销售成本的增加产生一定影响。因此需要尽可能地选择合理的物流公司。

工作要求:请大家进行网络查询并与对方企业沟通,模拟物流洽谈的过程。

工作辅助提示:网络语音询盘,需要一定的外语听读能力,可以借助于科大讯飞的翻译功能。

任务三
海外代购运营模式

【工作情境】

小王在国际采购物流部门工作了一段时间以后,有了不少国际采购和物流的经验,同时也因为工作认识了不少国外的朋友,他们商量后,打算一起来做海外代购。可是海外代购要做些什么呢,怎么才能做好海外代购呢?

人物设定:小张,20岁,大专,营销策划专业,对跨境电商工作流程有一定的认识。

工作岗位:海外代购自主创业(兼职)。

工作内容:负责代购商品的货源组织、销售和邮寄工作。

需要的工作能力:组织协调能力、推广实施能力。

【工作目标与要求】

熟知海外代购的C2C运营模式;

了解海外代购的具体流程;

了解海外代购产品定价的基本方法;

了解海外代购出入境的相关要求。

【工作流程】

海外代购基本流程如图3-1所示。

【工作案例】

海外代购 小卖家做不下去了

海外代购业有条潜规则:卖家收取10%左右的代购费,买家省掉进口商品的关税。在双赢的局面下,唯一流失的是国家的税收。2018年9月1日关税新政实施后,这一局面将被改变,海外代购业面临新一轮的洗牌。上周,本报记者调查了这个行业中的各类私人代购、代购批发商以及B2C商家等,看看他们拿到手的到底是一手好牌,还是烂牌?

海外代购小卖家:我们受的打击最大!

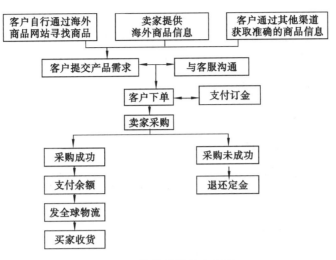

图 3-1　海外代购基本流程

　　海外代购卖家多数是在国外留学、工作或定居的人,利用地理优势帮国内的客人采购商品,然后用邮寄的方式"交货"。此次关税新政打击的正是这部分人,小林就是其中一员。

　　小林在澳大利亚墨尔本大学留学期间,一直兼职做澳大利亚电子产品的代购。"澳大利亚笔记本电脑的价格一般比国内同型号的便宜 500 元人民币以上。如果遇到'皇后生日'打折促销,更能便宜 100~150 澳元,将近 1 000 元人民币了。即使加上代购费与邮寄费也还是便宜。"

　　小林的收入除了代购费,还有汇率差。"我大多是通过 EMS 寄给国内买家。国内的朋友负责收取货款和邮递费,等到汇率高的时候,再让国内的朋友将人民币兑成澳元,汇到我澳大利亚的户头上。这样利润能更高一些。"

　　9 月 1 日新政实施以后,小林可能做不下去了。"这么说吧,笔记本电脑以 5 000 元的完税价格,缴 20% 的税,也就是一台笔记本要交 1 000 元人民币的税。本来我们就只赚 1 000 元左右的差价。现在几乎没有利润了。"

　　除了没钱赚,海关检查也让他很烦。"延期到货一直是顾客经常抱怨的事情,靠谱的快递公司一般是不会延期送货的,很多时候就是包裹被抽检了。每次延期的时候,顾客就会一遍遍在 QQ 上催,'货怎么还没到啊','会不会出现什么问题啊',因为卖家在国外,他们都很怕被骗。那可真苦死我了,要反反复复解释。等到新政后,我估计延期的麻烦事更多……"

　　不过,小林这阵子生意火了很多。"都是顾客打算趁提税之前,代购电子产品。弄得我最近上课都有些心神不宁!一心想着赶在 9 月 1 日之前发货。我刚刚才给一个四川的顾客买了台笔记本电脑,准备赶紧给他寄去,免得税收占了我的利润!"

　　自称"代购游击队员"的小林对这事看得很淡:"兵来将挡,水来土掩! 提税了,没利润了,大不了不做了。"像小林这样的情况其实很多。业内人士 Janet 告诉记者,在这个行业里,很少有连续几年做下去的。他们常常是行情好的时候都进来,呼啦啦赚了一笔,等到利润少了觉得没意思就走了。这次的关税新政又将逼走一些小卖家。"我周围就有许多卖家抱怨,说 9 月 1 日以后不做了,还做找死啊!"

空姐、导游、香港代购:我们完全没有影响!

"我们不走邮寄渠道,关税新政对我们基本没有影响。"淘宝网上的几家香港代购给出的均是这一回答。名品网出境频道主编告诉记者,很多香港代购常住深圳,每周定期跑两趟香港采购,随身携带回深圳。只要量不夸张,海关也无法区分是自用还是代购,往往能够避税成功。除了香港代购,还有空姐代购、导游代购和由于工作需要经常往返国内外的商务人员,都可以趁着工作之便把外国产品背回来。

此次新政之所以打击不到这类人群,是由于海关对邮寄进境和旅客携带进境的个人自用物品的管理实际上是不同的。在起征点上,邮寄物品如今收紧到了 50 元,而携带进境的总值在 5 000 元以内的免征。而在限额上,邮寄物品限值为人民币 800~1 000 元,超出部分就要退运或者按货物征税;而携带进境的物品只需对超出 5 000 元的部分按自用品征税。

这些差异使"非邮"代购的优势在新政出台后进一步凸显。不过,对消费者而言,这些代购都是有时间限制的,比如空姐必须配合航班。因此,这部分私人代购很难成为代购中的"常规军"。

B2C 网站:这是一个利好消息!

起初的海外代购通常是私人在网上开个淘宝店,然后去国外零售店里采购,或者到外国品牌的代理商那里批发。那时的代购是 C2C 的天下,很少有 B2C 网站。私人海外代理可以通过两种方式与国内的零售商竞争,一是从国外的零售商那里直接采购,通过邮寄方式逃避关税,低价卖给国内顾客;二是从品牌在中国的一级代理商那里直接批发,也是低价卖。

"现在的趋势是 B2C 越来越多,比如淘宝商城、旗舰店、官方网上商城。"线上特卖会平台 ihush 俏物悄语的负责人告诉记者,"关税新政将进一步打击到私人代购这一块。而 B2C 类型的代购网站不会受到影响,因为我们已经有了一套正规的流程,有强大的品牌后盾与背景支持,所以对各类政策的抗风险能力比较强,更容易在多变的海外代购市场中生存下去。"

所谓的正规流程是指他们打从一开始就没有走"避税"这条道路,他们的价格优势不需要靠避税来实现。"因为我们是直接和国外品牌合作的。"ihush 俏物悄语的负责人告诉记者,"比如 adidas,我们拿到的是已到国内的库存品,根本不用去担心海关的问题。"

"我们是集装箱运输奶粉进岸的,一直都在交关税。"某日本奶粉品牌代购批发商说,"我们便宜是因为我们量大,而且我们是这个奶粉在国内的一级代理商。不少私人代购还是在我这里进货的。"关税新政对她这样的批发商来讲意味着涨价,"市场涨价了,我这边当然要涨价了,每罐多 5~8 元,其他来我这批发的代购要卖多少钱就看他自己了"。

"关税新政打击的是那些不规范的小卖家。规范海外代购行业,对我们这类商家来说反而是个利好的消息。"ihush 俏物悄语的负责人说。

3.1 如何进行 C2C 海外代购

1)C2C 的含义

C2C 是电子商务的专业用语,即 Customer(Consumer)to Customer(Consumer),意思就是个人与个人之间的电子商务。如一个消费者有一台电脑,通过网络进行交易,把它出售给另外一个消费者,此种交易类型就称为 C2C。

2)C2C 的交易平台概述

在 C2C 运营模式中,电子交易平台提供商是至关重要的一个角色,它直接影响这个商务模式存在的前提和基础。eBay、易趣、淘宝等都是这样的电子交易平台供应商。

首先,网络的范围如此广阔,如果没有一个知名的、受买卖双方信任的供应商提供平台,将买卖双方聚集在一起,那么双方单靠在网络上漫无目的地搜索是很难发现彼此的,并且也会失去很多机会。

其次,电子交易平台提供商往往还扮演监督和管理的职责,负责对买卖双方的诚信进行监督和管理,负责对交易行为进行监控,最大限度地避免欺诈等行为的发生,保障买卖双方的权益。

再次,电子交易平台提供商还能够为买卖双方提供技术支持服务。包括帮助卖方建立个人店铺,发布产品信息,制订定价策略等;帮助买方比较和选择产品以及电子支付等。正是有了这样的技术支持,C2C 模式才能在短时间内迅速为广大普通用户所接受。

最后,随着 C2C 模式的不断成熟发展,电子交易平台供应商还能够为买卖双方提供保险、借贷等金融类服务,更好地为买卖双方服务。

3)C2C 的交易流程

(1)宝贝搜索

客户主要通过明确搜索词搜索、分类查找、精确搜索等方式来进行宝贝的检索。因此,如何进行搜索引擎的优化,提高被检索的概率,让产品信息在网站排名靠前,是商家最需要注意的问题,这就涉及搜索引擎优化方面的专业知识和技巧。

(2)联系卖家

客户在看到感兴趣的宝贝时,会通过各种网络联系工具,和卖家的客服取得联系。

通过跟客服人员的沟通,来了解宝贝的细节,询问是否有货等。因此,能否及时有效地回答客户的各种提问,提供良好的销售服务,是 C2C 购物体验的一个重要环节。目前除了普遍用到的 C2C 平台的沟通工具以外,很多商家往往会跳出这些平台,通过微信等其他的即时沟通工具与客户形成长期稳定的沟通渠道,以拓展销售量。这也是目前很多商家常用的一些手段和方式。

(3)确认付款,并安排发货

当买家和卖家达成共识后,买家确认购买,并付款。收到款项后,卖家需要检验货品,进行包装以后,核对发货。在发货环节,需要注意提前检查产品的质量,完善产品的包装,并即时安排出库和发货。

(4)买家收货确认

买家收货后,确认收货,并对卖家的服务做出评价。如果对商品很不满意,可以申请退货,或者退款。

买家、卖家、电子交易平台提供商,三者相互依存,密不可分,共同构成了 C2C 模式的基本要素。

4)海外代购的含义

海外代购就是由代购商或经常出入境的个人帮消费者买商品。人们总会碰到这样的情况,在网络、电视、报纸等媒体上看到世界各地或具民族特色的商品,但由于时间、距离和政策等原因,不能把喜欢的商品买回来。但随着人们消费水平的提高和互联网技术的飞速发展,国内的商品已经远远不能满足消费者的需求。这时候,海外代购就应运而生了。最开始,有不少经常到这些地区工作、学习和生活的人帮朋友代购一些商品回国。这些需求越来越多,就有人开始专门靠代购收取佣金来进行经营活动了。

最早的代购人群为海外留学生,他们有一定的购买能力,对时尚也了解,因此成为帮亲朋好友在国外采购物品的最佳买手。而跑腿的次数一多,委托人自然要给些"小费"感谢。久而久之,以收取商品价格 10% 的代购费,成了不少代购的共识。随着海外代购受到国人热捧,除了职业代购人外,因公经常出差的人、境外导游和空姐成了"私人代购"行业中的主力军。现在很多定居国外的华人也开始做起了代购。

5)海外代购的流程

整个海外代购流程,主要包括以下几个步骤。

(1)形成购买意图

客户需要明确自己需要购买什么样的产品。客户可以通过各种渠道来获得想要购买的海外商品的详细信息。如要购买什么样的商品,其货号、规格、尺码、颜色、海外商品价格等信息。大多数时候,客户可以通过代购的商家帮助来选择购买的商品。商家可以给客户提供各种商品咨询或者海外网站商品的链接,供客户进行商品的在线选择。这种商品选择的体验越好、越便捷,客户下单的意图就会越强烈。

（2）客户下订购买

当客户产生了强烈的购买意图，并明确了购买的产品信息以后，就可以下订购买了。一般情况下客户只需要支付少量的订金即可。因为海外的个人代购跟大型的海外采购商不同，他们的采购订单形不成批量，往往不能与商家形成稳定的供货关系，因此不能保证货源的数量。并且海外个人代购的商品种类繁多，只能靠人力去商场购买，因此不能保证所有订购的不同型号、规格的商品都有货。因此，客户只需要支付一定的订金，等待代购人员帮忙采购。

（3）代购方进行商品采购

当收到客户的订单需求以后，代购方就要开始进行组织采购。目前，由于直播平台的大量运用，很多商家都会对代购的过程进行全程直播。一方面通过直播，可以让客户看到商品的具体情况，了解购买商品的具体信息，沟通需求以确保采购的商品符合购买者的需求。另一方面，通过代购的直播，也可以吸引更多的潜在客户，在线下单或者产生后续更多的购买需求。因此，采购过程中的用户体验也是促进销售和扩大销售的一个非常关键的环节。

现场采购环节非常重要，也非常容易出错。需要线下的采购人员和线上的客服人员通力合作，充分协调。一方面，需要线下人员快速找到商品，并确认和检查货品的完整性，并通过网络途径与订购的客户确认采购的商品信息。另一方面，线上的客户人员要跟当天临时下单的顾客进行反复的信息核对，确定要购买的商品信息，并收取订金。完成后，客服人员再将采购需求发送给线下的采购人员，进行采购。这个过程往往要争分夺秒，因为可能会有上百人在同时询问和下单，因此对线上、线下人员的工作协调能力要求较高。

（4）采购确认，支付费用

采购完成以后，代购客服人员会跟客户进行联系，要求客户完成余额的支付，并安排下一步的发货工作。

（5）发送国际快递

代购方采购到商品以后，需要核对订单，检查好货品以后，进行打包。然后就需要联系国际快递公司，发送国际快递了。国际快递的具体情况本章有简单讲解，这里不再赘述。

（6）快递公司将货物送达购买人

一般情况下，国际快递的国际段都是选择外方物流公司，国内段则是选择国内合作的物流公司。目前国际物流非常频繁，所有的国际物流都必须经过海关的查验以后，方可放行。因此，很多代购商家会选择一些专业的清关公司来协助进行国际货运手续的办理和运输。

（7）客户收货确认

客户收货以后,需要对商品、关单、购物小票等信息进行逐一检查和核对,确认无误以后,就可以放心收货了。如果需要退货,需要跟代理的客服联系后续的售后服务工作。

6）海外代购的经营模式

（1）自采购营销

这种方式首先需要卖家通过网络购物平台开一个网店,然后卖家通过掌握的全球各种商品的打折咨询,采购好品牌折扣商品。最后通过网络推销给国内的买家,赚取差价。这种模式要求卖家对 deal 资讯了解得全面和及时,通过价格差来赚取利润差价。这种代购方式的风险在于,卖家需要提前囤货,要承担货物采购和仓储的成本。

（2）纯代购营销

这种方式,卖家纯粹靠赚取 10%～15% 的代购费获取收益。买家可以直接通过网络,在国外商品网站上挑选商品,确定货品型号,谈好价钱,然后支付订金,由卖家进行采购,卖家赚取代购费获利。目前很多卖家也开始通过直播平台,直接在海外商场、购物中心,直播代购,赚取佣金。

3.2 海外代购的产品定价

1）自采购模式的产品定价

这种模式下,产品的定价取决于卖家采购商品的各种成本+费用+合理利润。至于利润占比多少,就需要卖家根据市场情况来确定了。

2）纯代购营销模式的产品定价

不同的国家,由于税收情况不同,因此代购的价格也不相同,总体而言,主要的价格构成主要是(官网价+消费税+代购服务费+采购国国内运费+国际运费)×汇率+可能发生的关税。

如果是美国代购,总价构成包括:货品价格+美国当地邮费+美国购物税+国际邮费(但是大多数购物网站都会有相应的免邮措施,就是有可能没有美国当地邮费)+10%左右的代购费。

如果是英国代购,总价构成包括:货品去税价格+国际邮费+10%左右的代购费。

从英国邮寄的邮包主要是 Royal mail 和 DPD,Royal mail 是不会被税的,即使被税了也是卖家掏钱。而 DPD 不同,DPD 容易被税,而且这部分费用由买家承担。

3.3　国际物流情况概述

3.3.1　国际物流的含义

国际物流是指在两个或两个以上国家(或地区)之间所进行的物流。如意大利有一家专门经营服装的公司,它有5 000家专卖店,分布在60个国家,每年销售的服装约有5 000万件国际物流。其总部在意大利,所有的工作都是通过80家代理商进行。若某一专卖店发现某一款式的服装需要补货,立即通知所指定的某一代理商,该代理商立即将此信息通知意大利总部,总部再把这一信息反馈给配送中心,配送中心便根据专卖店的需求在一定的时间内进行打包、组配、送货。整个物流过程可在一周内完成,包括报关和清关等。

广义的国际物流研究的范围包括国际贸易物流、非贸易物流、国际物流投资、国际物流合作、国际物流交流等领域。其中,国际贸易物流主要是指定组织货物在国际间的合理流动;非贸易物流是指国际展览与展品物流、国际邮政物流等;国际物流合作是指不同国别的企业完成重大的国际经济技术项目的国际物流;国际物流投资是指不同国家物流企业共同投资建设国际物流企业;国际物流交流则主要是指物流科学、技术、教育、培训和管理方面的国际交流。

狭义的国际物流(International Logistics,IL)主要是指:当生产消费分别在两个或在两个以上的国家(或地区)独立进行时,为了克服生产和消费之间的空间间隔和时间距离,对货物(商品)进行物流性移动的一项国际商品或交流活动,从而完成国际商品交易的最终目的,即实现卖方交付单证、货物和收取货物。

国际物流的实质是根据国际分工的原则,依照国际惯例,利用国际化的物流网络、物流设施和物流技术,实现货物在国际的流动与交换,以促进区域经济的发展与世界资源的优化配置。国际物流的总目标是为国际贸易和跨国经营服务,即选择最佳的方式与路径,以最低的费用和最小的风险,保质、保量、适时地将货物从某国的供方运到另一国的需方。

3.3.2　国际物流公司介绍

1)四大主流国际快递公司

(1)FedEx(联邦快递)

FedEx成立于1971年,坐拥差不多700架飞机和4万多部车,总部在美国,是一家环球运输、物流、电子商务和供应链管理供应商。公司通过各子公司的独立网络,向客户提供一体化的业务解决方案。美国业务占 FedEx 公司总收入的 76%,国际业务占 24%。从运输方式来看,空运业务占总收入的 83%,公路占 11%,其他占 6%。

全国免费客服电话:800-988-1888。

(2)UPS(联合包裹)

UPS 成立于 1907 年,坐拥差不多 300 架飞机和 9 万部车,总部在美国。它是全球最大的速递机构和全球最大的包裹递送公司,同时也是全球主要的专业运输和物流服务提供商。

公司已经建立规模庞大、可信度高的全球运输基础设施,开发出全面、富有竞争力并且有担保的服务组合,不断利用先进技术支持这些服务。公司提供物流服务,其中还包括一体化的供应链管理。

全国免费客服电话:800-820-8388/400-820-8388。

(3)DHL(敦豪物流)

DHL 成立于 1969 年,坐拥差不多 300 架飞机和 2 万部车,总部在比利时,是德国的国家邮政局,也是欧洲地区领先的物流公司,划分为邮政、物流、速递和金融服务 4 个自主运营的部门。邮政部门由邮政、市场直销和出版物发行业务组成,建有高水准的作业网络,由遍及德国的 83 家标准化分拣中心组成,越来越重视高成长的市场直销业务。速递部门提供覆盖欧洲的快递业务。服务内容包括全球航空、海运、欧洲陆运服务和客户制订的物流解决方案。从净收入看,DPWN 的四大业务邮政、速递、物流和金融分别占总业务量的 49%、21%、18% 和 12%。

全国免费客服电话:800-810-8000。

(4)TPG(TNT)荷兰邮政

TPG 成立于 1946 年,坐拥差不多 50 架飞机和 2 万部车,总部在荷兰。为全球超过 200 个国家和地区提供邮递、速递及物流服务,并拥有 Postkantoren(经营荷兰各邮局的机构)50% 的股权。TPG 利用 TNT 品牌提供速递发送及物流服务(TNT 的物流业务主要集中在汽车、高科技以及泛欧洲领域),其物流领域现有 137 间仓库,共占地 155 万平方米。按业务类型看,TPG 的三大业务邮递、速递和物流(净收入)分别占 42%、41% 和 17%。而从地域表现看,欧洲占 85%,大洋洲、北美、亚洲及其他地区分别占 6%、4%、2% 和 3%。从运营利润看,邮递、速递和物流分别占 76%、15% 和 9%。

2000 年 10 月,TPG 与上海汽车实业共同建立第三方物流合作公司。这个投资额为 3 000 万美元的合作企业为 TPG 打开了中国汽车物流市场的大门。

全国免费客服电话:800-820-9868。

2)其他知名的国际快递公司

(1)Aersk/A.P.Moeller

马士基航运公司(A.P.Moeller)是世界上最大的航运公司,拥有 250 艘船舶,其中包括集装箱船舶、散货船舶、供给和特殊用途船舶、油轮等。该集团还拥有大量装卸码头并提供物流服务,其附属公司同时还在挪威、委内瑞拉和其他国家进行石油和天然气的钻探。

（2）日通公司

日通公司业务主要分为汽车运输、空运、仓库及其他,分别占44%、16%、15%和25%。客户主要分布在电子、化学、汽车、零售和科技行业。从地域上看,其经营收入有93%来自日本。

（3）Ryder(莱德系统公司)

在全球范围内提供一系列技术领先的物流、供应链和运输管理服务。该公司提供的产品范围包括全面服务租赁、商业租赁、机动车的维修以及一体化服务。此外还提供全面性的供应链方案、前沿的物流管理服务和电子商务解决方案,从输入原材料供应到产品的配送,致力于支援客户的整条供应链。

（4）Expeditors(宝明企业)

它是一家提供全球物流服务的公司,向客户提供了一个无缝的国际性网络,以支持商品的运输及政策性安置。公司的服务内容包括空运、海运(拼货服务)及货代业务,在美国的每个办事处以及许多海外办事处都提供报关服务,另外还提供包括配送、拼货、货物保险、订单管理以及客户为中心的物流信息服务。从业务类型来看,主要集中在空运、海运和货代方面,按收入划分分别占53%、25%和12%。从地区分布看,业务主要集中在远东,占56%,在美国、欧洲和中东、南美、澳大利亚的收入分别占25%、15%、3%和1%。

（5）Panalpian

它是世界上最大的货运和物流集团之一,在65个国家地区拥有312个分支机构,其核心业务是综合运输业务,所提供的服务是一体化、适合客户的解决方案,将自身定位于标准化运输解决方案和传统托运公司之间。

除了处理传统货运以外,该集团还擅长于为跨国公司提供物流服务,尤其是汽车、电子、电信、石油及能源、化学制品等领域的公司。

从总利润看,Panalpian的四大业务即空运、海运、物流及其他,分别占44.9%、31.3%、20.3%和3.5%。在地域上,欧洲、非洲占52.7%,美洲占33.9%,亚太地区占13.4%。

（6）Exel

Exel成立于2000年7月26日,目前主要运营以下三家子公司:Msas全球物流公司是世界上规模最大的货运代理商之一,在全球范围内提供多式联运、地区配送、库存控制、增值物流、信息技术和供应链解决方案等各项服务。Cory Environmental是英国规模最大的废品处理公司之一。Exel公司在地面运输供应链服务方面占有很强的市场地位,所提供的服务包括仓储和配送、运输管理服务、以客户为中心的服务和全球售后市场物流服务。

其他国际快递公司

①OCS(欧西爱斯):国际知名快递公司,总部在日本。

②佐川急便:日本知名快递,成立于1957年,总部在日本。

③DPEX:也是比较出名的国际快递。

④ZMS-威鹏达:成立于1995年,总部在中国香港。

⑤AAE(美亚快递):成立于1998年,总部在美国。

这些国际快递公司各自有自己的优势线路。FEDEX和UPS的强项在美洲线路和日本线路;TNT在欧洲、西亚和中东有绝对优势,DHL则是在日本、东南亚、澳大利亚有优势。这些优势也反应在他们的价格上,每一家的优势线路都要比另外三家都要便宜,而且十分有保障。除了国际四大知名快递,其他国际快递公司在本土肯定是最具有优势的,比如佐川急便在日本线路,顺丰在中国的线路都具有相当的优势。

3.3.3 国际物流选择

目前的国际代购国家很多,主要在美国、德国、澳大利亚等地,本节以美国代购为例,来介绍美国的国际物流选择的具体方法。在美国,整个代购过程的物流分成三大段:第一段就是美国的;第二段就是美国到中国的;第三段就是中国国内的。其中美国的国内快递和中国的国内快递是一样的,通过当地普通的快递公司,都能进行运送,办理的手续也大都类似。这里重点讲美国到中国段的国际物流的选择。

1)普遍选择USPS

美国邮政服务公司(US Postal Service)是一家独立的美国政府代理机构,前身是美国邮政部,1971年改为美国邮政服务公司,国会不再保留规定邮件资费的权力。尽管如此,公司的11个董事会成员中有9名要由美国总统任命。该公司负责全美的邮政服务,其业务范围包括邮件投递、包裹传送、货物运输、邮政服务等一系列业务,并可提供网上服务。美国邮政服务公司每年投递2 000亿件邮件,占全球总量的40%。

美国邮政服务公司负责全美的邮政服务,其负责的范围极广,包括邮件投递、包裹传送、货物运输等一系列的服务,并且可以提供网上服务。

大部分人都会选美国邮政,很多在美国华人少的地方做代购的买手都选择这家邮政公司,美国邮政运到国内后,国内段就是中国邮政来做后续配送。根据收取的费用不同,该邮政公司提供两种快慢完全不同的邮寄方法。

一种称为Priority Mail International,相当于国内的普通邮政包裹。大概首磅15美元,续磅5美元左右一磅,时间上来说7~15天能到,但是实际到货时间还需要根据实际情况来决定。货物到达国内后,国内收件人需要自己跑到邮政局去提包裹。

另一种称为Express Mail International,相当于国内的特快专递(EMS),价格较贵,大约是 20 美元首磅,续磅 5 美元多一磅,一般能保证 6 天送到! 配送速度快,丢包损坏可能性很小,也可以在线查询、跟踪货物,客户到货体验很高,清关速度也很快,发生关税概率最低。比较适合那些价格比较贵的品牌包、数码电子产品。

2) 部分选择其他快递公司

出了选择 USPS 以外,还可以选择美国当地的其他快递公司。目前有很多华人快递公司,专门做美国到中国的航线。他们一般云集在洛杉矶和纽约,少数华人快递公司在免税州也有。快递价格普遍是 9 美元首磅,5 美元续磅。一般 7 天左右邮寄到国内。

3.4　海外代购的出入境相关要求

1) 个人邮寄的要求

原来规定对寄自港澳地区的个人邮寄物品,应征进口税税额为 400 元以下的免征税;寄自港澳地区以外的个人物品,应征进口税税额为 500 元以下的免征税。从 2016 年 9 月 1 日起,取消对港澳和其他地区的区别管理,不再区分"港澳地区"和"港澳地区以外",只要物品的应征进口税额在 50 元(含 50 元)以下,海关予以免征,超出部分按规定征税。

个人邮寄进出境物品的限值维持不变,即"个人寄自或寄往港、澳、台地区的,每次限值 800 元人民币;寄自或寄往其他国家和地区的物品,每次限值 1 000 元人民币"。如果邮包内仅有一件物品且不可分割,虽超过限值,经海关审核确属个人自用,仍可按照个人物品办理手续,不需要以进出口货物形式办理通关手续。

2) 邮寄和携带起税点的区别

针对邮寄进境和旅客携带进境相同物品在征税方面的差异,海关总署监管司有关负责人介绍说,由于历史和现实的原因,对邮寄进境和旅客携带进境的个人自用物品,管理政策有所差异。

首先,进口税起征点不同。进境居民旅客携带在境外获取的自用物品,总值在 5 000 元人民币(含 5 000 元,下同)以内的;非居民旅客携带拟留在境内的自用物品,总值在 2 000 元人民币(含 2 000 元,下同)以内的,海关予以免税放行,单一品种限自用、合理数量,但烟草制品、酒精制品以及国家规定应当征税的 20 种商品等另按有关规定办理。短期内或当天多次进出境旅客携带进出境物品,以旅途必需为限,不按照上述标准执行。邮递进境物品应缴进口税超过人民币 50 元的一律按商品价值全额征税。

其次,个人物品标准不同。进境居民旅客携带超出人民币 5 000 元的自用物品,非居民旅客携带拟留在中国境内的自用物品,超出人民币 2 000 元的,经海关审核确属自用的,海关仅对超出部分的自用物品征税,对不可分割的单件物品,全额征税。

但个人邮递物品受到价值限制,即个人寄自或寄往港、澳、台地区的物品,每次限值为人民币 800 元;寄自或寄往其他国家和地区的物品,每次限值为人民币 1 000 元。个人邮寄进出境物品超出规定限值的,应办理退运手续或者按照货物规定办理通关手续。但邮包内仅有一件物品且不可分割的,虽超出规定限值,经海关审核确属个人自用的,可以按照个人物品规定办理通关手续。

3) 国家队邮递进境个人物品的监管

为严密监管,打击邮递渠道走私违法活动,确保公告顺利实施,海关总署监管司有关负责人最后表示,总署出台公告后,针对有些海外代购商家企图在 2016 年 9 月 1 日公告正式实施前利用所谓"合理缓冲期"进行囤积,海关总署已要求各地海关加强邮递、快件渠道进境个人物品的审核,严格区别亲友间馈赠个人物品和商业性邮件,其中对商业性邮件一律要求按照货物办理进口手续。

3.5   海外购物退税

1) 购物退税的含义

购物退税是指对境外游客在退税定点商店购买的随身携运出境的退税物品,按规定退税的政策。购物退税制度起源于 20 世纪 80 年代初的瑞典。根据各国实践,主要可分为零售出口退税、游客退税、中央退税 3 种模式。

2) 可以退税的条件

首先应该弄清楚所在的旅游城市是否有针对国外消费者退税的相关服务。确认之后,寻找挂有"Tax Refund""Tax Free"或者"Euro Free Tax"等标识的商家。一般来说,即便该国有退税服务的规定,却不是所有的商家都符合服务的规定,商店规模大小以及商品种类的不同,都会影响到是否提供退税服务以及退税金额的百分比。购物时还要详细询问该家店退税金额的百分比。

3) 获得退税的方法

由于各个国家对于退税的金额有不同的限制,要达到各国退税标准所规定的最低消费金额方可退税。你应先衡量一下自己的购物实力,如果一个人在同一家店内无法买足该店规定的退税额,购物时应该结伴而行,一起结账开发票,则可同享退税的优惠。看到中意的商品也不要急忙付款,不妨先逛逛,看看能否把要买的商品在一家百货公司内搞定,以达到退税必需的金额。

4) 填写退税单

当消费金额达到退税额度时,请向店家索要一式三份的退税单(Tax-free cheque),

填写详细地址和护照号码及其他相关信息。所购买的每件物品必须记录在退税单上或发票(收据)上,若是写在发票上,店家会把发票附在退税单的副联上(切勿撕下发票)。同时,店家会在退税单上写明你能获得退税的金额。填妥表格之后,一份由商家保存、一份寄交相关部门、一份则由消费者自己保留。通常,商家只会保留一份,另外两份则由消费者于出境时连同商品一并出示给海关人员。

如果商店的全球退税支票(Global Tax Free Cheque)首联是蓝色或粉红色,大多数可以在回国时在机场以现金方式退税;如果是绿色的,则只能以邮寄银行支票或信用卡划账的形式退税。请在上用西方文字(英文为宜)填写你的详细邮寄地址(含邮编),或填写你有效国际信用卡的卡号,并用商家提供的邮资已付的信封寄回支票发出国的GLOBAL REFUND 分公司,或在机场投入指定的退税信箱内,有关机构会将增值税退回到你的信用卡上。

为了避免在出边境时产生问题,你应该把退税单和发票一起保存,最好的办法是把它放在护照内,以免在离境时忘记办理有关手续。

5) 办理海关盖章

在离开该目的地国家时,游客必须持全球退税支票在海关盖章,海关会对办理退税的物品进行抽检。大多数情况下,消费者可以在机场的海关办理这些手续。

6) 选择退款方式

在商店中填写退税单时,通常会让消费者自行选择退税的方法,你可以选择退现金、退支票,也可以选择将金额退回到指定的信用卡账号中。由于所有的退税手续时在旅客即将离境时完成,除非想在机场免税商店再购物,否则退现金并不是很方便。最麻烦的是退支票,消费者填好单据回有关地点后,海关人员会将支票邮寄到消费者所留下的地址。邮寄的方式除耗时之外,消费者还得多花寄支票的邮资,待消费者收到支票之后,还必须拿到银行去存。若原本的税金就不高,加之各种邮资、手续费扣下来,真正拿到的金额恐怕不多。最简单的是退在信用卡的账号中,这也是在众多人实践后公认最方便、最省事的选择。

3.6 海外代购的注意事项

①化妆品代购提示:目前有很多不良商家在网上回收正版化妆品的瓶子,灌入劣质化妆品,重装包装,当作正品卖出去,买家要小心这一点。

②尽量要求卖家从国外直接邮寄到你的手上并附购物小票,不要从买家处中转,目的是确保该物品的确从国外购买,防止调包。

③有些商品看上去很便宜,但一定要问清楚,是不是最终价,有些卖家以低价吸引

买家购买商品,之后告诉你,运费 30 美元,关税 50 美元,代购费 50 美元,总的算下来,可能比专柜的价格还高。

④从国外寄回来的物品丢失了,如果货运途中丢失,请及时联系快递公司。无论是什么物品丢失,都会按照申报价值和邮件保险进行赔偿。

080

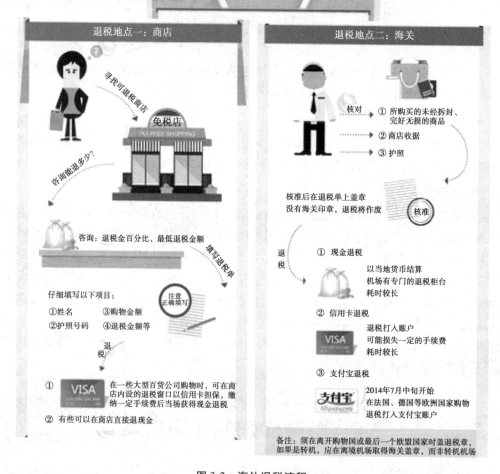

图 3-2　海外退税流程

【工作小结】

本章主要介绍了海外代购的基本运营模式,海外代购的流程和一些具体的注意事项。这里需要提醒大家注意:①包裹内装物品的核定关税数额在 50 元人民币以下的才会免于征收。②所有电子类物品,因为它们的货物价值或者海关核定价值比较高,所以一个包裹内基本上只能放一件商品,以避免被海关退运。③有些商品是海关有核定价值的,如电脑、手机,这种不分品牌不论真实价值都只征收定额的关税。但是有些商品是没有核定价值的,如保健品、手表等,这些物品是由海关来自己判断价值的,因为这都是人为的操作,每个人对商品价值的判断都会有出入,所以建议你最好在包裹内显著处放置商品发票或者保留商品标签,海关会参考这些证明来开具税单。如果你没有放置这些证明,那就意味着你接受海关自己认定的价值,并且放弃申诉的权利。④在运单填写时,一定要在包裹品名处填写该种类物品的真实件数,并且简单明确地描述物品,如维生素1瓶、奶粉2罐。不要写一些特别奇特的商标,或者自创造一些奇异的品名,这样会降低海关拆开包裹检查的概率,减少派送中的物品破损率,更主要的是会减少对货物通关速度的影响。

【关键术语】

外币结算;C2C、海外代购、国际物流

【复习思考题】

一、选择题

1.C2C电子商务模式的基本构成要素有哪些( )。

A.客户　　　　B.商家　　　　C.企业　　　　　　D.交易平台

2.在C2C电子商务模式中,最关键的要素是( )。

A.客户　　　　B.商家　　　　C.企业　　　　　　D.交易平台

3.国际上知名的四个大型物流企业有哪些? ( )

A.FedEx(德国联邦快递)　　　　　B.UPS(联合包裹)

C.DHL(敦豪物流)　　　　　　　　D.TPG(TNT)(荷兰邮政)

4.办理退税的时候,采用什么方式退税最快捷。( )

A.现金　　　　B.信用卡　　　　C.银行卡　　　　D.支票

5.购物退税的主要模式有哪些? ( )

A.零售出口退税　B.游客退税　　C.中央退税　　　D.批发出口退税

二、简答题

1.什么是C2C?

2.海外代购的主要流程有哪些?

3.如何办理退税?

三、讨论题

你周围有朋友在做海外代购吗? 他们是怎么做的? 做的效果怎么样,有什么样的问题吗?

081

【工作实践】

海外代购模拟实践

工作背景：目前海外代购市场非常火热，有很多人都加入海淘代购的队伍。小王也非常想从事这方面的兼职，大家一起来帮他想想，做这个事情之前，需要做好哪些具体的工作准备呢。

工作要求：海外代购的准备工作。

工作辅助提示：从货源组织到物流运输，从营销推广到售后服务等方面进行思考。

工作模板案例：淘世界：买手制 C2C 代购的突围战。

留学生利用空闲时间做代购并不少见，但能把代购生意发展成为一家国内最大的 C2C 海淘平台，除了陈丹丹以外很难找到第二个人。

这家国内最大规模的 C2C 海淘平台叫作"淘世界"。2015 年 8 月 4 日淘世界创始人陈丹丹宣布公司已经完成了 B 轮 3 000 万美元融资，由蘑菇街领投，源码资本跟投。

融资数额在动辄千万、上亿美元的海淘投资市场上并不令人侧目，但淘世界公布的一组数字奠定了目前的行业地位。目前淘世界有 500 万注册用户，日活用户 10 万以上，单月成交额最高超过 3 000 万，平均客单价 1 000 元左右。此外，超过 60% 的用户会回到平台上进行重复购买。

和京东、天猫等 B2C 平台的跨境购物不同，淘世界采用买手制，将采购的权利由平台下放至买手个人。除了淘世界以外，淘宝全球购、洋码头扫货神器、海咪等平台也采用了这种模式。

和平台采购相比，买手制能增加品类的宽度，让更多的非标准类商品进入平台。陈丹丹解释，国内海淘主要集中在两种产品，一种是海外低价商品，另一种是猎奇性质的尝鲜产品。当引入足够多身处不同国家的买手后，平台上的品类数量能优于平台自己采购的品类数量，也能满足消费者多元化的需求。

"淘世界集聚了我过往所有的经验。"2005 年，陈丹丹离开中国前往德国学艺术，为了打发海外留学时的空余时间，她建了一个个人网站，分享留学见闻和美妆护肤心得。由于做得比较早，让她积累了一定的人气，和留学生、国内读者之间的互动，也让她意识到了代购或许是一门不错的生意。

于是陈丹丹开始了买手、时尚博主、淘宝店、代购平台等各个领域的尝试。"大概两年时间，我做到了全球代购的皇冠级别，帮助中国消费者找到他们想要的东西，让我很有成就感。"陈丹丹说道，"但对我而言，未来生意越做越大，难度也越来越大。"现在她想用十年的代购经验，去为自己博得一个品牌，一个成功的互联网公司。

由于自己做过买手，陈丹丹觉得淘世界和别的代购平台不同的地方，可能在于它更懂得买手和消费者需要哪些东西。为了让消费者对淘世界上的货品更放心，减少假货率，淘世界会根据买手的资历、是否产生过纠纷以及客单价格的高低，来加强对某些货品的筛查。此外,淘世界承担一部分的物流,买手负责将采购货品统一寄发到淘世界,由淘世界拆分重新打包再发送到消费者手里。"单纯的C2C会让消费者对物流、货品真伪产生担忧,因此还需要有平台来做背书。"陈丹丹解释。

C2C还有一个好处,在于它是另一个自由竞争的市场。京东、天猫、亚马逊等B2C平台通过和国外品牌、经销商代理商等签订统一采购合约,虽然保证了货源的正品率,但价格、品类选择都由平台单一决定。这导致消费者上B2C网站只能找到"爆款""标品"的产品。但买手平台上,同一货品可以由多个买手标价,货源也更为丰富,消费者可以进行对比,参与感更强。

因此,买手的数量和活跃程度,成为淘世界这样C2C平台的运营重点。为了进一步增加买手,陈丹丹放弃了原有的盈利,表示近2~3年所有买手的销售所得归买手所有,平台不抽取任何费用。但3 000万美元对一个拥有110多人的半自营物流电商网站来说,用不了多久。"所以我们可能很快还要继续融资。"陈丹丹表示。

投资市场还会给予淘世界这样的创业公司多少时间? BAI(贝塔斯曼亚洲投资基金)《跨境电商投资报告》指出,2014年海淘人群1 800万,成交规模1 400亿,从百亿级市场步入千亿级。

近两年国家海关总署也频繁释放出对跨境电商的政策利好。《关于跨境贸易电子商务进出境货物、物品有关监管事宜的公告》和《关于增列海关监管方式代码的公告》在政策上承认了跨境电商,并认可保税模式,甚至给予一些试点城市跨境电商税收上的优惠政策。

但淘世界还需要担心一点。由于平台上社交等功能较弱,许多消费者和买手沟通还会切换到微信、QQ等其他社交网站上进行。"我们不想只做一个卖货的平台,"陈丹丹表示,引入蘑菇街的投资后,会在社交、海外资讯等方面进行进一步的研发,希望加强买手和消费者的沟通机制,让双方都能够停留在自己的平台上。(来源:虎嗅网;编选:中国电子商务研究中心。)

3月10日,中国电子商务研究中心发布《2016年度中国电子商务用户体验与投诉监测报告》,包括飞牛网、卷皮网、聚美优品、1号店、拼多多、乐视商城、蘑菇街、返利网、优购网、当当网、好乐买、淘宝网/天猫、小米商城、明星衣橱、美美箱、苏宁易购、唯品会、亚马逊中国、京东、国美在线、途虎养车网、美囤妈妈、美丽说、贝贝网、华为商城等零售电商和蜜芽、网易考拉海购、洋码头、达令、丰趣海淘、宝贝格子、西集网、淘宝全球购、云猴网、冰帆海淘、小红书、Hai360海外购等跨境电商,以及百度糯米、去哪儿、美团、饿了么、飞猪、携程、同程网、大众点评、艺龙、易到用车等生活服务电商和分期乐、趣分期(趣店)、工行融e购、淘宝众筹、拍拍贷、建行善融商务、财付通、优分期、中行聪明购、惠分期等互金平台在内的57家平台上榜。

任务四
跨境电商 B2C 的运营管理

【工作情境】

经过一段时间的工作,小王的工作能力得到了进一步提升,管理能力也得到加强。领导决定对小王进行全面的锻炼,把他调到出口部门,去熟悉和拓展公司的出口业务。

人物设定:小王,22 岁,大专,营销策划专业,有国际采购和国际贸易个人代理经验。

工作岗位:出口商品经理。

所属部门:国际出口贸易部。

工作职责:负责出口商品的运营管理。

需要的工作能力:管理能力、出口平台的运营能力。

【工作目标与要求】

熟悉国际贸易出口平台的种类;

熟悉国际贸易出口平台的选择方法;

掌握速卖通的订单管理方法;

掌握速卖通发货管理方法。

【工作流程】

一般出口贸易工作流程如图 4-1 所示。

跨境电商的具体工作流程,跟一般出口贸易类似,只是在订单管理和发货管理上借助了平台进行管理,但是主要的工作内容还是与一般出口贸易相同。本书由于篇幅有限,只重点介绍跨境电商与一般贸易不同的一些具体工作环节。

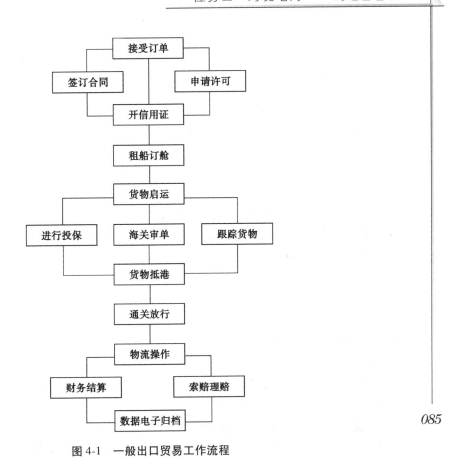

图 4-1　一般出口贸易工作流程

【工作案例】

2016 年跨境出口电商 10 大事件

大事件 1：婚纱独立站屡被告。2016 年初，3 000 多家中国独立站被美国 ABPIA 告上法庭，都是在未经任何通知的情况下直接要求平台方下架，其中牵扯最严重的独立站，网站域名直接被收回。而到 2016 年 12 月中旬，600 余家中国婚纱独立站再次被ABPIA"警告"。有资深卖家表示，造成这一情况，主要由于独立站卖家版权意识薄弱、直接引用海外品牌图片所导致。虽然经过法院的裁决，半个月后，部分卖家通过合法渠道要回域名，解封资金。但此番"围剿"，也给卖家敲响了警钟。业内人士也指出，独立站的运营需要的资金量大，资金运转的要求更高、竞争激烈。因此，注重版权意识，发展自身品牌，在遭遇问题的时候第一时间积极应对才是正确的选择。

大事件 2：速卖通 2016 推新玩法。2015 年 12 月 7 日，阿里巴巴集团旗下跨境出口电商平台速卖通（AliExpress）对外发布了关于 2016 年一系列全新的调整举措。其中包括:提高商家入驻门槛、全面从 C2C 转型跨境 B2C、首推年费制度和年费返还措施。进入 2016 年,"企业+品牌"成为速卖通入驻新门槛,"好货通,天下乐"的目标也一直在靠近。这一系列举措根本目的在于将速卖通打造成为高品质渠道品牌,助力中国中小企业开拓全球市场。年费返还制度针对经营状况良好的卖家,不同程度甚至全额返还年费,形成良币驱逐劣币的良性竞争机制,能有效提升平台品质。此外,在汰劣方面,推出"三振出局"政策,加大在源头打击假货、炒信、欺诈等恶性竞争行为。最后,速卖通全面转型 B2C,意在引导卖家树立品牌意识,着力打造品牌,快速成长为优质品牌,提升自身的海外竞争力。

大事件3:阿里斥资 10 亿美元收购 Lazada。2016 年 4 月,阿里巴巴斥资 10 亿美元收购了东南亚跨境电商 Lazada,其中 5 亿美元用于收购 Lazada 新发行的股份,另外 5 亿美元用于收购 Lazada 股东的持股,包括 RocketInternet 的 9.1%、Tesco 的 8.6%、Kinnevik 的 3.8%及其他股东 12%的股权。据往期数据显示,Lazada 包括盈利在内的各项指标并不好看,出现不少赤字,阿里此番重金收购的背后,主要看中的是 Lazada 的发展潜力。据了解,Lazada 主要面对东南亚地区消费者。东南亚电商尚处萌芽阶段,发展势头看好,其中泰国、印尼更是主要的电商市场。Lazada 在东南亚市场上已经建立了主导地位,截至 2015 年,数据显示:活跃用户达 1 040 万、订单量 470 万、交易量 1 900 万。

大事件4:英国推出 VAT 新政。欧洲发达国家有良好的消费能力,一直为各大出口电商所青睐,不过欧洲的 VAT 问题却一直是困扰跨境电商的一个心病。2016 年 6 月 12 日,英国政府采取措施加大监管力度,要求在 6 月 30 日前,亚马逊卖家必须在后台提交 VAT 税号,否则将不排除面临封号风险的消息。据业内知情人士分析,英国近些年财政赤字严重,政府很看重由跨境电商产生的每年几十亿的税收,该事件的发生只在朝夕。因此,中国卖家可能面临着以下风险:没有自己的 VAT 税号而无法享受进口增值税退税;借用他人 VAT 或 VAT 无效则清关不便;多平台共用一个 VAT 税号则有被关联封店的风险等。故业内人士建议卖家及时申请 VAT 税号或将这部分工作代理出去。

大事件5:Ensogo 退出东南亚。2016 年 6 月 16 日,Ensogo 暂停东南亚地区业务。6 月 21 日起,Ensogo 正式停牌,董事局亦接受了集团行政总裁 KrisMarszalek 的辞职。据悉,Ensogo 成立于 2010 年,业务遍及中国香港、印尼、马来西亚、菲律宾、新加坡和泰国。2013 年 12 月在澳大利亚证券交易所上市,2015 年初获唯品会战略性投资,2016 年初推跨境电商业务,上线手机 App,力图打造东南亚版 Wish。业内人士透露,Ensogo 的倒台,主要原因在于阿里巴巴收购 Lazada 及亚马逊打算在印度尼西亚投资数亿美元的计划。市场竞争的不利、未及时关注利润和企业的创收能力、不敌巨头的压力最终导致了 Ensogo 的退出。

大事件6:英国"脱欧"。2016 年 6 月 24 日,英国全民就英国是否继续留在欧盟的公投结果落定,"脱欧派"胜出,英国成为首个脱离欧盟的国家。受此影响全球股市震荡,当时英镑暴跌 10%。对出口跨境电商而言,英国"脱欧"将削弱中国出口电商产品的价格竞争力。中国电子商务研究中心 B2B 与跨境电商部主任、高级分析师张周平分析称，英国"脱欧"将削弱中国出口产品的价格竞争力。英国是中国跨境电商出口的主要目标国家之一，由于货币缩水非常大，直接影响出口英国和欧洲产品的价格，导致利润直接下滑。虽然中国企业也可以做出相应价格调整，但毕竟调整机制需要一定时间，也需要客户反应接受。

大事件 7：跨境电商扎堆新三板。2016 年 7 月 6 日，湖南海翼电子商务股份有限公司提出正式申请新三板挂牌。或许"海翼"这个名称大家并不熟悉，但若提及其品牌"anker"，无论是 3C 发烧友还是从事跨境出口电商的，几乎是无人不知、无人不晓。近两年，跨境电商挂牌新三板蔚然成风。据了解，包括深圳有棵树科技股份有限公司、深圳爱淘城网络科技股份有限公司、蓝色光标控股子公司北京蓝色光标电子商务股份有限公司、深圳价之链跨境电商股份有限公司、广州环球梦电子商务股份有限公司、北京宝贝格子控股股份有限公司、深圳傲基电子商务股份有限公司、深圳市赛维电商股份有限公司等近百家跨境电商相关企业均登陆新三板。

大事件 8：敦煌网加入社交商务战争。2016 年 7 月 15 日，腾讯企点（SaaS 级 SCRM 社交化客户关系管理平台）与敦煌网达成战略合作，将强强联手打造跨境电商社交应用系统。本次战略合作一方面利用腾讯企点多通路及大数据链接功能优势，另一方面借力敦煌网的跨境经验，力求实现跨境电商社交商务的一大突破。据了解，本次战略合作分为三个阶段：第一阶段共同开发跨境电商 IM 工具，第二阶段共同开发跨境电商 SCRM 系统，第三阶段共建跨境社交商务平台。无独有偶，2016 年 6 月 14 日微软以 262 亿美元收购社交巨头 Linkedin，预示目前社交商务正在成为下一个风口，据业内人士预测，将来会有更多的巨头加入社交商务这场"战争"中。

大事件 9：Wish 融资 5 亿美元。移动购物应用平台 Wish 在 2016 年 11 月最新一轮的融资中获得了 5 亿美元的投资，融资后将拥有 10 亿美元的现金流。Wish 平台主打低价商品，产品种类包括衣裙、手表、运动鞋等，卖家主要是来自中国的制造商。Wish 更注重商品的发现，App 类似商场，在手机窗口展示消费者可能想要的产品，不像亚马逊以搜索为主。Wish 首席执行官 Szulczewski 表示，平台能取得如今的成绩，主要在于商品的低价位，不过从中国发货配送时间长达数周，商品时常破损，此番融资将计划用于减少配送时间，提高物流效率。

大事件 10：亚马逊向中国卖家开放 B2B。12 月 7 日亚马逊中国宣布向中国卖家推出"Amazon Business"（亚马逊商业采购站点）的卖家招募计划，拓展 B2B 的商业采购模式。据了解，亚马逊 2015 年美国发布 Amazon Business 上线仅一年，Amazon Business 线上交易额已达到 10 亿美元，服务超过 40 万家企业和机构客户。超过 4.5 万第三方卖家入驻 Amazon Business，完成 Amazon Business 超过一半以上的订单交易。

4.1 跨境出口平台的分类与选择

随着国际环境的变化,传统外贸形式已经无法满足我国外贸业的需求,跨境电商行业呼之欲出,在我国外贸出口额增速保持10%的增长同时,跨境电商实现30%的增长。各种各样的平台也逐渐涌现,目前中国的外贸人选择的主流跨境电商平台有速卖通、亚马逊、eBay、Wish、名客来等。它们是非常重要的跨境电商平台,但不是说仅仅只有这几个跨境电商平台。每一个跨境电商平台都有自己的行业优势和忠实的客户群,或者在某个国家或地区具有重要的或者特别的影响力。对跨境电商来说,在线渠道多元化是拓展网络渠道和规模的重要途径。另外,对某些特定的产品和品牌来说,选定目标市场进行深耕细作也是重要的电商策略。那么选择适合当地市场情况的电商平台也是自然而然的事情。

4.1.1 国内主流的跨境电商出口平台

1)速卖通

速卖通是阿里巴巴国际化重要的战略产品,有阿里巴巴做后盾,近几年来,速卖通可谓是风生水起,平台不仅商品品类众多,流量也比较大。

速卖通作为阿里巴巴未来国际化的重要战略产品,这几年的发展可谓顺风顺水,已成为全球最活跃的跨境平台之一,并依靠阿里巴巴庞大的会员基础,成为目前全球产品品类最丰富的平台之一。

速卖通的低价策略比较明显,这也跟阿里巴巴导入淘宝卖家客户策略有关,很多人现在做速卖通的策略就类似于前几年的淘宝店铺。速卖通的侧重点在新兴市场,特别是俄罗斯和巴西。截至2013年3月底,速卖通共有超过70万的俄罗斯注册用户,占平台所有注册用户约9%,现在的注册数据应该更加火爆。

因为是阿里系列的平台产品,速卖通整个页面操作中英文版简单、整洁,非常适合新人上手。另外,阿里巴巴一直有非常好的社区和客户培训传统,通过社区和阿里的培训,跨境新人可以通过速卖通快速入门。

速卖通适合跨境新人,尤其是产品特点适合新兴市场的卖家,也适合产品有供应链优势、价格优势明显的卖家,最好是工厂直接销售,贸易中间商基本上没有生存空间。

2)亚马逊

亚马逊是全球最早建立的跨境电商B2C平台,对全球外贸的影响力非常大。中国外贸人选择跨境B2C平台首先认识的也是亚马逊,那时候也还没有速卖通等其他新兴平台。亚马逊对卖家的要求是比较高的,比如产品品质、品牌等方面的要求,手续也比速卖通等平台复杂。新人注册亚马逊账号以后,后期收款的银行账号需要是美国、英国等国家的。对于成熟的亚马逊卖家,最好先注册一家美国公司或者找一家美国代理公司,然后申请联邦税号。

新人注册成为亚马逊的供应商一般需要注意以下事项。

①选择做亚马逊最好有比较好的供应商合作资源,供应商品质需要非常稳定,最好有很强的研发能力。切记,做亚马逊,产品为王。

②接受专业的培训,了解开店政策和知识。亚马逊的开店比较复杂,并且有非常严格的审核制度,如果违规或者不了解规则,不仅会有封店铺的风险,甚至会有法律上的风险,所以建议大家选择一家培训公司,先接受培训再开始做。

③需要有一台电脑专门登录亚马逊账号。这对亚马逊的店铺政策和运营后期都非常重要。一台电脑只能登录一个账号,不然会跟规则冲突,用座机验证新用户注册最好。

④最重要的事情是做亚马逊需要一张美国的银行卡。亚马逊店铺产生的销售额是全部保存在亚马逊自身的账户系统中的,要想把钱提出来,必须要有美国本土银行卡。解决这个问题也比较简单,外贸人一般都有一些海外客户资源、海外朋友,可以通过他们解决这个问题,另外,国内也有一些代理机构做这样的服务。

⑤流量是关键。亚马逊流量主要分内部流量和外部流量两类,类似于国内的淘宝。同时应该注重 SNS 社区的营销,通过软文等营销方式也有较好的效果。

选择亚马逊平台需要有很好的外贸基础和资源(包括稳定可靠的供应商资源、美国本土人脉资源等),卖家最好要有一定的资金实力,并且有长期投入的心态。

3) eBay

作为国际零售跨境电商平台,eBay 就像是国内的淘宝。与亚马逊相比,eBay 的店铺操作也不复杂,开店免费、门槛低,需要的手续和东西比较多,但是平台规则对买卖双方有失偏颇,比较倾向买家。如果产品售后问题严重的话,很容易出现问题。eBay 的核心市场主要在欧洲和美国,如果选择该平台的话,需要结合自身的产品对核心市场深入分析,针对该市场选择比较有潜力的产品深入挖掘,对产品价格、优势、潜力等做深入研究。eBay 投入比较小,如果要选择 eBay,最好是在美国和欧洲有较好表现的产品。

做 eBay 最核心的问题应该是付款方式的选择。大家现在选择的一般都是 PayPal,但也有一定的风险,特别对 eBay 来说。经常有这样的实际案例,遇到买卖争议时,eBay 最终是偏向买家,导致卖家损失惨重。

eBay 成功的关键是选品,其主要市场是美国和欧洲,所以做 eBay 前最好做个市场调研。方法包括:进入 eBay 总体研究一下整个市场的行情,结合自己的供应链特点深入分析;对欧美市场的文化、人口、消费习惯、消费水平等方面进行研究,从而选择潜力产品;找一些 eBay 的热销产品,对其产品渠道、产品价格仔细研究,分析自己的优势;研究热销产品的市场优势和未来销售潜力;对产品在欧美市场的利润率和持续性做深入考虑。

eBay 主要有以下 4 个特点。

①eBay 的开店门槛比较低,但是需要的东西和手续比较多,比如发票、银行账单等,所以你需要对 eBay 的规则非常清楚。

②eBay 开店是免费的,但上架一个产品需要收钱,这跟国内的淘宝还是有很大的区别。

③eBay 的审核周期很长,一开始不能超过 10 个宝贝,而且只能拍卖,需要积累信誉才能越卖越多,而且出业绩和出单周期也很长,积累时间有时候让人受不了,只能慢慢等待。

④如果遇到投诉是最麻烦的事情,店铺封掉是经常有的事情,所以质量一定要过关。

如果要选择 eBay,应该有产品的地区优势,比如产品目标市场在欧洲和美国。eBay 操作比较简单,投入不大,适合有一定外贸资源的人群。

4.1.2 其他跨境电商平台

1) Souq

中东版的亚马逊电商网站 Souq.com 拥有 600 万用户,并且每月能达到 1 000 万的独立访问量。根据目前网站的情况,Souq 已经开始考虑拓展其他的业务。如 Souq 已经建立了自己的物流系统 QExpress 和支付系统 PayFort。而且,Souq 还推出了自己品牌的平板电脑。据了解,Souq.com、Cobone.com 和 Sukar.com 是中东当地 3 个最大的电子商务网站。

据了解,阿联酋民众热衷于上网和玩手机,其互联网渗透率和手机持有率都达到了70%以上。不仅阿联酋,沙特、卡塔尔等海湾富国的民众也热衷于网上购物。预期整个中东地区的网购规模将在未来两三年内迅猛增长。阿联酋 10 个人中就约有 5 个人通过互联网购买商品和服务。

2) Lazada(来赞达)

Lazada 号称东南亚最大的网上购物商城,是 Rocket Internet 为打造“东南亚版亚马逊”而创立的公司。2019 年 4 月获得阿里 10 亿美元注资控股。它销售电子产品、衣服、书籍和化妆品等,市场涵盖印度尼西亚、马来西亚、菲律宾、泰国和越南。该公司提供免费送货,14 天内免费退换货,还提供灵活的付款方式。新加坡、马来西亚和越南的互联网普及率增长速度超过了世界平均水平。

到 2020 年,东南亚的电子商务市场规模将达到 204 亿美元。东南亚经济持续高速增长产生了大量的中产阶级和巨大的消费需求。东南亚是目前继美国、欧盟、中国之后又一个最有活力、最有潜力的消费市场。因此,东南亚是目前各大电商争夺的主战场。

3) Newegg(新蛋)

新蛋于 2001 年成立,总部位于洛杉矶。新蛋是美国领先的电脑、消费电子和通信产品的网上超市。新蛋聚集约 4 000 个卖家和超过 2 500 万客户群。新蛋最初销售消费类电子产品和 IT 产品,但现在已经扩大到全品类,品种高达 55 000 种。吸引了 18~35 岁的富裕和熟悉互联网的男性。畅销品类是汽车用品、运动用品和办公用品。特别值得注意的是,大部分的消费者是男性,但女性消费者也在快速增长。

4) Rakuten.com(乐天)

乐天创办于 1997 年,目前已成为日本最大的电子商务网站,市值达到 135 亿美元,年营收超过 40 亿美元。乐天也是全球最大的网络公司之一。在美国市场,乐天斥资 2.5 亿美元收购了 Buy.com,在 2013 年公司更名为"乐天购物"(Rakuten.com Shopping)。乐天购物聚集了 3 000 卖家,超过 8 000 万客户和 2 300 万产品。客户群年龄在 25~54,男性和女性各占一半。Rakuten.com 最初主要销售计算机及电子产品,但它现在提供体育用品、健康和美容、家居和园艺、珠宝和玩具等。

"打败亚马逊"是日本乐天的创始人三木谷浩史的宏远志向,由于在日本国内市场渗透已达到饱和,想在日本本土吸引更多的消费者已经变得艰难,走向国际化是乐天实现这一目标的必然选择。近些年来,乐天海外市场动作频频,其从物流、支付、渠道、投资等全方位布局,势力范围遍及亚洲、欧洲和美洲。因此对跨境电商和品牌商来说,乐天是一个不可忽视的在线大卖场。

5) Bestbuy(百思买)

百思买在线下实体店的失利让它于 2011 年进军网络市场。百思买聚集了 100 多个卖家,每年有达 10 亿访问量。与其他电商平台不同的是,只有被邀请的卖家才可以入驻平台并且产品可以在百思买门店销售,但产品仅局限于消费类电子产品。

6) Tesco

Tesco 是英国最大的食品和日用杂货零售商。其电商网站成立于 2012 年,聚集 50 多个卖家,4 300 万俱乐部会员,每月 400 万访问量。Tesco 正在把线下庞大的客户群转移到线上,它的竞争对手包括亚马逊、eBay 和乐天 Play.com。它的产品包括家居、园艺、婴儿用品、运动休闲、服装和珠宝等。它只对被邀请的卖家开放。

英国是欧洲最大的电子商务市场,排名前十的欧洲电子零售商其中 4 个就在英国,同时英国是世界上最大的跨境电商出口国之一。2013 年英国在线零售额为 910 亿英镑(约合 1 487.8 亿美元),同比增长 16%。

7) 乐天 Play.com

乐天 Play.com 成立于 1998 年,是英国最大的在线娱乐零售商之一。它聚集超过

3 000卖家和1 500万客户群,最初卖游戏和媒体产品,但是现在发展到多品类。它是唯一允许零售商定制自己店面的电商平台,这使其迅速成长为仅次于亚马逊和eBay英国的第三大在线市场。

8)La Redoute(香格里拉福)

香格里拉福成立于2010年,是法国领先的在线零售商,欧洲第三大电子商务市场。它聚集超过1 000个销售商和1 000万客户,范围覆盖26个国家。香格里拉福主要针对26~35岁的妇女。其产品种类包括男装、女装、内衣、鞋子、饰品、家具和工艺等。但它不卖二手产品。

9)MercadoLivre(魅卡多网)

MercadoLivre是巴西本土最大的C2C平台,相当于中国的淘宝。利用好这个平台有利于了解巴西各类物价指数、消费趋势、付款习惯等市场信息。该平台聚集超过52 000卖家和5 020万注册用户。访问量位列全球TOP50。它覆盖13个国家(巴西、阿根廷、智利、哥伦比亚、哥斯达黎加、厄瓜多尔、墨西哥、巴拿马、秘鲁、多米尼加、巴拉圭、委内瑞拉和葡萄牙)。除电子交易平台之外,还有南美洲最大的类似于支付宝的支付平台,这导致墨西哥和阿根廷等国没有本地化网站。最初,它只是一个拍卖网站,但在今天,它主要还是网络销售平台。考虑到迅速提高的互联网普及率,MercardoLivre能为卖家提供一个巨大潜力的南美市场机遇。

10)Trade Me

Trade Me是新西兰最大的网上交易市场,拥有超过310万会员,每月14亿网页展示。新的和二手货的商店品类包括婴儿用品、书籍、服装、电脑和家庭生活用品。它最初是二手货拍卖市场,是早期eBay翻版,但现在也和新eBay一样,销售新产品。

11)Ozon

Ozon是俄罗斯最大的电商平台,目前占据俄罗斯20%的电商市场份额,未来十年的目标是获取俄罗斯80%的电商市场份额。众所周知,国内淘宝早期充满了很多机遇,很多淘品牌脱颖而出。如今的Ozon,就像当年的淘宝一样,有很多中国卖家已经进驻此平台。俄罗斯比较重要的本土电商平台还有Lamoda、Wildberries、KupiVIP(所有时尚)、Ulmart和Svyaznoy(消费类电子产品)。

12)Otto(奥托集团)

Otto是来自德国领先的电子商务解决方案及服务的提供商,在全球B2C综合排名中,仅次于亚马逊排在第二位,它同时也是全球最大在线服装、服饰和生活用品零售渠道商。其网店出售的商品多达上百万种。出售商品涵盖男女服饰、家用电器、家居用品、运动器材、电脑、电玩等。出售品牌范围极广,基本市面上看得到的品牌都可以在Otto的网店里面找到。除此之外Otto还有其自供品牌,性价比非常高。

据统计,服装是目前为止最重要的品类,女人网络消费 258 亿欧元(男性 225 亿欧元),是网络收入主要来源。这可能是和家庭采购有关。网上购物者 53.4% 是女性。德国三分之二在线零售是通过第三方平台 eBay 和亚马逊,来自独立网站很少。其次是多渠道零售商。服装(116 亿欧元),书籍(53 亿欧元)和电子产品(40 亿欧元)是最热门的三大品类。上述 391 亿欧元不包括数字产品。数字产品(如机票及活动门票)在线零售总额 106 亿欧元,增长 9.3%。德国是世界上网络销售最普及的国家。虽然中国网络消费者数目庞大,但只占总人口的 19%。而德国高达 61%! 超过美国的 60%。电子商务和数字广告在该国重要性毋庸置疑。

13) Jumia

Jumia 是非洲大国尼日利亚最大的电子商务零售公司,目标是打造本土的"亚马逊",出售电子产品、服装、冰箱等各类商品。拥有人口约为 1.6 亿的尼日利亚,电子商务网站却寥寥无几,实体超市和商场数量也极其有限,这为电子商务公司提供了巨大的潜在市场。尼日利亚互联网用户已经达到了 4 000 多万,且增长迅猛。同时,尼日利亚的网购需求正在提高。近几年来,尼日利亚涌现出了各类电子商务网站,包括食品、饮料、房地产、旅游和手机转账业务等。以 Jumia、Konga 和 Dealdey 等为主的电商竞争格局正在形成,"非洲版携程"Hotels.ng 也正在迅速抢占在线旅游市场。

14) Gmarket

Gmarket 是韩国最大的综合购物网站,在韩国在线零售市场中的商品销售总值方面排名第一,主要销售书籍、MP3、化妆品、电脑、家电、衣服等。2010 年 5 月 7 日 eBay 公司宣布,将与韩国电子商务公司 Gmarket 组建合资公司,eBay 出资 1 000 万美元。合资公司将帮助 Gmarket 开拓日本与新加坡市场。

15) Sears(西尔斯)

西尔斯是美国第三大批量商家零售商,互联网零售商 500 强排名第八,聚集超过 10 000 卖家和多达 1.1 亿个产品。它提供自营、大卖家和广告联盟多种营销模式。品类包括电子产品、家居用品、户外生活、工具、健身和玩具等。最流行的品类是草坪和园艺。

4.1.3 跨境电商平台的选择

不同群体适合采用不同的平台,这都跟公司、行业、产品的特点有密切的关系。具体选择不同的跨境电商平台,可以参考以下情形:

①产品价格有优势的卖家,可以选择速卖通,速卖通适合大部分中小卖家,尤其是新入行的卖家。

②产品质量较高,价格也具有竞争优势的企业,适合选择 eBay,但是 eBay 对卖家的

综合实力要求较高,也较严格。因此 eBay 比较适合有一定规模和水平的成熟的卖家。

③有一定品牌知名度的企业,可以选择 Amazon。Amazon 是以产品为驱动的跨境电商推广平台,不但要求产品质量必须具有较强优势,而且还必须要有一定品牌才可以。如果没有品牌,最好不要去做 Amazon。因此,Amazon 适合有实力的品牌商家。

④如果商家是销售单一品类的产品,而且产品供应链非常全,非常有竞争优势,做速卖通很快就可以成功。可以通过速卖通,打价格战,让其他小卖家完全没有竞争能力。把产品不停地传上去,采用厂家出厂价的定价方式,把价格调低,让贸易中间商根本没存活空间。有没有品牌无所谓,只要有价格优势就可以。速卖通就是吸引了很多这种产品厂家入驻。

⑤如果是工厂,可以考虑选择入驻 eBay,但 eBay 门槛较高。由于不同平台正对的目标市场和目标客户群体是不一样的。因此,商家需要根据自己的目标客户群来选择适合的平台。速卖通主要以发展中国家、欠发达国家为主。而 eBay 的目标市场则是成熟市场,市场对产品的品质要求较高。eBay 制定的运营规则是比较偏向买家的,对商家的产品、服务,包括物流都有较高要求。因此,入驻 eBay 的商家只有产品很强是远远不够的,还需要有其他能力,比如本地化的服务等个性化服务能力。

当你分析好得失之后,就要选择一个你最适合的平台去学习如何入驻平台,如何进行订单的处理、发货,产品信息的编辑和发布等工作内容。

4.2 出口订单处理与发货

很多外贸新人跨境电商的第一选择平台就是阿里巴巴的速卖通,从 2016 年开始速卖通全面转型,不仅提高准入门槛,还全面转型做跨境 B2C。随着中国的卖家越来越多,很多卖家拼的是低价格,其实低价策略对以高品质的为核心诉求的国外买家来说其实是一条不可持续的死路。越来越高的运营成本也不鼓励这样的低价路线,速卖通定位于渠道品牌,帮助跨境卖家树立自己的品牌,因此大部分的跨境卖家都选择速卖通平台。本书主要针对这一平台的具体操作做简要介绍。

4.2.1 速卖通订单处理

1)卖家订单处理

买家下单,买家选择产品后,在产品详细信息页面点击"Buy Now",即进入创建订单页面。买家成功填写订单信息并提交后即可生成订单。

特别提醒:

①作为卖家,可以在"交易"—"管理订单"—"进行中的订单"页面中查询订单

信息。

②在买家未付款之前,卖家可以调整价格。如果买家要求调整价格,在双方达成协商之后,可以在"进行中的订单"页面中,选择需要修改折扣的订单,点击"调整价格",进入订单详情页面,对折扣信息进行修改(图 4-2)。如果买家已经付款,卖家则无法再调整交易价格。

图 4-2　卖家订单信息修改

2)买家付款

买家创建订单并确认之后,进入买家付款页面,目前平台支持买家通过Moneybookers、信用卡、借记卡、TT 汇款等多种方式在速卖通平台在线支付货款。买家选择任意一种支付方式后,点击"Pay My Order"即可进入支付页面进行支付。若买家在订单生成后 20 天内不付款,订单将会自动关闭。

如果只设置了人民币收款账户,没有设置美元收款账户,则只能收到买家通过信用卡方式支付的货款。只有在卖家设置了美元收款账户的前提下,买家使用Moneybookers、借记卡和银行汇款付款方式的货款才能被卖家收取。建议设置美元收款账户,提高成单机会。

特别提醒:

①作为卖家,可以在"交易"—"管理订单"—"进行中的订单"页面中查看订单信息。如果买家付款成功,订单状态会显示为"等待您发货"状态(图 4-3)。

②如果买家还未付款,可以通过订单详情查看买家剩余付款时间(图 4-4)。如果

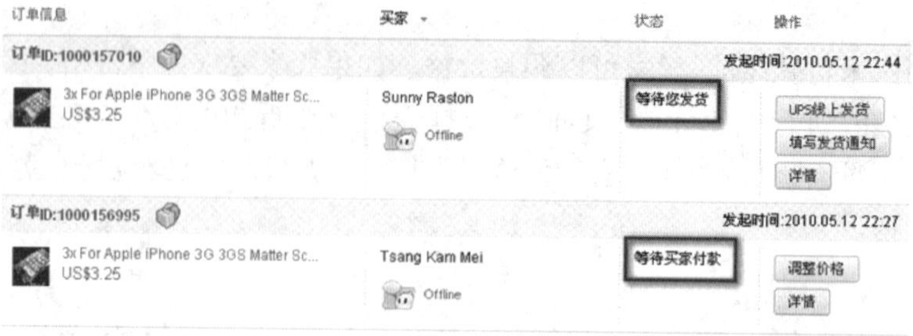

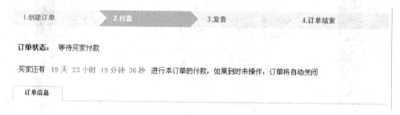

图 4-3　订单付款页面

买家逾期未付款（20 天），订单将会自动关闭。请时刻关注买家付款的剩余时间，提醒买家尽快付款，同时注意在买家付款成功后进行发货。

图 4-4　买家剩余付款时间

终于接到了买家的订单，但现在还不能完全放松，产品包装、发货流程以及发货后的物流跟踪都需要认真仔细地完成。

产品从发货到买家收货，可能会漂洋过海送到地球的另一端，因此就要求产品包装结实。对于比较贵重或易碎的商品，包装的标准则更高了。除了包装商品，正确填写产品包装信息也是非常重要的一项。

完成了商品包装，下一步就要把货物发送出去。完整的发货流程除了实际的线下发货，还包括在线上填写订单中的"发货及物流信息"。

①买家付款成功后，进入"等待卖家发货"状态，可以在"交易"—"管理订单"—"进行中的订单"页面中选择"等待卖家发货"，查询订单信息（图 4-5）。

图 4-5　订单查询页面

②卖家可以自己联系货代公司发货，也可以使用速卖通线上发货功能进行发货，在发货页面，你可以查看剩余的交货时间（图 4-6）。

如果卖家未在交货时间内将货物发出并填写有效货运跟踪号，订单会自动关闭，订

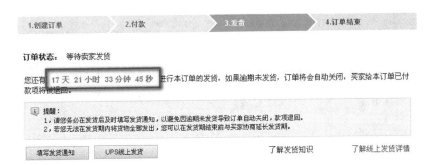

图 4-6 剩余交货时间查询页面

单款项将会退回给买家。这种情况称为"发货超时",属于卖家"成交不卖"行为,该行为在速卖通平台属于违规行为。当判定卖家"成交不卖"后,平台将根据违规的严重程度,按照相关规范对卖家进行处罚。

③卖家发货后,需将正确的发货详细信息填写到"发货及物流信息"一栏中,包括承运方、货运跟踪号、发货状态等,填写完成后点击"提交"即可(图4-7)。

图 4-7 发货及物流信息填页

特别提醒:

①如果卖家全部发货则订单状态显示为卖家已发货,等待买家确认。

②如果卖家部分发货则订单状态显示为部分发货,等待卖家完成发货。

③在卖家交货时间内,请及时与买家沟通,如果在交货时间截止前确认无法发货,可以在截止时间前要求买家延长发货时间。

卖家发货成功并填写发货及物流信息后,订单进入"等待买家收货"阶段。用户可以在"交易"—"管理订单"—"进行中的订单"页面中选择"等待买家收货",查询订单信息(图4-8)。

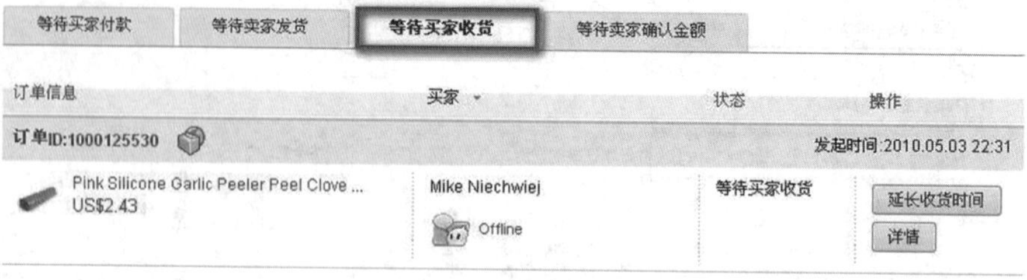

图4-8 订单查询页面

特别提醒：

①如果买家在收货时间内不能按时收到货物,卖家可适当延长买家确认收货的时间,使买家在未收到货物时不至于随意提起退款,保障双方权益及信誉。

②卖家发货后可以告诉买家已经发货,请买家注意查收。

③在买家收到货物之后,卖家应及时与买家沟通验货,进行服务指导,及时跟进买家确认收货和放款。

④如果买家逾期未确认收货,则订单将自动结束,订单款项将会自动支付给卖家。

完成了发货的整个流程,还应该定期查看物流运输情况,进行物流跟踪,以便在出现运输问题或其他情况的时候能够第一时间发现并解决。同时,发货后应该提醒买家,让买家注意收货。至此,完成了发货流程,下一步就是等待买家收货并争取获得买家的好评。

4.2.2 订单操作相关问题

1)如何取消订单

取消订单是需要买家来完成的,如果订单已付款成功,等待卖家发货的状态,需要买家点击 cancel order,卖家同意取消后系统会关闭订单,将款项退回给买家。

如果买家还有操作上的疑问,可咨询客服。

如果是订单在资金审核的阶段,需要在付款成功24小时后才有取消的按钮。订单关闭后,到账时间根据买家银行端的情况有所不同,一般为7个工作日左右。

2)如何修改运单号

若单号填错,在填写发货通知后的5天内可修改运单号。

①填写好运单号之后的5天内,可以在"订单详情"—"发货及物流信息"页面,点击更新物流单号,填写正确的单号即可。

②若发货已经超过5天,无法直接更改单号,可以点击添加备注,将正确运单号写在备注中,并跟买家沟通,告知正确的单号在备注查看。

每个单号发货后的5天内有2次修改机会。

3）怎样查看资金是否到账

买家付款的信息可以在订单详情"资金信息"查看。如果订单详情的页面上提示"资金尚未到账，请在 24 小时资金到账后再发货"，说明目前在款项还未到账，平台正在审核资金的安全情况，在这个阶段请不要发货。

如果订单详情页面上出现发货通知按钮并可以填写，同时会有倒计时提示剩余的发货期，则说明资金已经到了平台的第三方担保账户，可以正常发货，建议在发货期内及时发货。

4）如何操作放款申请

放款申请功能主要分为交易进行中的放款申请及交易结束的放款申请。

交易进行中的请款：①如果订单是邮政包裹和顺丰快递发货的订单，可进行请款。②如果是商业物流发货的订单（如 UPS、DHL、EMS、TNT 等），不需要卖家操作请款，因为平台系统将不断匹配物流信息，如果系统成功匹配到物流妥投，则会将买家确认收货时间会缩短为 5 天。此时，系统会发送邮件通知卖家已经放款申请成功。

交易结束后的放款申请：针对交易完成的订单，可以在"交易"—"资金账户管理"—"放款查询"的"待放款订单"页面中，搜索人民币或美元币种，点击"放款申请"的按钮并提交妥投凭证，平台一般会在 2 个工作日跟进处理，若审核通过，订单将执行放款。

5）怎么修改订单价格

如果需要修改订单的总金额，如想给买家一些折扣，或修改运费等，可以让买家拍下订单时先不要付款，卖家先去调整价格。卖家可以通过点击"调整价格"修改订单金额。

修改后的价格不会展示到买家搜索页面。如买家已付款则无法调整价格，建议和买家协商取消之前的订单，重新下单但不要付款。

6）订单放款后去哪里查

平台放款后，可以在支付宝国际账户中查询款项。如果放款的是人民币，可以登录到"我的速卖通"，在"交易—资金账户管理—支付宝国际账户—我的账户—人民币账户"里核对款项。如果放款的是美元，可以登录到"我的速卖通"，可以在"交易—资金账户管理—支付宝国际账户—我的账户—美元账户"里核对款项。

7）如何延长买家收货期限

当订单处于"等待买家确认收货"状态时方可延长收货时间。首先登录到我的速卖通，在"交易"页面中找到"等待买家收货"的订单。然后，在订单详情页面，直接点击"延长收货时间"并填写具体延长的天数即可。延长的时间是从卖家发货开始算，延迟收货次数不限，但是累计延长的时间上限为 90 天。延长收货时间是按工作日计算的。

8）为什么不能填写发货通知

这是因为订单还处于资金审核阶段,需要等到资金到账后才可以看到发货通知(或者线上发货)的按钮,一般需要 24 小时左右的审核时间。

当订单页面出现填写发货通知按钮并且提示卖家剩余发货期限时,表示款项已经到账,可以发货。在订单审核阶段千万不要发货,若订单未通过审核,订单会自动关闭且退款给买家。

9）交易结束后如何退款给买家

如果订单交易已结束(买家确认收货、买家确认收货超时),或者是平台已经放款的情况下,买家无法在线申请退款,同时交易结束后平台也无法操作退款给买家。如果双方达成协议需要退款,可以线下沟通,可以通过银行转账等方式操作。

10）订单发货超时有什么后果

如果是订单发货超时,订单会自动关闭,款项也会自动退给买家,但同时会产生成交不卖率。如果成交不卖率过高,超过平台的合理值,会一定程度上影响产品的排名。

11）如何查看买家的留言

买家可以通过以下几种方式给卖家留言:

①买家在 TradeManager(国际版旺旺)上留言,请卖家登录 TradeManager 查看。

②买家给卖家发送询盘。速卖通上的询盘是直接发送到卖家的注册邮箱的,速卖通后台不会显示询盘内容,卖家可以登录邮箱查询。

③买家在订单中给卖家留言。请卖家到订单详情中查看订单信息最下方的留言内容。

12）速卖通有了订单怎么安排发货

买家下单支付后,在订单详情页面的订单信息中可以看到买家选择的物流方式。根据买家所选择的快递方式,可以线下联系货代公司发货,也可以使用平台的线上发货。若涉及快递方式变更,请务必与买家联系协商,在买家同意之后更改。

目前平台支持的快递有 DHL、UPS、TNT、FedEx、SF、中国邮政大小包、DHL Globle Mail 和 E 邮宝等。如果和买家协商后使用的不是平台支持的方式,请务必在订单备注中写明运单号和查询网址。

13）订单通知方式怎么设置

速卖通的系统可以设置短信通知,买家一旦下单,系统就会以短信的方式通知。可以登录"我的速卖通"操作页面,点击"产品管理"—"设置通知方式",设置手机号码即可。还可以设置旺旺、邮件通知方式。如果您想更换通知的手机号码,同样可以在这里修改。

4.2.3　订单状态相关问题

1）为什么款项一直显示等待放款

当订单同时满足以下两个条件时，平台将执行放款。

①买家确认收货或收货超时。

②物流妥投（指运单号物流信息显示货物已被签收，且签收信息与订单信息相吻合）。

正常情况是符合上述条件的 3~5 个工作日操作放款，如遇上高峰期放款可能会有所延迟，如果还未放款，请卖家耐心等待，同时卖家可以使用"放款申请"功能，需要上传有效的妥投凭证。放款人员会尽快跟进处理。

可以登录到"我的速卖通—交易—资金账户管理—放款查询"的"待放款订单"页面，搜索相关订单并申请放款。

2）为什么订单会被冻结

首先确认是哪种冻结情况：

①买家下单后立刻冻结：这个阶段冻结是因为买家的订单是在美国时间 7：00—8：30支付的，此时间为银行清算时间，所以这个阶段支付是失败的，系统会自动冻结 8 小时，若 8 小时后核实该订单资金来源无风险，系统会解冻让买家继续支付，若资金存在风险，会自动关闭订单。

②其他订单冻结情况：若卖家账号关闭，正在交易中的订单会被冻结，需要申诉成功后方可解冻；若订单是这种原因被冻结的，请查收平台发送到卖家注册邮箱的邮件，邮件中会注明需要卖家提供证明资料，请按邮件操作即可。

如买家未收到货，但提前误点了确认收货，买家向平台反馈后，平台会暂时冻结该笔订单。待买家回复货已收到后，会解冻放款给卖家。

3）已经付款的订单为什么被关闭了

为了保证交易的安全性，保障卖家的利益，降低后期因为盗卡等原因引起的买家拒付风险，平台会在 24 小时内对每一笔买家支付的订单（信用卡支付的）进行风险审核。如果监测到买家的资金来源有风险（如存在盗卡支付等风险）的情况下，支付信息将无法通过审核，订单会被关闭。

订单资金审核不通过，不会影响卖家的账户。订单关闭后，无法重新开启。平台会通知买家申诉，如果买家提供的证明审核通过，可以让买家重新下单付款。

4）退款给买家需要多久到账

买家取消订单或双方达成协议后，速卖通平台上有款项退还给买家，根据买家支付方式不同到账时间也有所不同：

①如果买家用信用卡支付的订单退款一般需要 2~7 个工作日(取决于买家信用卡发卡行)。

②QIWI 付款的订单退款一般是即时到账。

③T\T 付款的订单退款一般需要 7 个工作日左右(取决于买家的开户行)。

5) 资金到账要多久

买家使用信用卡支付后,订单资金审核阶段一般为 24 小时左右。若资金来源无风险会在 24 小时后提醒可以发货。订单审核期间,无法填写物流运单号,这时请不要发货,等到可以填写运单号时再发货。

6) 哪些情况下的评价不算积分

最终成交金额在 5 美元以下的订单产生的评价不计算积分(如买家取消订单,最终全额退款给买家)。

4.2.4 订单跟进相关问题

1) 如何联系买家

卖家可以通过以下几种方式与买家取得联系。

①卖家可以通过站内信回复买家:如果买家之前发送过询盘,卖家可以到站内信中找到该买家,写好留言,点"send"即可发送留言。

②卖家可以点击订单页面"I'm online Chat Now!"或"offline"通过即时聊天工具 TradeManager、页面留言与买家取得联系。

③卖家还可以点击订单详情右下角的"留言"给买家留言。

④另外,卖家可以通过买家在收货信息地址一栏留下的联系信息(如电话)与买家进行联系,如果买家下单时选择让卖家看到自己的邮箱,那么也可以直接发邮件给买家。

2) 买家拍下多个订单可否用同一运单号

如果买家拍下多个订单,想用一个包裹发给买家,可以跟买家沟通,经买家同意后,用一个包裹发多个订单的货物,并使用同一个运单号填写多个发货通知即可。

平台会对卖家填写的单号进行检测,请不要填写虚假的单号和已经使用过的单号。

3) 忘了填写发货通知怎么办

卖家发货超时未填写发货通知,订单会自动关闭并退款给买家。如果能追回货物赶紧联系物流公司,如果不能追回货物则联系买家讲明情况看是否可以让买家重新下单。

若订单还提示资金尚未到账时千万不要发货,需等到订单页面出现填写发货通知后再发货,以免造成货款两失的损失。

4）买家需要提供什么证明来申诉未通过审核的订单

买家需要提供以下申诉证明：

①信用卡正反面影印件（A copy of the Cover side of your Credit Card）。

②身份证正反面影印件（A copy of your business license or your ID card）。

③最近一个月的银行账单（A copy of the credit card bank statement）。

买家需提供这些证明来说明是用自己的信用卡支付的。建议联系买家查看其注册邮箱，待证明确认后，买家就可以在速卖通通过相关信用卡进行交易。

5）如何使用订单管理系统管理所有订单

全球产品复制系统中的订单管理操作比较简单，自动下载速卖通多个店铺订单，导出所有待发货或是已发货等自己的需求单，可以根据各个物流需要进行修改编辑，OK之后直接打印，对一些陈旧单据可以直接忽略。

订单管理可以使用第三方软件进行操作打印，如全球产品复制系统中的订单处理。系统在关闭订单的同时已经发邮件通知到买家的注册邮箱了，如果买家有疑问，可咨询速卖通客服。如果买家的申诉证明能通过审核，可以重新下单。

4.2.5　速卖通如何发货

速卖通发货流程如图 4-9 所示。

图 4-9　速卖通发货流程

（1）线上发货，选择物流方案

①买家支付订单后，选择要发货的订单，点击"线上发货"按钮（图 4-10），进入选择物流方案页面（图 4-11）。

②选择"DHL Express-CN"，点击"下单发货"（图 4-12）。

（2）填写发货预报，确认预报信息，提交物流订单

①基本信息，包括国内快递承运方，国内货运追踪号，快递包裹件数及是否含锂电池四项（图 4-13）。

注意：如果订单需要分多个包裹发货，产生了多个货运追踪号，请点击"+增加货运跟踪号"，务必把同一个订单的所有货运追踪号填入到同一预报信息里。

②商品信息，包括中、英文商品描述，海关商品编码，产品件数四项（图 4-14）。

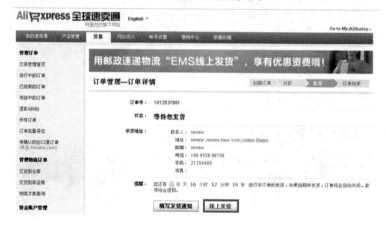

图 4-10　选择要发货的订单

图 4-11　选择物流方案

注意：

a.如果交易订单包含多个需要申报的品名,请点击"+增加商品描述"填入相应的信息。

b.请注意品名描述要求:品名填写必须准确、详细。服装需要填写品名、纺织造法、款式、类别和成分含量等;玩具需要填写品名、用途和种类等。

c.发件人有义务与责任确保通过线上发货提供的产品品名和货值与实际货物相符,并承担违反此原则带来的一切损失。

③申报信息,包括申报人姓名、联系方式、申报金额及备注信息四项(图 4-15)。

注意：

a.申报人姓名需填入英文格式。

b.海关规定对产品申报价值超过 USD600 的快递运输货物,需要按要求正式报关。

c.其他信息请填入备注信息框中。

图 4-12　下单发货

图 4-13　基本信息

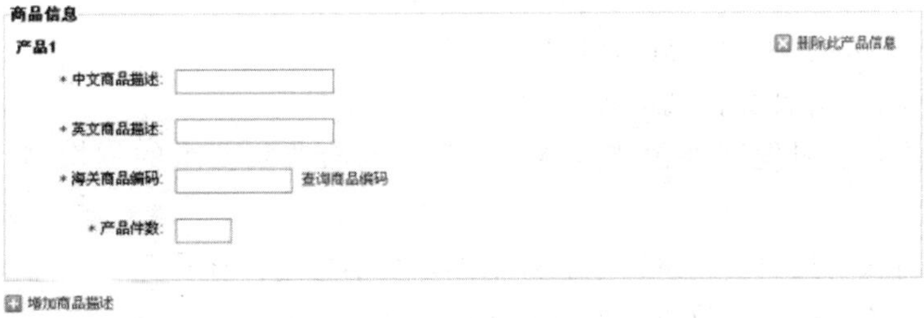

图 4-14　商品信息

④收货信息,包括收货人姓名、联系方式和地址等七项(图 4-16)。

注意:

a.该收货信息为订单中买家选择的收货信息,请确认相关信息无误。

b.如已和买家协商修改收货信息,请点击"修改收货地址"。

申报信息

* 申请人姓名：
* 联系方式：
* 申报金额：US $
  备注信息：

图 4-15　申报信息

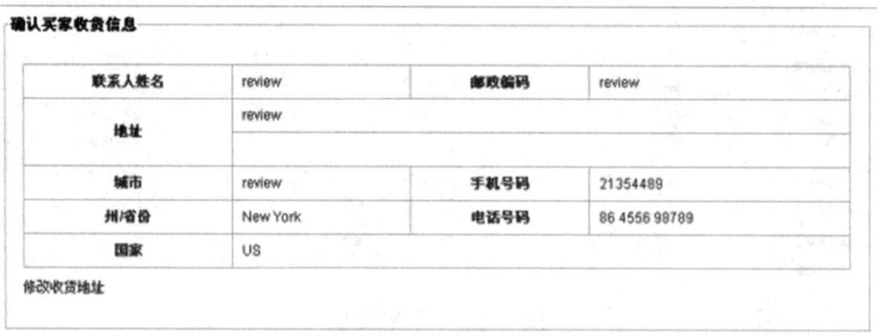

确认买家收货信息

联系人姓名	review	邮政编码	review
地址	review		
城市	review	手机号码	21354489
州/省份	New York	电话号码	86 4556 98789
国家	US		

修改收货地址

图 4-16　收货信息

c.仓库将根据卖家所做预报中的收货信息打印国际面单并且入库。

⑤预报成功,等待仓库收货(图 4-17)。

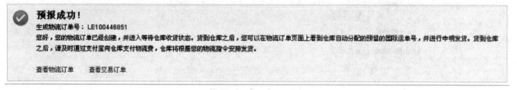

预报成功！

生成物流订单号：LE100446851

您好,您的物流订单已经创建,并进入等待仓库收货状态。货到仓库之后,您可以在物流订单页面上看到仓库自动分配的预留的国际运单号,并进行申明发货。货到仓库之后,请及时通过支付宝向仓库支付物流费,仓库将根据您的物流指令安排发货。

查看物流订单　　查看交易订单

图 4-17　预报成功

(3)将货物发送到阿里巴巴合作物流仓库

(4)仓库收货并计算物流运费,并反馈国际运单号

①仓库在收货时发现外包装严重破损等不符合收货要求的货物,会直接拒收或退货。

②仓库有权对接收货物进行查验并根据系统信息进行查验。

③仓库收货时会对货物进行称重和包装尺寸的测量。

④本期提供的服务对货物质量和包装尺寸的限制为:单件限重 70 千克;1×长+2×宽+2×高不超过 330 厘米;单边最大尺寸 270 厘米。

货物正常入库后,会反馈国际运单号,可以返回到交易订单并填写发货通知。在合理的国内运输时间后还没有看到仓库的收货信息,请联系国内物流公司或仓库服务人员确认货物的状态。

（5）支付宝支付物流费用

系统根据仓库反馈的货物的质量和包装尺寸计算出国际物流费用，请直接点击物流后台的支付按钮进行支付。进入支付宝支付页面，通过支付宝的即时到账功能将物流运费直接支付到上海泓丰国际货物运输代理有限公司提供的支付宝账户。

需要注意的是，支付的物流费用中，包含以下几项：

①物流运费（按照实际仓库测量为准，体积重与实重取较大的计费）及燃油附加费。

②报关代理费 5.00 元/票。

③仓库操作费 2.00 元/票。

④仓库贴标费 0.20 元/票。

⑤根据实际情况，还可能产生以下费用（以下费用皆为实际产生后才会收取）：包装费 4.00 元/次；偏远地区附加费。

（6）仓库发货给买家

系统收到支付宝支付成功的确认后，将告知仓库发货。仓库会根据卖家的物流指令安排发货，并反馈发货信息。系统收到仓库的发货信息后，将系统邮件形式通知卖家。如果已申请退货，仓库工作人员会与卖家确认退货事宜，安排退货。

（7）填写发货通知

使用该服务仍需要在交易订单处填写发货通知，将交易订单变成"卖家已发货"的状态。可在两个时间得到国际物流运单号信息：货物入库后和仓库发货后。得到国际物流订单号后即可填写发货通知，承运方请选择"DHL"。

4.3　出口报关工作

4.3.1　跨境电子商务出境货物的通关流程

按照已向海关发送的订单、支付以及物流等信息，卖家需要如实逐票办理通关手续。《货物清单》《物品清单》以及《进出口货物报关单》应采用通关无纸化作业方式进行申报。电子商务企业在以《货物清单》方式办理申报手续时，应该按照一般进出口货物有关规定办理征免税手续，并提交相关许可证件。个人在以《物品清单》方式办理申报手续时，应该按照进出境个人邮寄物品有关规定办理征免税手续，属于进出境管制的物品，需提交相关部门的批准文件。办理电子商务进出境货物报关手续采取"清单核放、汇总申报"方式。

1）申报

①出口货物的发货人在根据出口合同的规定,按时、按质、按量备齐出口货物后,即应当向运输公司办理租船订舱手续,准备向海关办理报关手续,或委托专业(代理)报关公司办理报关手续。

②需要委托专业或代理报关企业向海关办理申报手续的企业,在货物出口之前,应在出口口岸就近向专业报关企业或代理报关企业办理委托报关手续。接受委托的专业报关企业或代理报关企业要向委托单位收取正式的报关委托书,报关委托书以海关要求的格式为准。

③准备好报关用的单证是保证出口货物顺利通关的基础。一般情况下,报关应备单证除出口货物报关单外,主要包括托运单(即下货纸)、发票一份、贸易合同一份、出口收汇核销单及海关监管条件所涉及的各类证件。

申报应注意的问题:出口货物的报关时限为装货的 24 小时前。不需要征税费、查验的货物,自接受申报起 1 日内办结通关手续。

2）查验

通过核对实际货物与报关单证来验证申报环节所申报的内容与查证的单、货是否一致,通过实际的查验发现申报审单环节所不能发现的有无瞒报、伪报和申报不实等问题。通过查验可以验证申报审单环节提出的疑点,为征税、统计和后续管理提供可靠的监管依据。海关查验货物后,均要填写一份验货记录。验货记录一般包括查验时间、地点、进出口货物的收发货人或其代理人名称、申报的货物情况,查验货物的运输包装情况(如运输工具名称、集装箱号、尺码和封号)、货物的名称、规格型号等。需要查验的货物自接受申报起 1 日内开出查验通知单,自具备海关查验条件起 1 日内完成查验,除需缴税外,自查验完毕 4 小时内办结通关手续。征税:根据海关法的有关规定,进出口的货物除国家另有规定外,均应征收关税。关税由海关依照海关进出口税则征收。需要征税费的货物,自接受申报 1 日内开出税单,并于缴核税单 2 小时内办结通关手续。

3）旅行

①对于一般出口货物,在发货人或其代理人如实向海关申报并如数缴纳应缴税款和有关规费后,海关在出口装货单上盖"海关放行章",出口货物的发货人凭之装船起运出境。

②出口货物的退关:申请退关货物发货人应当在退关之日起三天内向海关申报退关,经海关核准后方能将货物运出海关监管场所。

③签发出口退税报关单:海关放行后,在浅黄色的出口退税专用报关单上加盖"验讫章"和已向税务机关备案的海关审核出口退税负责人的签章,退还报关单位。在我国每天大约出口价值 1.5 亿美元的货物,出口核销退税每延迟一天,都会给广大客户造成很大损失。如何加快出口核销退税速度呢? 在单证操作方面最重要的一点就是正确

填写出口报关单。报关单的有关内容必须与船公司传送给海关的舱单内容一致,才能顺利地核销退税。对海关接受申报并放行后,由于运输工具配载等原因,部分货物未能装载上原申报的运输工具的,出口货物发货人应及时向海关递交《出口货物报关单更改申请单》及更正后的箱单发票、提单副本进行更正,这样报关单上的内容才能与舱单上内容一致。

4) 征收税费

海关对进出口货物收发货人或其代理人申报的货物查验后。计算应缴纳的关税、进口环节增值税、消费税、滞纳金、滞报金等税费,开具关税和代征税缴款书或收费专用票据。纳税义务人或其代理人,应当自海关填发税款缴款书之日起 15 日内向指定银行缴纳税款。逾期缴纳税款的,海关自缴款期限届满之日起至缴清税款之日止,按日加收滞纳税款 0.5‰的滞纳金,滞纳金的起征额为人民币 50 元,不足人民币 50 元的免于征收。纳税义务人应当自海关填发滞纳金缴款书之日起 15 日内向指定银行缴纳滞纳金。

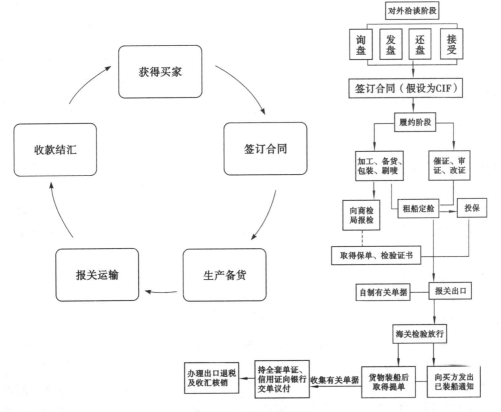

图 4-18　征收税费流程

消费者在电商平台购买产品之后,电商企业通过服务平台向海关提交商品交易数据订单,物流企业通过服务平台向海关提交商品物流数据运单,支付企业通过服务平台

109

向海关提交资金结算数据支付单。

服务平台在接受订单、运单、支付单信息后，自动进行"四限"（限企业、限品种、限数量、限金额）审核并生成《跨境贸易电子商务商品进口申报单》向海关申报。海关在通关系统对申报单进行审核，申报单据有货物报关单同等法律效力。

申报单放行后，仓储企业根据放行信息理货，在海关工作人员的监控下，粘贴运单并通过自动分拣系统实行自动分拣。自动分拣放行的包裹由仓储企业在通关系统中归并生成载货清单，卡口凭海关放行信息，在通关系统中核注载货车辆清单，准予物流企业车辆出区。海关将按照规定对商品进行风险布控并实施查验。

4.3.2 海关对跨境贸易电子商务进出境货物、物品的监管

1) 监管要求

①电子商务企业或个人通过经海关认可并且与海关联网的电子商务交易平台实现跨境交易进出境货物、物品的，按照本公告接受海关监管。

②电子商务企业应提交《中华人民共和国海关跨境贸易电子商务进出境货物申报清单》（以下简称《货物清单》），采取"清单核放、汇总申报"方式办理电子商务进出境货物报关手续；个人应提交《中华人民共和国海关跨境贸易电子商务进出境物品申报清单》（以下简称《物品清单》），采取"清单核放"方式办理电子商务进出境物品报关手续。《货物清单》《物品清单》与《进出口货物报关单》等具有同等法律效力。

③存放电子商务进出境货物、物品的海关监管场所的经营人，应向海关办理开展电子商务业务的备案手续，并接受海关监管。未办理备案手续的，不得开展电子商务业务。

④电子商务企业或个人、支付企业、海关监管场所经营人、物流企业等，应按照规定通过电子商务通关服务平台适时向电子商务通关管理平台传送交易、支付、仓储和物流等数据。

2) 企业注册登记及备案管理

①开展电子商务业务的企业，如需向海关办理报关业务，应按照海关对报关单位注册登记管理的相关规定，在海关办理注册登记。

上述企业需要变更注册登记信息、注销的，应按照注册登记管理的相关规定办理。

②开展电子商务业务的海关监管场所经营人应建立完善的电子仓储管理系统，将电子仓储管理系统的底账数据通过电子商务通关服务平台与海关联网对接；电子商务交易平台应将平台交易电子底账数据通过电子商务通关服务平台与海关联网对接；电子商务企业、支付企业、物流企业应将电子商务进出境货物、物品交易原始数据通过电子商务通关服务平台与海关联网对接。

③电子商务企业应将电子商务进出境货物、物品信息提前向海关备案，货物、物品

信息应包括海关认可的货物 10 位海关商品编码及物品 8 位税号。

3）电子商务进出境货物、物品通关管理

①电子商务企业或个人、支付企业、物流企业应在电子商务进出境货物、物品申报前，分别向海关提交订单、支付、物流等信息。

②电子商务企业或其代理人应在运载电子商务进境货物的运输工具申报进境之日起 14 日内，电子商务出境货物运抵海关监管场所后、装货 24 小时前，按照已向海关发送的订单、支付、物流等信息，如实填制《货物清单》，逐票办理货物通关手续。个人进出境物品，应由本人或其代理人如实填制《物品清单》，逐票办理物品通关手续。除特殊情况外，《货物清单》《物品清单》《进出口货物报关单》应采取通关无纸化作业方式进行申报。

③电子商务企业或其代理人应于每月 10 日前（当月 10 日是法定节假日或者法定休息日的，顺延至其后的第一个工作日，第 12 月的清单汇总应于当月最后一个工作日前完成），将上月结关的《货物清单》依据清单表头同一经营单位、同一运输方式、同一启运国/运抵国、同一进出境口岸，以及清单表体同一 10 位海关商品编码、同一申报计量单位、同一法定计量单位、同一币制规则进行归并，按照进、出境分别汇总形成《进出口货物报关单》向海关申报。

电子商务企业或其代理人未能按规定将《货物清单》汇总形成《进出口货物报关单》向海关申报的，海关将不再接受相关企业以"清单核放、汇总申报"方式办理电子商务进出境货物报关手续，直至其完成相应汇总申报工作。

④电子商务企业在以《货物清单》方式办理申报手续时，应按照一般进出口货物有关规定办理征免税手续，并提交相关许可证件；在汇总形成《进出口货物报关单》向海关申报时，无须再次办理相关征免税手续及提交许可证件。个人在以《物品清单》方式办理申报手续时，应按照进出境个人邮递物品有关规定办理征免税手续，属于进出境管制的物品，需提交相关部门的批准文件。

⑤电子商务企业或个人修改或者撤销《货物清单》《物品清单》，应参照现行海关进出口货物报关单修改或者撤销等有关规定办理，其中《货物清单》修改或者撤销后，对应的《进出口货物报关单》也应做相应修改或者撤销。

⑥《进出口货物报关单》上的"进出口日期"以海关接受《进出口货物报关单》申报的日期为准。

⑦电子商务进出境货物、物品放行后，电子商务企业应按有关规定接受海关升展后续监管。

4.4　出口商品拍摄及图片处理

对店铺的装修和设置也是非常重要的一个步骤,对跨境新人进行店铺设置和装修时,建议可以在跨境平台找出行业优秀者,通过观察其店铺的装修、设置、描述进行参考和学习。这里的重点是一定要有自己的特色,无论是热销款式,还是交易条款等。产品标题的设置最好是设置产品的核心关键词,这样有利于后期的搜索引擎推广。产品图片的拍摄以真实为佳,因为国外客户的消费跟国内的淘宝还是有一点区别,国内淘宝现在的图片拍得美轮美奂,但是这其实并不真实,而跨境电商平台照片的核心特征是真实,并且要翔实。而对产品的描述必须要用心和专业,因为跨境平台的交易模式很多是不交流的,国外买家更习惯于看产品的详细描述,自助下单,所以应该有非常详细的产品描述。

4.4.1　产品标题的设置

1)设置标题和关键词

标题和关键词直接影响排序曝光!产品标题和关键词支持站、内外关键字搜索。卖家的产品标题、关键词的匹配度,会影响卖家的产品在搜索结果页面的排序曝光。同时,一个专业的产品标题能让卖家从搜索页面上万的优质产品中脱颖而出,吸引买家进入产品详情页。

2)填写优质的标题

优质的产品标题应该包含买家最关注的产品属性,能够突出产品的卖点,主要应该包含以下信息:

①产品的关键信息以及销售的亮点。

②销售方式及提供的特色服务。

③买家可能搜索到的关键词。

一般可采用:物流运费+服务+销售方式+产品材质/特点+产品名称(中心词)。根据不同的产品要求,其他的信息包含品牌、状态、颜色和类型等。字符不要太多,尽量准确、完整、简洁。

3)选择产品标题的中心词(产品关键词)

产品标题的中心词以及产品关键词是影响卖家产品排序的核心关键词。往往可以通过热卖推荐来达到效果。通过卖家频道的热卖推荐栏目,查看平台买家热搜关键词。

4)产品标题填写的误区

在编辑产品标题时,切勿用同义词或近义词堆砌,否则会导致产品排序降权靠后,影响检索的排名顺序。

4.4.2　产品图片制作

1）产品图片制作的重要性

有冲击力的高品质产品图片能大大提升目标客户的购买欲望。质量差的图片无法激发用户的购买欲望,还平添买家对公司的负面印象,图片差—产品差—公司差! 虽然图片质量与产品质量、公司形象没有本质联系。但其实大多数买家都是感性的人,几乎所有买家都是通过网站中的产品图片来直观感受产品质量和公司形象。

产品图片是对产品文字描述的补充。产品图片既能显示产品的样子,也能让客户看到产品的价值,因此产品图片的质量就很重要。同时应当选择那些能够显示客户所关心的有关细节的产品图片,这样才能对他们的浏览行为进行支持。

好的产品图片为买家带来良好的体验。提供丰富的、各个角度及局部放大的图片,让顾客看得更加清楚,处理好背景、模特、拍摄光线,做无损的缩放处理等,让顾客充分了解产品和感受到网站的认真态度,从产品展示开始认真对待才可能会有认真的销售和售后服务。

相反,简陋的产品图展示功能和粗糙的产品图片都是不合适的,这是对顾客的不尊重,这种店铺就不要指望顾客会来购物,会相信你卖的是质量好的产品了。

2）设置动态多图

113

在上传商品图片的时候,卖家可以选择"动态"。"动态多图"功能允许卖家为每个商品最多上传 6 张展示图片,6 张图片动态显示,能够全方位、多角度地展示店铺的产品,大大提高买家对店铺产品的兴趣。"好图胜千言、无图无真相",图片是吸引买家关注的第一要素。全方位、多角度的图片会让产品脱颖而出,吸引买家的注意力,促使买家详细了解该产品,从而放心下单付款。然而很多卖家却受制于图片银行空间容量的限制,不能将精美的产品图片全部展示出来。

为了切实解决卖家的困扰,帮助卖家提升产品的交易竞争力,平台特别推出动态多图功能。

(1)动态多图的含义

动态多图是卖家在发布产品时,可以上传 6 张产品主图(建议多角度拍摄),如图4-19 所示。这样,买家可以更清楚地了解店铺详细的产品信息。

(2)动态多图功能的使用

在新发产品或者对已发产品进行编辑时,选择产品图片旁边的"动态"选项,然后选取相应的产品图片即可(图 4-20)。

3）图片处理的技巧

借助适当的光线可提高整个物品的亮度,尽量使用与物品形成鲜明对比的背景。

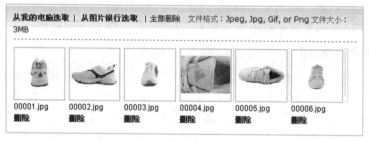

图 4-19　买家页面前台展示效果参考图

*产品图片　◯ 静态　◉ 动态

从我的电脑选取 ｜ 从图片银行选取 ｜ 全部删除　文件格式：Jpeg, Jpg, Gif, or Png 文件大小：3MB

00001.jpg　　00002.jpg　　00003.jpg　　00004.jpg　　00005.jpg　　00006.jpg
删除　　　　　删除　　　　　删除　　　　　删除　　　　　删除　　　　　删除

图 4-20　商品图片呈现

可利用一块平整的有颜色的布作为背景,以便突显出店铺的物品。纯白色背景可以为黑色物品以及某些珠宝带来很强烈的对比效果。

避免使用杂乱的背景,否则会转移买家的注意力,或者让他们搞不清哪一件是店铺要卖的东西。将相机的分辨率设置为适中的大小(例如 1 024×768 像素)。从某个角度近距离地拍摄一些物品的细节部分,可以较好地展示物品材料和质地。

图片应拍摄得足够大,从各个方面展示物品的细节部分,必要时可以让图片占满整个图片框。拍摄物品的某些细节和多角度(正面、背面、侧面、顶部)的特写,以便潜在买家可以全面地了解物品的实际情况。必要时可以在图片上注明尺寸信息。考虑采用三脚架在室内光线下进行拍摄,拍摄时建议不用闪光灯,以使图片更清晰。

4)处理图片的方法

图片上传到本地电脑后,通常可以用图片编辑软件来优化效果。例如可以使用

Photoshop 或者其他图片编辑软件来对图片进行处理。现在已经有很多非常好用的图片处理软件,不需要专门用 PS 软件来进行处理,大大地降低了图片编辑和处理的难度。尤其在当前信息要求真实性强的特点下,尽可能地保留图片的真实性是处理图片的关键。过分美化的图片,反倒会使买家望而却步。

通常可以尝试以下几种操作:

①裁剪图片,删除所有不必要的背景。

②平衡对比度和亮度。

③对图片进行锐化处理。

④调整大小,可以将图片文件调整至约 200(高)× 200(宽)像素。

4.5　出口商品收款与售后服务

如果卖家的商品很受欢迎,可能会收到不少竞标或者询问。如果商品描述不够详细的话,卖家毫无疑问也会收到买家的进一步咨询。其中,肯定会有不少有价值的。当然,某些买家的咨询也会让卖家怀疑他们根本就没看竞标商品。不过,还是建议卖家回答客户所有的提问。如此为之,肯定会提高卖家拍品的销售可能性。

但凡有买家购买了你的商品,如果你想给买家留下一个好印象,最好发送一封 E-mail,告诉客户,货物已开始运输。很多海外买家都喜欢这种方式,因为他们可以由此推算出到货时间。如果卖家有包裹追踪号码,最好也能一并提供。

在货物送出的数天或者数周后,卖家需要和客户确认是否到货,并咨询一下买家是否喜欢该货物。最好还能够在跟踪邮件中加入感谢的语句。卖家应当感谢每一个有过合作的买家,并表示希望以后继续交易。当今社会,虽然很多客户的确希望能再次合作,已经很少有卖家愿意为此表示谢意了。写些感谢的语句虽然会占用你几分钟,但是有时这会成为客户再次上门的理由。

高买家满意度可以给卖家带来额外的交易,能够影响产品的排序曝光,还会影响其他买家的购买行为,对卖家的星级评价和享受到资源也会产生影响。因此,买家满意度对卖家非常重要,而售后服务则是影响买家满意度的重要方面,本文将从 3 个方面讲解如何做好售后服务,从而提高买家满意度。

售后买家可能对交易还存在诸多疑问,这时卖家就需要掌握一些沟通技巧,做好售后服务,及时化解纠纷,让老买家成为店铺的交易"稳定器"。售后的沟通需要注意以下几点:

1) 主动联系买家

卖家在交易过程中最好多主动联系买家。买家付款以后,还有发货、物流、收货和评价等诸多流程,卖家需要将发货及物流信息及时告知买家,提醒买家注意收货。这些沟通,既能让卖家即时掌握交易动向,又能让买家感受到卖家的重视,促进双方的信任与合作,从而提高买家的购物满意度。此外,出现问题及纠纷时卖家也可以及时妥善处理。

2)注意沟通的方式

一般情况下,卖家尽量以书面沟通方式为主,应该避免与国外买家进行语音对话。用书面的形式沟通,不仅能让买卖双方的信息交流更加清晰、准确,也能够留下交流的证据,利于后期可能有的纠纷处理。卖家要保持旺旺在线,经常关注收件箱信息,对买家的询盘要即时回复。否则,买家很容易失去等待的耐心,卖家也很可能错失买家再次购买的机会。

3)注意沟通时间

由于时差的缘故,在卖家日常工作(北京时间 8—17 点)的时候,会发现大部分国外买家的即时通信都是离线的。当然,即使国外买家不在线,卖家也可以通过留言联系买家。不过,还是建议供应商应尽量选择买家在线的时候联系,这意味着卖家应该学会在晚上联系国外买家。因为这个时候买家在线的可能性更大,沟通效果更好。

4)学会分析买家

首先要了解卖家所在地的风俗习惯,了解不同国家的语言文化习惯,以便沟通时拉近和买家的距离,并且有针对性地对买家进行回复。其次要学会从买家的文字风格判断买家的性格、脾气。如买家使用的语言文字简洁、精练,则可判断其办事风格可能是雷厉风行、不喜欢拖泥带水的。卖家若根据买家的性格、脾气,积极调整沟通方式,能促进双方沟通的顺利进行。

4.6 出口商品物流与配送工作

4.6.1 出口物流方式介绍

要想顺利地完成一笔交易,可靠而快捷的国际物流环节是必不可少的。但刚开始时卖家如何选择适合自己的物流呢? 首先,可以使用速卖通平台支持的 EMS、UPS、DHL、FedEx、TNT、顺丰、国际 e 邮宝、DHL Global Mail、香港邮政航空包裹和中国邮政航空包裹等快递运输方式。

卖家可以从运费、安全度、运送速度以及买家的实际需要 4 个方面对物流公司进行考量。以上几个方面结合起来,再根据卖家的实际情况选择适合自己的物流。此外,国际快递与国内快递存在诸多不同,见表 4-1。

表 4-1　国内快递和国际快递的区别

	国内快递	国际快递
运输方式	圆通、申通、宅急送等	EMS、TNT、DHL、UPS、FedEx、SF、Hongkong Post、China Post
产品包装信息	不用填写	需要填写产品包装后的体积和质量,以便正确地计算运费
快递运费计算方法	一般按件计算	按照产品包装体积、质量、买家所在地区、采购量,再根据不同物流公司的不同运费标准和运费计算公式计算
货运时间	周期短	周期稍长
货物跟踪信息	卖家发货后,要填写有效发货通知和货运跟踪号,以方便货物跟踪和放款	

4.6.2　新手如何选择物流

表 4-2　不同物流公司对比

物流方式		费用	到达时间	追踪性	通达范围及特点
商业快递	UPS	价格偏高: 有官方公布价; 首重 0.5 kg,续重 0.5 kg; 计抛(体积重和包裹实重取价高者); 燃油费(每月更新); 其他附加费	一般 2~4个工作日	官方网站实时跟踪	通达全球大多数国家地区,优势地区: UPS—北美地区 DHL—欧洲地区 FedEx—东南亚地区 TNT—中东和东欧
	DHL				
	FedEx				
	TNT				
EMS		中等: 首重 0.5 kg,续重 0.5 kg; 不计燃油费; 不计抛; 不计偏远地区附加费; 报关费 4 元	4~7个工作日	提供派送跟踪,一般从出口国到进口国境内,才开始有进口国跟踪信息	中国海关通关能力相对较强

续表

物流方式	费用	到达时间	追踪性	通达范围及特点
专线	介于航空包裹和 EMS 之间	时效稍慢于商业快递,7~10 天	可以跟踪	重点航线:中美、中澳、中欧等。目前平台将会引进中美专线
航空小包(谨慎使用)	各方式中最便宜:不计燃油费;不计体积;小包:首重续重 100 g,<2 kg;大包:首重续重 1 kg,<30 kg。另有挂号费、保价费与手续费等杂费项	利用剩余运力运输,时效不稳定(在运输旺季,可能造成延误)	挂号件一般能查到出境记录,小部分国家可查到派送信息(并非所有包裹可查,丢包可能性大)	可以通达全球大部分国家,但平台仅支持 26 个国家,且要求卖家挂号

从买家的角度出发,卖家应该为买家所购买的货物做全方位的考虑,包括运费、安全度、运送速度、是否有关税等,见表 4-2。

尽量在满足物品安全和速度的情况下,为买家选择运费低廉的服务。EMS 无论服务还是时效性都比其他四大国际快递公司(UPS、DHL、TNT、FedEx)要逊色,但 EMS 的价格优势是非常明显的。商品运输不需要精美的外包装,重点是安全快速地将售出的商品送达买家手中。即使拥有再多的经验,也无法估计所有买家的情况,所以把选择权交给买家更为合适,只需要在物品描述中表明所支持的运输方式,再确定一种默认的运输方式,那么如果买家有别的需要自会联系卖家。

有的买家可能适合多种运送方式,卖家可以写出常用的方式及折扣,为买家省去部分运费,也为卖家挣得更多的回头客。

配送案例:陈先生在北京,现需要给澳大利亚的买家发送物品,买家希望能够以较低廉的运费,在 1 周内收到货物。订单不大,是一个首饰盒,物品价值不高。该用何种方式、何种具体方法才能在最短时间内,以相对便宜的价位安全地寄出? 大概要花多少钱? 多少时间? 如何查询是否到达?

陈先生首先打电话给物流代理查询相关邮寄方式,由于是小礼品质量约为 300 克,物流工作人员建议陈先生可以选择国际 EMS(到达时间 5~7 天),或者选择价格相对较贵的 DHL 包裹(到达时间 2~4 天),但价格是 EMS 的 1 倍。

除了邮政提供的 EMS 国际快递,还有几家大的快递公司也提供同样的服务,如UPS、FedEx、DHL、TNT。目前这五个快递物流都提供快递状态查询服务。

陈先生称量了包裹(质量 304 克)后,再次打电话询问包裹的运费。

中国邮政：

EMS 快递：5~7 天,新西兰属于邮政运送国家的四区,120 元(具体请以中国邮政为准)。

其他快递：

UPS：300.5 元(由第三方保险公司提供保价服务)；

FedEx：203 元(由第三方保险公司提供保价服务)；

DHL：292.5 元(由第三方保险公司提供保价服务)；

TNT：289.9 元(由第三方保险公司提供保价服务)。

(以上所有数据仅供参考,具体请以服务提供方为准。)

最终陈先生选择了使用 EMS 作为发货物流。

4.6.3　产品包装技巧

物流过程中,必不可少的就是需要对货品进行包装,以保证在运输过程中,货物安全、完整地送到买家手中。因此,需要特别注意对货物的包装,尤其是国际长途运输的货物。

1)包装

如果有多件物品,要把每件物品都分开放置,为每件物品都准备充足的缓冲材料(泡沫板、泡沫颗粒、泡沫、皱纹纸)。需要注意的是颗粒缓冲材料可能会在运输过程中移动,所以采用颗粒材料,一定要压紧压实。

2)打包

使用一个新的坚固的箱子,并使用缓冲材料把空隙填满,但不要让箱子鼓起来。如果是旧箱子,要把以前的标签移除,而且一个旧箱子的承重力是不如新箱子的,需要确保它足够坚固。

3)封装

用宽大的胶带(封箱带)来封装,不要用玻璃胶,再用封箱带把包装拉紧(封箱带用十字交叉的方法拉紧,如果是胶带至少要 6 厘米宽)。

4)包装箱的选择

常用的货物包装材料有纸箱、泡沫箱、牛皮纸、文件袋、编织袋、自封袋、无纺布袋等。常用的包装辅材有封箱胶带、警示不干胶、气泡膜、珍珠棉等。其中以纸箱包装最为常用,下面重点介绍如何选择纸箱。按做纸箱用的纸板(瓦楞板)可以分为三层、五层、七层纸箱,纸箱的强度以三层最弱、七层最强。服装等不怕压、不易碎的产品,一般用三层箱就够了;玻璃、数码产品、电路板等易碎及贵重物品,建议最好用五层箱再配以气泡膜,以确保产品在运输途中的安全性。

按纸箱的形状可以分为普箱(或双翼箱)、全盖箱、天地盒、火柴盒、异型箱(啤盒)等,如图 4-21 至图 4-24 所示。

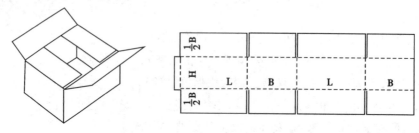

图 4-21　普箱:立体+平面示意图

普箱是平时物流最常用也最实用的一种纸箱,有多种规格,可根据货物的大小来选择。

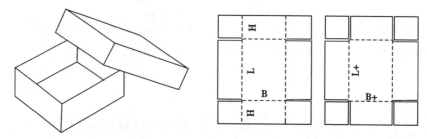

图 4-22　天地盒:立体+平面示意图

天地盒属于礼盒范围,适用于各类服装、化妆品、糖果、食品等产品的包装。

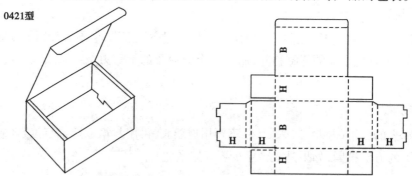

图 4-23　啤盒:立体+平面示意图

啤盒属于礼盒范畴,密封性好、强度高、造价较高,适用于各类工艺礼品、高档数码、电路板等产品的包装。

火柴盒成形方便、结构简单合理,适用于球拍、画(框)等较大型的扁状产品。

衬垫主要用于箱子内部,可以加强箱子强度、保护产品,广泛用于易碎品、贵重物品

120

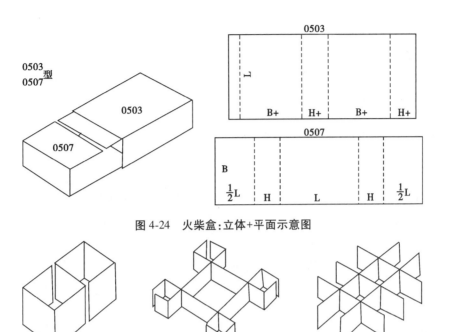

图 4-24　火柴盒:立体+平面示意图

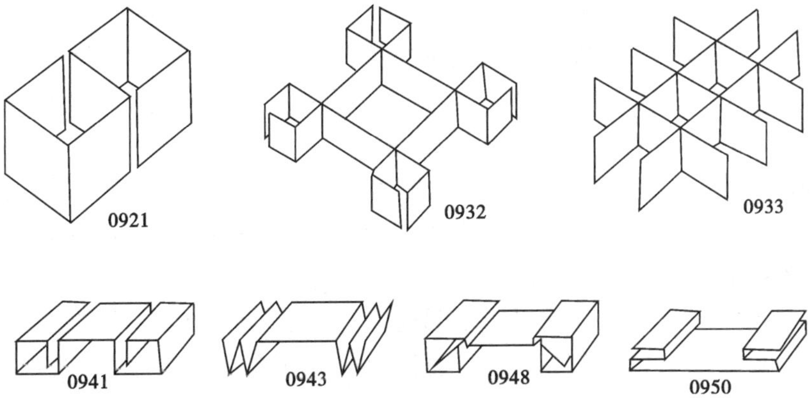

图 4-25　部分衬垫(刀卡)示意图

的包装。如手机、电子产品套装(电源、光盘、说明书等配件能合理布放),如图 4-25 所示。

同样大小的箱子,天地盒、啤盒的价格要高于普箱。因为其用料较多,侧面一般为二层纸板,故强度、密封性也高于普箱。普箱因为方便、便宜和环保,所以它的应用范围最广。

卖家选购纸箱时最好根据产品特征、买家要求,同时结合成本投入综合考虑。虽然强度高的纸箱安全性更高,但是成本也更高,物流费用也会增加。

卖家也可以定制自己的专用包装纸箱,印上自己的 LOGO 等信息。这样可以让店铺的产品在物流中吸引更多眼球,同时也是一种品牌传播的方式。

5)EMS 发货包装优化技巧

EMS 运费计算公式:首重运费+[质量(千克)×2−1]×续重运费

EMS 运费计算标准以每 0.5 千克为一个计费质量单位,每增加 0.5 千克为一个续重,每包货物的质量不能超过 30 千克。如 5 千克货品按首重 150 元、续重 30 元计算,则运费总额为:150元+(5×2-1)×30元=420元。

EMS包装技巧:

①起重费用相对续重费用较高,建议卖家优化打包方式,合理分摊运费。

②每0.5千克为一个计费质量单位,建议参考计费单位打包出售。

4.6.4 产品包装信息优化技巧

1)产品信息优化

可以选择产品的最小计量单位和产品的销售方式(零售或打包销售)等信息。最小计量单位即单个产品的量词。多数产品可选择"件"即"Piece"作为单位,也可选择"套"即"Set"等其他计量单位。

销售方式:根据产品价值和质量等,可选择"单件出售"或"打包出售"商品。一般,产品单价较高,质量和体积较大的产品适合单件卖;而产品单价较低,质量和体积较小的产品(如戒指、手表等)适合多个组成一包卖。

产品包装尺寸:要求卖家填写物品发货时包裹的实际尺寸(物品加上快递包装物后的尺寸),请准确填写"长""宽""高",产品包装尺寸会影响产品的运费成本,因为这个尺寸的资料是平台计算运费的依据之一。

卖家在填写包装尺寸的过程中最容易犯的错误是,卖家填写的是产品的实际尺寸(打包销售的卖家容易填写成单品的实际尺寸)或者是乱填尺寸,一般会出现以下后果:

①计算出来的运费比实际需要的运费高,这将降低卖家产品成交的可能性。

②计算出来的运费比实际需要的运费低,这将造成卖家运费出现缺口,可能导致亏本或者退单。

产品包装尺寸和产品包装毛重的填写,取决于销售方式的选择。如卖家选择了单件出售,相应的包装尺寸和毛重请填写单件产品的信息;如卖家选择打包出售,相应的包装尺寸和毛重请填写整包产品的信息。填写的产品包装尺寸,将作为计算运费的依据,请务必准确填写。快递包装限制(此限制适用于绝大部分快递公司)如下:

①每件包裹的质量上限为68千克;

②每件包裹的长度上限为270厘米;

③每件包裹最大尺寸:长+长度以外的最大横周=330厘米;

④每批货件总质量与包裹件数无限制。

2)特别注意

①UPS、DHL、TNT、FedEx、EMS非直达国家计收运费的质量是按整批货物的实际质量和体积质量两者之中较高的计算,而EMS直达国家目前只是把实际质量作为运费

计算依据。

②体积质量的计算方法是:FedEx、EMS 非直达国家:长(厘米)×宽(厘米)×高(厘米)/6 000,UPS、DHL、TNT:长(厘米)×宽(厘米)×高(厘米)/5 000。

③在实际计算中,如果需要得知 EMS 直达国家、航空邮政包裹的运费,请输入实际质量进行计算;如果需要得知 UPS、DHL、TNT、FedEx、EMS 非直达国家的运费,请输入实际质量和体积质量两者之中较高的数值进行计算。

【工作小结】

国际出口部门的工作涉及国际贸易的很多知识,对跨境电商企业的工作人员来说,更多的是在出口贸易平台的选择、产品信息发布、订单的处理、发货的管理上开展具体的工作。本章主要介绍了国内主要的跨境电商平台及其具体的平台选择的方法,也详细介绍了速卖通订单处理、售后服务技巧,还介绍了出口发货过程中的具体工作问题。

【关键术语】

跨境电商平台　订单处理　发货管理　售后服务　产品包装

【复习思考题】

一、选择题

1.国内主流的跨境电商出口平台主要有(　　　　)。

A.淘宝　　　　　B.速卖通　　　　C.天猫国际　　　　D.亚马逊

2.如果订单已付款成功,处于等待卖家发货的状态,需要买家点击(　　　　),卖家同意取消后系统会关闭订单,将款项退回给买家。

A.cancel order　　B.Dong　　　　C.Yes　　　　　D.No

3.如果商家是销售单一品类的产品,且产品供应链非常全,非常有竞争优势,适合选择(　　　　)平台。

A.淘宝　　　　　B.速卖通　　　　C.天猫国际　　　　D.亚马逊

4.商家入驻亚马逊平台进行国际贸易,需要办理一张(　　　　)的银行卡。

A.日本　　　　　B.美国　　　　　C.英国　　　　　D.欧元

5.按照已向海关发送的订单、支付以及物流等信息,卖家需要如实逐票办理以下通关手续(　　　　)。

A.申报　　　　　B.查验　　　　　C.旅行　　　　　D.税费缴纳

二、简答题

1.如何填写优质的标题?

2.速卖通的发货流程是什么?

123

三、讨论题

跨境电商出口贸易的主要工作有哪些？

【工作实践】

你使用过速卖通吗，请登录速卖通平台，对比该平台与淘宝平台的区别。

工作背景：小王以前从来没有接触过跨境电商的出口平台，因此有必要对该平台进行认识和了解，同时通过与淘宝平台进行对比，找到速卖通平台的优势。

工作要求：对速卖通平台的各项功能进行熟悉和了解。

工作辅助提示：分别以卖家和买家的角色登录该平台，熟悉两者对该平台的功能需求。

跨境电商 B2C 的线上营销推广

【工作情境】

职场菜鸟小张在其工作岗位上经过一段时间的学习,对跨境电商及其运营模式已经具备一定程度的了解,在对运营流程的学习实践中,他发现要提高网站流量,必须提高网站可见度,因此对网站进行内部及外部的调整优化,改进网站在搜索引擎中的关键词自然排名,获得更多流量,从而达成网站销售及品牌建设的目标,成为网络营销流程中必须要掌握的专业技能。

人物设定:小张,20 岁,大专学历,营销策划专业,毫无工作经验

职务:跨境电子商务营销推广职位

所属部门:营销推广策划部

工作内容:领导交办的营销推广工作

需要的工作能力:电子商务营销推广技能

【工作目标与要求】

①了解 SEO 和 SEM 的基本概念;

②了解 SEO 和 SEM 的区别和联系;

③了解 SEO 和 SEM 的优势和劣势;

④了解 SEO 和 SEM 的数据分析。

【工作案例】

4399 小游戏网站 SEO 案例分析

在小游戏行业,有一个网站的 SEO 做得很好,那就是 4399 小游戏,下面简单地了解下该网站的百度收录、外链、权重关键词和流量数据。

4399 小游戏:百度收录 20 万,百度外链 619 万,百度权重为 9,共找到 17 548 条记录,预计从百度来访 3 029 791 次。

1）品牌关键词战略

4399 对品牌关键词战略的运用,看一组数据就可以知道了:

关键词	关键词指数
4399 小游戏	978 795
4399	456 200
4399 洛克王国	286 013
4399 小游戏	256 766

单纯就这 4 个关键词的百度指数总和 = 978 795 + 456 200 + 286 013 + 256 766 = 1 977 774,按排名第一能够获得搜索引擎的流量 30% 计算,这几个词就能够获得接近 60 万的搜索量,其中还不乏类似于包含"4399"关键词的游戏品牌关键词,不少指数都在 5 000 以上。

2）长尾关键词布局(图 5-1)

什么是长尾关键词,如我们的目标关键词"SEO",那么长尾关键词可以分为"SEO 是什么意思""SEO 教程"等。

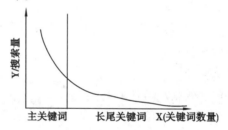

图 5-1　长尾关键词

在长尾关键词布局方面,早先 4399 的一个产品经理介绍的海量长尾关键词战略,已经把他们的 SEO 策略很好地展现出来,大家搜索 4399 小游戏首页导航的几乎任何一个游戏关键词,你会发现这个关键词的排名都在很靠前的位置,大部分在百度百科或者百度的产品下面第一个位置就是 4399 的网页,如搜索"格斗",大家会看到这样的结果(图 5-2)。

下面来分析这个页面的标题、描述和关键词。

①标题 title:格斗游戏、双人格斗小游戏大全、格斗小游戏大全、4399 小游戏。

分析:标题里面通过分词能够获得的关键词大概有格斗、格斗游戏、格斗小游戏、双人格斗、格斗大全、4399 格斗、双人格斗小游戏、双人格斗大全、双人格斗游戏等十几个关键词,而搜索这些关键词几乎都在第一第二的位置。

②描述 description:4399 格斗小游戏大全收录国内外格斗游戏、双人格斗小游戏大全、4399 双人格斗小游戏、热血格斗小游戏、dnf 男格斗小游戏、格斗类游戏、奥特曼格斗小游戏等。

分析:描述里面重点在于介绍自己网页的信息,也利于在描述里面布局一些具体的

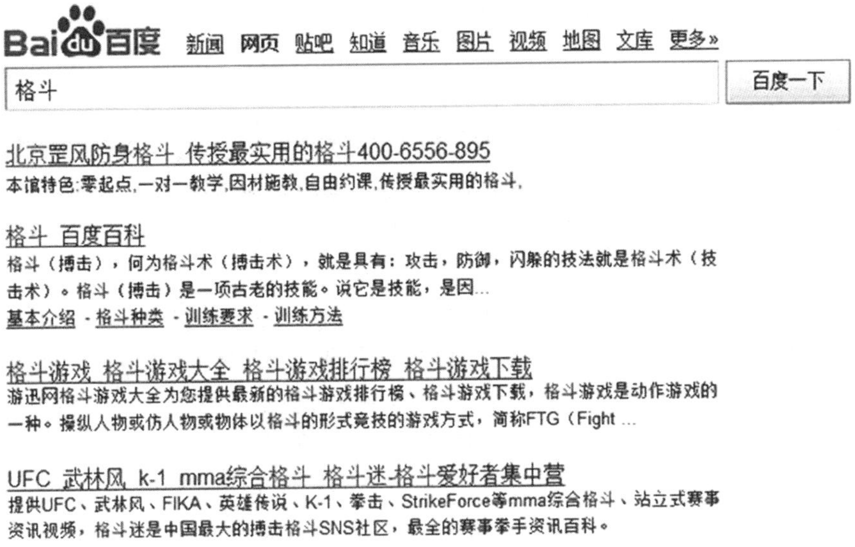

图 5-2　格斗百度搜索结果

比较热门的格斗小游戏名称,如热血格斗小游戏、dnf 男格斗小游戏、格斗类游戏、奥特曼格斗小游戏,搜索这些关键词,发现这些游戏目前还没有获得很好的排名,应该是该页面的相关性比较弱的原因,而 4399 小游戏单个游戏页面获得不错的排名,如搜索"热血格斗小游戏"发现 4399 网页排在第三(图 5-3)。

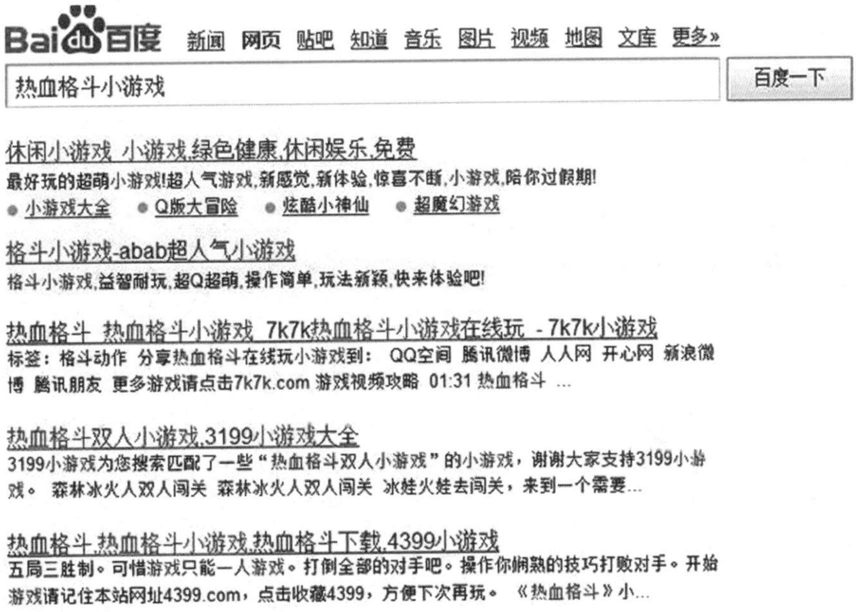

图 5-3　热血格斗小游戏搜索结果

当然,其中的一些小游戏还是没有排名的,这也应该是 4399 挖掘关键词流量的潜力所在。

③关键词 keyword:格斗小游戏、格斗小游戏大全

分析:虽然关键词这一块并没有权重输出,但是做好细节,也许你提供的关键词更能帮助搜索引擎迅速定位网站的内容主题,节省它的抓取排序时间。

至于内容的关键词布局,这里就不做过多的介绍了。

3) 多维度分类关键词

多维度的关键词分类,覆盖不同的人群,这是一个大型游戏门户需要做的事情。如大家看到 4399 的导航中有益智类的游戏和儿童游戏。一般来说,这两个类别肯定有一定的重复覆盖,但是如果把益智类和儿童类合并掉,就不能很好地覆盖所有的游戏,4399 的这种多维度分类策略还是不错的。这类的词还有动作游戏和射击游戏,运动游戏和双人游戏等,都有一定的交叉区,但是区分开,做好 SEO,就能获得好排名。当然,如何运用到自己的网站,需要根据自己的网站实际情况来定。也许在很多的朋友看来这一点不太可取,特别是传统行业,因为大家怕分类之后没有流量,或者有少量的流量,但是价值不高,这样做起来就得不偿失,但是从长远考虑,网站要想推广好,就要尽可能地做好大面积的关键词人群覆盖。

4) 网站外链分析

网站外链分析主要看百度相关域、锚文本外链以及友情链接等。首先查看百度相关域,因为显示得比较多,大家可以发现百度相关域差不多都是来自 4399 的网站内部页面,这也说明其自身页面的权重比较高,能够给网站的支持比较高。

另外,查看网站的锚文本外链,高质量的链接还是比较多的,下面是爱站给出的查询结果,其中共有锚文本的链接 5 525 条,权重在 3 以上有 178 条(图5-4)。

图5-4 权重在3以上的链接条数

利用 opensiteexplorer 工具查询得到的外链结果中显示,网站页面的权值在 89 左右,外链的权值在 91 左右,获得根域名的网址链接有 20 627 个,总共的链接数量有441 k(图5-5)。

单个页面的外链分析,多半以高权重的链接为主,如还是"格斗"栏目的页面,大家查询这个页面的链接,获得的百度相关域大部分是百度相关产品,如百度百科、百度贴吧等,其中具有高权重的百度百科占绝大多数。

图 5-5 4399 **锚文本链接数量**

5.1 SEO 和 SEM

1) SEO 和 SEM 基本概念

（1）SEO

SEO 是由英文 Search Engine Optimization 缩写而来，中文意译为"搜索引擎优化"。SEO 是指通过站内优化，如网站结构调整、网站内容建设、网站代码优化等，以及站外优化，如网站站外推广、网站品牌建设等，使网站满足搜索引擎收录排名需求，在搜索引擎中提高关键词排名，从而吸引用户进入网站，获得免费流量，产生直接销售或品牌推广。

（2）SEM

SEM 由英文 Search Engine Marketing 缩写而来，中文译为"搜索引擎营销"。SEM 是根据用户使用搜索引擎的方式利用用户检索信息的机会尽可能将营销信息传递给目标用户。简单来说，搜索引擎营销就是基于搜索引擎平台的网络营销，利用人们对搜索引擎的依赖和使用习惯，在人们检索信息的时候将信息传递给目标用户。搜索引擎营销的基本思想是让用户发现信息，并通过点击进入网页，进一步了解所需要的信息。企业通过搜索引擎付费推广，让用户可以直接与公司客服进行交流、了解，实现交易。

2) SEO 和 SEM 的区别和联系

从定义上来看，SEO 和 SEM 都和搜索引擎推广有关系，都以用户在搜索上找到自己的网站为目的，其主要的区别就是 SEO 是自然排名结果，而 SEM 不仅包含自然结果，而且包含收费的排名结果。

从代价上来说，SEO 主要构成就是你的时间，SEM 不仅需要你的时间，也需要一定的金钱作为基础的推广手段。互联网上的一切类型网站几乎都合适做 SEO，但是不是所有的网站类型都适合做竞价的，如你想建立个小说站或电影站，或者单件产品利润较

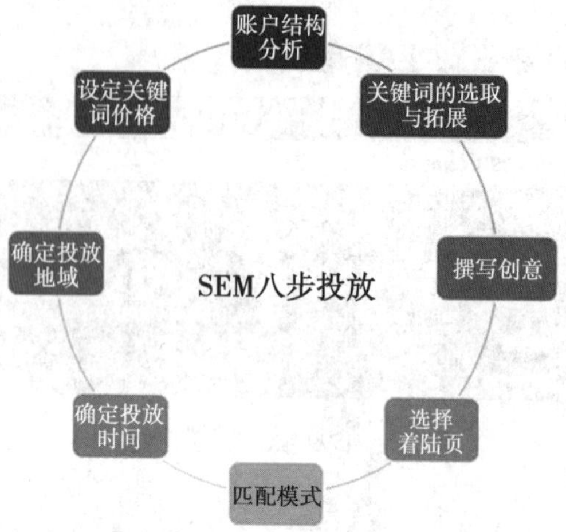

图 5-6　SEM 推广投放策略

低的产品都不太适合做竞价,但是都适合做 SEO。

在实际的操作中,一般性个人网站更加倾向于 SEO,而商业性公司更加倾向于 SEM (图5-6)。在一些盈利比较好的公司,如医疗、教育等行业,SEM 一般会细分为 SEO 和竞价,它们属于两种完全不同的职业,有不同的人来操作完成,而且两者没有任何的联系。

综上所述,SEM 包含 SEO 和竞价,SEO 算是 SEM 的一种方式。

3)SEO 和 SEM 的优势和劣势

如果不知如何分配你的搜索营销预算,或是和客户提案的时候不知道怎么样去解释搜索营销产品(SEO 和 SEM)的区别,又或者不了解网站/企业在当前阶段应该优先施行哪种搜索营销策略,那就需要了解一下 SEO 和 SEM 各自的优劣势,以便能更好地根据实际情况选择合适的方式。

(1)SEO 的优势

①跨搜索引擎平台效果。SEO 优化是针对所有的搜索引擎来做的,只要 SEO 的方法是白帽的、专业的、面向用户体验的,那么你不仅仅能收获百度来的流量,谷歌、搜狗、360、雅虎都会不同程度地认可你的网站,从而给你网站良好的展示位置。而 SEM,不同的搜索引擎有不同的服务机制。

②提升流量无须增加预算。要提升 PPC 的流量,你必须提升预算。但 SEO 不一样,SEO 有点像滚雪球,一开始虽然不起眼,但雪球一旦滚起来,机制一旦建立,那么势必后劲十足,效果越到后面越显著,而无须你投入更多。

③停止花费,流量余存。很多客户拿 SEM 花费除以 CPC 去算 SEO 服务费是否比 SEM 合算,这样显然是不合理的。因为 SEO 不像 SEM,当账户里面没有钱的时候流量

就会停止。一个经过专业 SEO 后的网站自然流量不会因为你停止了 SEO 服务而立即消失,相反这段流量会持续相当长一段时间,理论上来说如果没有过大的外部竞争以及搜索算法没有大变化的话,流量基本上是稳定的。因此,如果真要算的话,至少应该拿 2 年的 SEO 流量去和一年的 SEM 流量去做比较。

④更高的信任度。比起 SEM,SEO 有更高的用户信任度。毕竟 SEM 也是一种商业广告,用户点击本身就是抱着一种看广告的心态,如果不满意就跳出看下一条。而自然排名则不同,用户会认为靠自然排名排上去的网站更专业、更可信,同时用户参与度和转化率也更高。

⑤排除负面消息。试想如果在你的 SEM 广告下面有一条 SEO 的负面消息,是不是很糟糕? 通常负面消息的影响力要比正面消息大 3~5 倍,因此,平时就要重视 SEO,通过 SEO,可以更好地巩固第一页的搜索结果的权重,设立好这样的保护屏障,可以有效防止负面消息入侵。只是很多公司都是等事情发生了再去补救。

⑥更容易吸引点击。自然结果毕竟处在的用户视觉重心处,相比 SEM 可以获得更多的关注和点击。按以往的经验来看,自然结果第一名的 SEO 流量通常都很高。

（2）SEO 的劣势

①无保证。因为你不是简单地购买广告,你没有办法保证你的网站能够得到多少展示和点击。

②沟通成本大。SEO 需要很多部门的配合,如产品、设计、技术、编辑和 PR 等,沟通成本比较大,一个好的 SEO 咨询师或是 SEO 产品经理需要有很强的跨部门组织沟通协调能力。

③不稳定。搜索引擎算法经常变,通常会导致网站关键词排名和流量有变动,稳定性和 SEM 没法比。

4）SEM 和 SEO 的数据分析

（1）SEM 常用数据分析方法

数据分析在 SEM 中是最为基础的技能,数据分析就是为了发现问题,并为解决问题提供数据参考。一般的分析数据逻辑如下:确定分析的目的—收集数据—整理数据—分析数据—得到一些分析的思路。

数据分析的常用方法有四种:趋势分析法、比重分析法、TOP N 分析法/二八原则、四象限分析法。

①趋势分析法。它又称比较分析法、水平分析法、主要通过数据连续的相同指标或比率进行定基对比或环比对比,得出它们的变动方向、数额、幅度,从而感知整体的趋势（图 5-7）。

这种方法粗略而简单,体现的是一个行业的总体趋势。

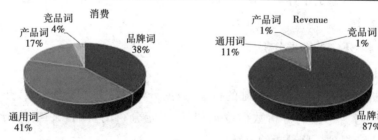

图 5-7　趋势分析法

主要有分析纬度:有时段趋势、逐日趋势、逐周趋势、逐月趋势、逐季节趋势……这个分析法比较简单,一般通过百度指数、百度统计就能掌握这些趋势。重点是根据自己行业,针对不同时间的趋势进行广告策略调整。

②比重分析法。它是指相同事物进行归纳分成若干项目,计算各组成部分在总数中所占的比重,分析部分与总数比例关系的一种方法(图 5-8)。它有利于快速掌握企业的核心推广业务、主要推广渠道、主要推广地域等主要贡献者。

类别	浏览	点击	消费	CPC	CIR	C	U	R	R	Awo	R
品牌词	5 524 765	390 354	¥ 218 081.46	0.56	7.07%	10 182	13 921	¥ 16 459 525.00	75.47	¥ 21.00	¥ 1 617.00
通用词	4 856 889	257 772	¥ 236 070.61	0.92	5.31%	1 236	1 707	¥ 2 147 817.00	9.1	¥ 191.00	¥ 1 738.00
产品词	2 631 578	175 448	¥ 99 258.12	0.57	6.67%	131	167	¥ 186 788.00	1.88	¥ 758.00	¥ 1 426.00
竞品词	682 420	22 591	¥ 21 970.09	0.97	3.31%	79	110	¥ 129 756.00	5.91	¥ 278.00	¥ 1 642.00

消费

竞品词 4%
产品词 17%
品牌词 38%
通用词 41%

Revenue

产品词 1%
通用词 11%
竞品词 1%
品牌词 87%

图 5-8　比重分析法

从图 5-8 中可以看出来,这个账户消费最大的是通用词,其次是品牌词,各占 40%左右,而收益最大的是品牌词,占了总体收益的 89%,消费更多的通用词收益仅有11%。那么此时应该着重推广哪类词,不言而喻。

③TOP N 分析法。TOP N 分析法指基于数据的前 N 名汇总,与其余汇总数据进行对比,从而得到最主要的数据所占的比例和数据效果。

　　a.类似二八原则,找到消费/效果占比 80% 的数据,有效帮助定位问题,不然过多的数据会把问题复杂化。

　　b.定位出需要持续关注消费或转化的那些重要关键词。

表 5-1　TOPN 分析法

关键词	展示	点击	花费	平均排名	CTR	CPC	转化	转化率
最新钻石价格表	223 485	6 594	9 105.78	3.3	2.95%	4.41	3	0.05%
最好的钻石品牌	76 200	2 062	7 048.11	3.3	3.71#	3.03	2	0.00%
钻石珠宝	62 942	2327	5 568.84	消费占比80%以上				
钻石知识	94 259	2 909	3 952.16					
钻石证书	26 961	2 151	2 070.81	1.2	7.98%	1.61	4	0.19%
钻石有哪些证书	11 464	1 251	1 043.74	2.1	10.91%	1.95	2	0.16%
钻石有哪些品牌	22 908	854	827.72	3.6	3.73%	2.14	0	0.00%
钻石有哪些等级	12 847	772	555.33	3.4	6.01%	1.24	0	0.00%
钻石一克拉多少钱	19 261	756	455.05	4.4	3.93%	1.18	0	0.00%
钻石一克拉	8 874	560	324.18	1.8	6.31%	1.47	1	0.18%
钻石选择	7 219	281	254.06	4.8	3.89%	0.90	0	0.00%
钻石镶嵌	4 627	201	193.83	2.4	4.34%	0.96	2	1.00%
钻石网站	2 715	107	103.41	2.6		0.97	0	0.00%
钻石网购	1 849	74	93.41	6.1	4.00%	1.26	0	0.00%

　　④四象限分析法。它又称矩阵分析法,是指利用两个参考指标,把数据切割为 4 个小块,从而把杂乱无章的数据切割成 4 个部分,然后针对每一个小块的数据进行针对化的分析(图 5-9)。

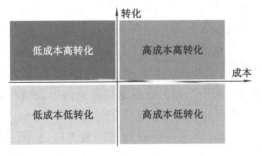

图 5-9　四象限分析法

四象限分析法在 SEM 优化中的具体应用见表 5-2。

表 5-2　四象分析法在 SEM 优化中的具体应用

象限分类	产生原因	解决方法	推荐工具
低成本低转化	关键词展现量不足	①排名低(提高出价)	排名倾向自动出价
		②关键词数量不足(拓展新的关键词)	关键词工具
		③关键词触发概率小(拓宽匹配模式)	分匹配模式出价
		④没搜索量(寻找合适的搜索词,查看搜索词报告)	搜索词报告
	关键词点击率过低	①创意不吸引人(撰写创意)	创意撰写规则
		②排名低(提高出价)	排名倾向自动出价
高成本高转化	转化率低,网页跳出率高	①提高网站打开速度	网页测评
		②着陆页相关度	着陆页 URL
		③网页吸引力	离线宝、百度商桥
	CPC 贵	①排名过高(适当降低排名)	分匹配模式出价
		②质量度差(提升关键词质量度)	十分质量度优化
		③起价过高(降低排名)	分匹配模式出价
高成本低转化	针对这类词,具体策略是将这类词向增加转化量方向优化,如果尝试失败,可以考虑暂停或删除这类关键词		
低成本高转化	将这部分词作为核心关键词进行拓词,进而挖掘更有价值的关键词		关键词推荐工具、其他拓词工具

（2）SEO 常用数据分析方法

用户是如何通过搜索引擎来到网站的？首先,用户在搜索框中输入一个关键词;然后,用户在搜索结果页面中阅读大量结果;最后,用户点击进入某个他满意的结果。这是最简单的一次用户访问,事实上用户还有一些其他情况。针对每一条用户操作,设定一些问题,然后再找一些数据出来解决这个问题。如我们想知道用户搜索了什么关键词？这个关键词的目的是什么？我们的页面能不能满足用户的这种需要呢？我们的页面,如何出现在搜索结果页面中？如何在搜索结果页面中脱颖而出,让用户点击你？

SEO 数据在 SEO 中体现并且需要分析一些数据：

①关键词数据。这个主要体现在网站的目标关键词、长尾关键词和一些热搜关键词等,这些词可以用用户搜索词、网站浏览路径、来源关键词、搜索引擎、询问其他人对产品的理解等找出一系列核心关键词。

②网站情况以及流量数据。每天记录下网站的收录量、外链数、PV、IP、跳出率、访客数、PR 值和百度权重等数据,尤其是跳出率,如果很高的话,要查找原因,是自己的网站打开速度不行,还是服务器有问题,及时找出原因,然后解决问题。

③网站日志。每天看下网站日志,可以很好地了解到蜘蛛爬行情况,分析出网站更新后,蜘蛛是否来爬行、抓取,如果蜘蛛没有来,分析原因是什么。

④竞争对手分析。在优化好自己网站的同时,也要注意竞争对手的动态,分析竞争对手也是十分必要的,竞争对手分析的数据有:了解对手网站做了哪些词? 排名变化?网站跳出率,内容方面是如何优化的,外链建设反面都是在哪些平台上发布文章和关键词等情况。在这个激烈竞争的互联网时代,学会知己知彼很重要,竞争对手就是很好的一面镜子,无论对手是否强大,都不要轻视。

⑤PV、UV、访客数。PV 是指浏览量,打开一个页面就记一次 PV 数,鉴于此,很多人刷浏览量,因为这个数值挺重要的,如果一个网站的浏览量高,说明网站质量高,用户黏性高,对于网站流量的提升也是一件很好的事情。

UV 是指独立访客数,有时候需要注意独立访客数,因为 IP 不能很好地看一个网站的流量,独立访客能更好地了解网站的情况。

5.2 第三方电子商务平台

135

1) 第三方电子商务平台基本概念

第三方电子商务平台,也可以称为第三方电子商务企业,泛指独立于产品或服务的提供者和需求者,通过网络服务平台,按特定的交易与服务规范,为买卖双方提供服务,服务内容可以包括但不限于"供求信息发布与搜索、交易的确立、支付、物流"。

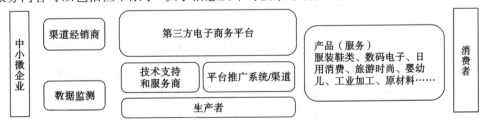

图 5-10 第三方电子商务产业链分析

2) 第三方电子商务平台优势

在 Web2.0 到来的今天,借助第三方电子商务平台开展网络营销逐渐成为新一轮的流行主题。对那些已经将钱投入第三方电子商务平台的企业来说,更多的感受是资金投入成就了第三方的辉煌——随着大量企业信息注入第三方平台,第三方开始利用人气招来更多企业信息和资金的注入,进而名利双收。

第三方平台在技术、资金方面有更多的优势,一方面降低了运营的资金压力,商家不需要直接面对网站运营、架设服务器、开通域名、租用带宽等问题,节省了大量的人力、物力,而且通过第三方平台发布信息,可以吸引更多的买方访问平台,从而增加卖方的商业机会;另一方面也加快了网络营销过程,通过第三方平台的中介服务,企业可以直接面对全球销售对象。此外,第三方平台的中立姿态更能够得到消费者的信赖。

3) 第三方电子商务平台导入

互联网产品的销售体系与普通线下产品销售有一定的区别(图 5-11),但是都是依据企业的营销目标,围绕"顾客"这一个中心点展开营销,在营销过程中密切关注与应对"顾客线与竞争线"这两条平行线的动态变化,适时对"产品柱、价格柱、渠道柱和促销柱"这 4 根支撑柱进行调整的管理体系,其中包含战略要求、管理要求、市场定位、产品定位、价格定位、渠道定位、促销定位、品牌定位、广告实现和公关实现等盈利要求。

图 5-11 产品营销示例

现在有些行业利润很高,有部分商家也已在市场萌芽阶段完成原始积累,但真正上规模、能够相互对抗的商家少之又少。传统经销方式的弊端日渐暴露,长此以往势将导致市场的整体雪崩。在这种情况下要拥有贴近消费者和具有持久竞争力的渠道、网络、平台,对很多商家来说确实有点迷茫。要实现营销突破,必须重构商家与通路的关系,整合市场资源,将电子商务纳入一个更为紧密的利益体系。以共赢的策略强化、优化通路,与第三方销售平台结成富有成效的伙伴关系,实现战略联合,这不但可以使商家在竞争中立于不败之地,更是未来各行业市场发展的必由之路。

如今有发展远见的商家都采取战略结盟的方式进行市场合作:通过与第三方销售平台联合扩展一个全新的市场空间、一个高效的通路,以及有效地为商家持续发展一条资金链。战略结盟将有效地实现渠道扁平化和获得终端优势的目的。扁平化渠道带来的管理上的高效与成本节约,在终端的精耕细作,都为商家带来了相当的业绩,其市场效应远胜于其他同行。

【案例分析】

2010 年 3 月 4 日成立的美团,以"吃喝玩乐全都有"为宣传口号。为消费者发现最值得信赖的商家,让消费者享受超低折扣的优质服务;为商家找到最合适的消费者,给商家提供最大收益的互联网推广。2015 年 1 月 18 日,美团已经完成 7 亿美元融资。估值达到 70 亿美元。

那么,美团网为什么能够在资本冬天逆势崛起,成为团购行业的代表型企业呢?纵观美团网的成长轨迹,其成功经验可以总结为三点:专注本地服务团购、用科技提升效率、重视消费者满意度。

图 5-12　第三方营销体系

(1)专注本地服务团购

通过互联网改造传统的线下服务业已经成为一个趋势所在,即使目前有多家排名前十的团购网站意欲转战实物市场、设立 B2C 商城,美团网却从未放弃。

据团 800 数据显示,2011 年 11 月份销售额排名第二的窝窝团本地化率为 86.34%,排名第三的拉手网仅为 61.07%,而美团网本地服务单贡献的销售额比例高达 91.97%。另据统计,美团网推出的"大渔铁板烧"团购及"新南国影城"电影票团购,均以突破 200 万的销售额分别夺得 11 月"餐饮美食"和"休闲娱乐"榜单头名。事实表明,美团网不为短期利益所动,始终深扎于本地服务团购领域的选择已初见成效。

(2)用科技提升效率

技术和服务有效结合是美团网自始至终都坚持的。

因此,围绕着"本地"这一中心,美团网不断尝试开发各种 IT 系统来满足商家和消费者的各样需求,通过科技与人的结合来达到服务水平的提升。如美团网的"自助结款系统",能够在最短的周期付款给商家,在解决了商家资金链的后端需求的同时显著提升了美团员工的效率。

(3)消费者第一

消费者满意度决定着团购网站的生死。因此,美团网成立至今始终围绕"让消费者满意"这一生存之本,将不做户外广告节省下来的钱用于提升服务质量及内部精细化运营上,在服务上创造了诸多业内第一。如美团网在团购行业第一个推出了"团购无忧"消费者保障体系,其中包括"7 天内未消费无条件退款""消费不满意,美团就免单"和"美团券过期未消费,无条件退款"等保障措施,消费者在团购过程中碰到的所有问题,都由美团网负责解决。

美团网不仅销售额持续保持领先,同时也是用户满意度最高的团购网站,因此在消

137

费者群体中拥有非常好的口碑。据了解,美团网 70% 以上的新用户都是由老用户介绍而来。

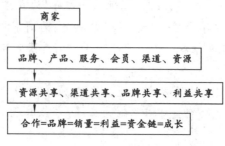

图 5-13　合作示意图

4）第三方电子商务平台发展前景

伴随着移动端的普及,移动互联网也在飞速发展,同时也有越来越多的小商家开始抓住了移动互联网的这个渠道开展营销活动。如今如雨后春笋般出现的各类第三方服务平台也可以预见未来的发展趋势。

①智能交互分析能力。相信随着各类第三方平台的发展,用户的维护和用户的营销也不断变得更加重要,而智能交互分析的出现,首先保证了用户在关注你这个平台不再变得无聊,不再让平台变得冷冰冰且乏味,人机交互性更强更智能化。

②智能数据分析能力。将来平台的数据处理也是非常有研究价值的。对已经运营了有些时间的平台来说,其积累的数据可谓是运营者的财富,因为包含众多的用户数据和行为,也包含与其他接口的对接数据等。因此,我们可以从中分析出大量的需求数据及用户行为。

③平台的智能化和管理。移动互联网的发展是快速的,而对商户们来说,如果要把自己的东西推销出去,进行营销,那么必然需要迎合不断出现的新的平台和趋势。如果第三方平台能够实现更多的平台智能化,而不是单一地推出各类营销工具,那么对商户们来说,这也是求之不得的事。

5.3　公众信息推送

1）公众信息推送基本概念

所谓信息推送,就是"web 广播",是通过一定的技术标准或协议,在互联网上通过定期传送用户需要的信息来减少信息过载的一项新技术。推送技术通过自动传送信息给用户,来减少用于网络上搜索的时间。它根据用户的兴趣来搜索、过滤信息,并将其定期推给用户,帮助用户高效率地发掘有价值的信息。

2) 公众信息推送与 App 的联系

作为移动端 App 产品运营最重要的运营手段,公众信息推送被越来越多的 App 厂商所重视,小小的手机屏幕每天收到的消息推送也越来越多,站在用户的角度去想,你会看每一条推送的内容吗? 怎样的推送信息才会被用户接受,达到推送目的。

我们需要了解一下 App 消息推送的几个特点:

①量大。用户数即是可推送覆盖的数量。假如一个 App 有 5 000 万的活跃用户,且都取得了用户授权,那么全量推送一次即可触及 5 000 万的用户,这比靠媒介传播带来的量更大。

②精准。消息推送的受众已经是下载安装且使用过 App 的用户,是消息推送最想影响的目标用户,相比之下其他媒介渠道则需要层层过滤才能到达目标用户。

③免费。消息推送的主动权掌握在厂商自己手中,只要按照 Android、iOS 的协议规则去推送,是不需要花任何费用的。当然免费也带来了滥用,如何控制好消息推送的"度"是每个 App 运营人员需要学习的一门课程。

公众信息推送(PUSH)的目的是更好地服务于用户,成为用户的贴身助手,那在合适的时间推送合适的内容就成为信息推送的基本原则(图 5-14)。基于以上 App 市场信息推送特点,如何做好推送,需要从以下几方面着手:

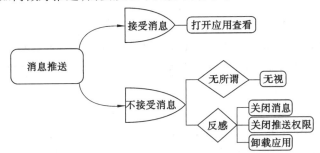

图 5-14　消息推送时用户心理反应模型

(1)细分消息推送的对象,不随意全量

首先要建立用户数据库,对用户特征、地域、偏好进行细化,这部分可以通过账号体系引导用户主动选择,也可以通过对用户行为的大数据分析建立用户模型。如只针对重庆的福利活动,就只推送给重庆地区的用户。同时也可结合第三方推送的功能,如智能推送,利用推送平台所提供的用户标签,结合自己用户数据库数据,实现精细化运营。有针对性地推送,可大大提高用户接收信息并阅览的概率。

(2)尊重用户,把主动权还给用户

据了解,目前不论是苹果 iPhone 手机还是安卓系统智能手机,其用户均下载形形色色的 App 软件,这些 App 软件常透过信息推送的方式,提示用户更新软件、推送新闻和新应用。如果 App 软件推送的信息,是与用户自身需要高度相关、专注于满足用户需求的有益推送,用户当然乐意。但现实却是,越来越多的 App 更倾向从自身角度出发进行推送,完全忽视用户需求,导致越来越多的用户开始讨厌泛滥成灾的垃圾信息。把选择的主动权还给用户,在消息推送时用户心理反应模型中,用户遇到反感的消息时,会首先想到关闭消息,甚至关闭消息推送的授权,这个时候要尊重用户的选择权,否则只会导致用户流失。

（3）推送用户感兴趣的内容

永远只推送用户感兴趣且选择与用户心理定位相符合的内容。为什么说要选择与用户心理定位相符合的内容,如果一个音乐 App 整天推送新闻,用户会觉得这是垃圾信息,这种与产品无关的消息推送短期内会带来流量上的利益,但长期来讲会破坏产品在用户心理的定位,得不偿失。

（4）尽量引导打开 App,保持友好的用户体验

从 App 厂商的角度,一切消息推送皆以用户打开 App 为目的,那么用户打开时进入的是不是用户想要看到的界面？有很多 App 推送的是活动信息,但点开进入的是 App 首页,用户还要花精力去寻找活动页面入口在哪儿,这就是不友好的用户体验,一定程度上挫伤了用户点开消息的热情。

【案例分析】

目前已经拥有了亿级用户的 App——微信,挖掘自己用户的价值,增加更优质的内容,创造更好的黏性,形成了一个不一样的生态循环,成了该 App 重要的发展方向。利用平台进行自媒体活动,形成一种主流的线上线下微信互动营销方式,是其未来的发展路线。

微信的订阅模式最值得被参考,为什么每天收到那么多微信消息提示但用户不会反感？因为这些都是用户主动订阅的内容,订阅就代表感兴趣,感兴趣就会点开看,由此可见,选择与用户心理定位相符合的内容,是推送信息的关键。

为什么那么多的商家会选择微信来做推送,主要是良好的用户体验,主要体现在以下几个方面：

(1)高到达率

微信的到达率是100%,企业信息可以强曝光。但是这里所谓的到达率是指你发出去之后有多少人点开看,我们知道信息到达率是指企业发布信息后对接受对象的信息需求的有用程度和影响力。信息到达从粉丝需求、关注度、受众满意度和有效转发等参考指标和要素出发,主要根据粉丝的需求整合信息资源,实现信息传播的时效性和有效性、实用性和共享性,提升信息质量,对粉丝产生较强的吸引力、影响力和说服力。

(2)高曝光率

曝光率是衡量信息发布效果的另一个指标,信息曝光率和到达率完全是两码事,与微博相比,微信信息拥有更高的曝光率。在微博营销过程中,直接发布的广告微博很快

就淹没在微博滚动的动态中了。而微信是由移动即时通信工具衍生而来,天生具有很强的提醒力度,比如铃声、通知中心消息停驻、角标等,随时提醒用户查看未阅读的信息,曝光率高达百分之百。

(3)订阅号

从为部分订阅号开放评论功能到"颁发"原创标识,从内测"打赏"到允许通过认证的政府、媒体类订阅号申请微信支付等,无不彰显微信在订阅号上的"用心良苦"。随着纸媒的持续走低,用户阅读习惯的移动化,以及对微信的高度依赖感,未来微信可能成为一个强大的 UGC+PGC 的内容输出平台。订阅号的兴起会对杂志报纸等传统媒体造成巨大冲击,围绕订阅号将会出现"内容版权+广告(广点通、内页图片)+稿酬(转载、打赏)+微电商"的系列生态演变。用户也能通过订阅号更有效地掌握所要掌握的信息。

(4)小程序

互联网时代,品牌销售们努力从门店设计、客户体验、营销互动、会员管理等多方面提升着消费者的体验。微信小程序更轻量、便捷、流畅的使用体验,对品牌会员体验进行升级,在微信小程序将集会员礼遇、购物记录、售后维修、门店信息等服务于一体,为品牌会员提供更好的服务体验。

同时,微信 App 对小程序有严格的缓存管理机制,每一个小程序的缓存最大值是 10 M,也就是说,使用一个小程序最大能占手机 10 M 的内存。这就意味着,你可以再存储更多的照片、音乐、视频、电子书等,从某种程度上来讲,这也是为用户创造了价值。

(5)高便利性

微信上的信息交流互动性突出,是天然的私密式 CRM 沟通工具。微信公众平台可以对客户进行很好的归类,然后向某一类人群定时发送他们需要的信息,还可以和客户互动。实时信息的分享与沟通,让依附于微信的商业交易大大提升了成交率。

3)广告信息推送

信息推送最热门的应用方向是广告推送,也就是互联网效果营销的应用方向。作为电子商务营销阶段的应用,广告推送为大量的广告服务,把互联网广告以合适的方式推送给合适的消费者,并依据一定的商业模式进行费用计算。这一信息推送的显著特征就是,广告信息的推送过程不仅要考虑到消费者的兴趣和购买情况,而且要考虑到广告本身的商业价值最大化。因为搜索引擎和互联网广告的发展,使广告推送成为一个热度很高的应用方向。

上网的时候会产生痕迹(如 cookie),浏览器或网站记录后通过后台反馈给一些广告商,然后后台就会推送相关广告给用户。能做到这种推广的原理和方法有很多,都是通过用户的搜索行为、浏览网站类型来判断是有什么需求的用户,根据用户的具体需求,然后通过后台给用户推送广告,进行精准营销。

【案例分析】

MIUI(米柚)是小米科技旗下基于 Android 系统深度优化、定制、开发的第三方手机操作系统,极受手机发烧友欢迎的 Android ROM,专为中国人习惯设计,全面改进原生体验。能够带给国内用户更为贴心的 Android 智能手机体验。从 2010 年 8 月 16 日首个内测版发布至今,MIUI 目前已经拥有国内外 1 000 万的发烧友用户,享誉中国、西班牙、意大利、澳大利亚等多个国家。到 2016 年为止,MIUI 激活用户已经达到 1.7 亿人。

用户的增多,自然就有了很多外部广告的投放,不少用户开始反映过多的广告影响了用户体验。小米官方的回答是:用户喜欢好广告,可实现商家和用户共赢。而 2016 年 5 月初,小米干脆正式上线了小米营销平台,称"一亿小米用户正在寻找你"。平台有应用分发、效果推广、品牌传播三大营销方式,分别对接小米应用商店、MIUI 及小米系应用、高清视频广告和电视屏保画报广告。这表明 MIUI 系统的广告泛滥确非偶然,而是一项长期策略。

一向标榜用户体验的小米,为何甘愿冒这么大的风险,强行在 MIUI 系统推送广告呢?从动机来分析,小米强推广告无非是两个可能:一是出于企业赢利的需要,二是出于构建硬件免费的生态。

5.4 病毒式营销

1)病毒式营销基本概念

病毒式营销(viral marketing,也称病毒性营销)是一种常用的网络营销方法,常用于进行网站推广、品牌推广等,病毒式营销利用的是用户口碑传播的原理,在互联网上,这种"口碑传播"更为方便,可以像病毒一样迅速蔓延,因此病毒式营销成为一种高效的信息传播方式,而且由于这种传播是用户之间自发进行的,因此几乎是不需要费用的网络营销手段。

2)病毒式营销的特点

病毒式营销是通过利用公众的积极性和人际网络,让营销信息像病毒一样传播和扩散,营销信息被快速复制传向数以万计、数以百万计的受众。它存在一些区别于其他营销方式的特点。

(1)有吸引力的病原体

任何信息的传播都要为渠道的使用付费。之所以说病毒式营销是无成本的,主要指它利用了目标消费者的参与热情,但渠道使用的推广成本是依然存在的,只不过目标消费者受商家的信息刺激自愿参与到后续的传播过程中,原本应由商家承担的广告成本转嫁到了目标消费者身上,因此对商家而言,病毒式营销是无成本的。

目标消费者并不能从"为商家打工"中获利,他们为什么自愿提供传播渠道？原因在于第一传播者传递给目标群的信息不是明显的广告信息,而是经过加工的、具有很大吸引力的产品和品牌信息,而正是这一披在广告信息外面的漂亮外衣,突破了消费者戒备心理的"防火墙",促使其完成从纯粹受众到积极传播者的变化。

（2）几何倍数的传播速度

大众媒体发布广告的营销方式是"一点对多点"的辐射状传播,实际上无法确定广告信息是否真正到达了目标受众。病毒式营销是自发的、扩张性的信息推广,它并非均衡地、同时地、无分别地传给社会上每一个人,而是通过类似于人际传播和群体传播的渠道,产品和品牌信息被消费者传递给那些与他们有着某种联系的个体。如目标受众读到一则有趣的 flash,他的第一反应或许就是将这则 flash 转发给好友、同事,无数个参与的"转发大军"就构成了呈几何倍数传播的主力。

（3）更新速度快

网络产品有自己独特的生命周期,一般都是来得快去得也快,病毒式营销的传播过程通常是呈 S 形曲线的,即在开始时很慢,当其扩大至受众的一半时速度加快,而接近最大饱和点时又慢下来。针对病毒式营销传播力的衰减,一定要在受众对信息产生免疫力之前,将传播力转化为购买力,方可达到最佳的销售效果。

3）病毒式营销的一般策划流程（图 5-15）

图 5-15　病毒式营销的一般策划流程

（1）决定自己要干什么

这是要求开始策划前,一定要知道你的目的。是想宣传品牌呢,还是吸引客户购买,还是为了增加某个网站的流量。这将是后面几个要素的根本。

（2）分清楚用户是谁

病毒式营销的通路决定了其人群覆盖力度是很强的,但更要求策划者必须进行人群细分。知道最有价值的人是谁,他们有什么特征和共性。

（3）挖掘兴趣点

认真分析这些用户群体的兴趣焦点。显然,老一辈企业家和"80后"的兴趣点是不一样的。你用百度的恶搞视频去推送给企业管理者,肯定达不到扩散的效果。因此,研究你的用户的兴趣点,是"营销创意"的真正开始。

（4）推广途径

现在你已经知道了想干什么,也知道了用户是谁,并且有了一个绝佳的创意,那么现在该考虑通过什么途径去进行推广了。现在的营销手段空前丰富,不管是视频、邮件和软文等,都让你目不暇接。

4）成功实施病毒式营销

病毒式营销的价值是巨大的,一个好的病毒式营销计划远远胜过投放大量广告所获得的效果。如何才能取得病毒式营销的成功呢? 在实施病毒式营销的过程中,一般都需要经过方案的规划和设计、信息源和传递渠道的设计、原始信息发布、效果跟踪管理等基本步骤,认真对待每个步骤,病毒式营销才能最终取得成功。

①应该进行病毒式营销方案的整体规划,确认病毒式营销方案符合病毒式营销的基本思想,即传播的信息和服务对用户是有价值的,并且这种信息易于被用户自行传播。

②病毒式营销需要独特的创意,并且精心设计病毒式营销方案(无论是提供某项服务,还是提供某种信息),最有效的病毒式营销往往是独创的。独创性的计划最有价值,病毒式营销之所以吸引人之处就在于其创新性。在方案设计时,一个特别需要注意的问题是,如何将信息传播与营销目的结合起来? 如果仅仅是为用户带来了娱乐价值(如一些个人兴趣类的创意)或者实用功能、优惠服务而没有达到营销的目的,这样的病毒式营销计划对企业的价值就不大了。反之,如果广告气息太重,可能会引起用户反感而影响信息的传播。

③信息源和信息传播渠道的设计。虽然说病毒式营销信息是用户自行传播的,但是这些信息源和信息传递渠道需要进行精心的设计,如要发布一个节日祝福的 Flash,首先要对这个 Flash 进行精心策划和设计,使其看起来更加吸引人,并且让人们更愿意自愿传播。仅仅做到这一步还是不够的,还需要考虑这种信息的传递渠道,是在某个网站下载(相应地在信息传播方式上主要是让更多的用户传递网址信息),还是用户之间直接传递文件(通过电子邮件、IM 等),或者是这两种形式的结合? 这就需要对信息源进行相应的配置。

④原始信息的发布和推广。最终的大范围信息传播是从比较小的范围内开始的,如果希望病毒式营销方法可以很快传播,那么对原始信息的发布也需要经过认真筹划,原始信息应该发布在用户容易发现,并且用户乐于传递这些信息的地方,如果必要,还

可以在较大的范围内去主动传播这些信息,等到自愿参与传播的用户数量比较大之后,才让其自然传播。

⑤对病毒式营销的效果也需要进行跟踪和管理。当病毒式营销方案设计完成并开始实施之后(包括信息传递的形式、信息源、信息渠道、原始信息发布),病毒式营销的最终效果实际上自己是无法控制的。实际上,对病毒式营销的效果分析是非常重要的,不仅可以及时掌握营销信息传播所带来的反应(如网站访问量的增长),也可以从中发现这项病毒式营销计划可能存在的问题,以及可能的改进思路,将这些经验积累为下一次病毒式营销计划提供参考。

【案例分析】

(1)Chipotle:用奥斯卡级动画片夺眼球

经营墨西哥烤肉的休闲快餐连锁店 Chipotle 一直把天然有机食材应用在其销售的食品中,并以"良心食品"为口号,从食材采购到下厨烹煮,在每个环节都非常重视顾客的健康。如今他们给自己的口号加了点儿料,通过和设计工作室 Moonbot Studios(这家工作室曾荣获奥斯卡奖)的合作,Chipotle 推出了一部动画短片《稻草人》和同名移动游戏。他们这么做就是为了引起人们对食品消费安全的关注,这其中就涉及动物肉类加工、人工添加荷尔蒙、有毒杀虫剂等方面。

《稻草人》动画片虚构了一个未来世界:人类环境已经被破坏,食品行业被一家名为"乌鸦食品公司"的企业所垄断,稻草人不再守卫农田,而成为这家垄断寡头工厂里生产劣质食物的奴仆。但一个可爱、善良的稻草人厌恶了当帮凶的生活,从这家残酷的黑食品工厂里逃回家,当他意外找到一个红辣椒(Chipotle 的 Logo)后,一切都发生了变化:世界的颜色变得鲜亮,音乐也随之响起,稻草人重新找回了自己的生活。他种植新鲜蔬菜,到处旅行,还开了一家玉米煎饼店。而同名 iOS 游戏也很有趣,玩家需要开垦草地,重新种植休耕的稻草人农场来获得游戏经验值,然后和虚拟乌鸦食品公司对抗。

该部动画短片在 2013 年 9 月推出,登录 YouTube 不到两周就获得了 650 万浏览量;据报道,同名游戏在苹果 App Store 上架仅 6 周,下载量就突破了 50 万。截至本文发布,该动画短片在 YouTube 上的浏览量已经突破 1 200 万次,虽然 Chipotle 公司没有对外透露同名游戏的 iOS 设备安装量,但每次打开这个 App,"稻草人"总能拨动人们的心弦,引起人们对食品安全的关注。

(2)多芬:传播女性美

多芬推出了一部视频短片——"我眼中的你更美",其病毒式营销获得了巨大的成功。这部广告片不仅令人振奋不已,还创造了线上营销纪录,推出后仅一个月内,浏览量就突破了 1.14 亿。"我眼中的你更美"之所以能够获得如此出色的成绩,一部分原因要归功于联合利华公司。在其帮助下,这部短片被翻译成 25 种语言,并在其 33 个 YouTube 官方频道下播放,全球超过 110 个国家的用户都可以观看这部短片。

短片旨在寻求一个答案:在自己和他人眼中,女性的容貌到底有何差异? 多芬的调研报告显示,全球有54%的女性对自己的容貌不满意。Gil Zamora 是 FBI 人像预测素描专家。在短片中,他和受访女性分坐在一张帘子两边,彼此看不见对方,Gil Zamora 根据女性对自己容貌的口头描述勾勒出她的模样。然后,Gil Zamora 根据陌生人对同一女性的容貌口头描述再描绘一张画像。之后,他把两张素描画摆放在一起做比较,结论是一个女人在他人眼里要比在她自己眼里美丽得多。

短片打动了消费者的内心,在推出后的第一个月就获得了380万次转发分享。随后两个月内,多芬的 YouTube 频道新增了1.5万个订阅用户。此外,短片也影响到传统媒体,令纸媒、广播新闻竞相报道,甚至引发了一系列线上讨论。更令人意外的是网上出现了不少模仿视频。2013年6月,多芬和广告代理商奥美获得了戛纳国际创意节全场钛狮奖,毋庸置疑,这是病毒式营销的一次巨大成功。

5.5 大数据营销

1)大数据营销基本概念

大数据营销是基于多平台的大量数据,依托大数据技术的基础上,应用于互联网广告行业的营销方式。大数据营销衍生于互联网行业,又作用于互联网行业。依托多平台的大数据采集,以及大数据技术的分析与预测能力,能够使广告更加精准有效,给品牌企业带来更高的投资回报率。

大数据营销的核心在于让网络广告在合适的时间,通过合适的载体,以合适的方式,投给合适的人。

2)大数据营销特点

(1)时效性

在网络时代,网民的消费行为和购买方式极易在短的时间内发生变化。在网民需求点最高时及时进行营销非常重要。全球领先的大数据营销企业 AdTime 对此提出了时间营销策略,它可通过技术手段充分了解网民的需求,并及时响应每一个网民当前的需求,让他在决定购买的"黄金时间"内及时接收到商品广告。

(2)个性化营销

广告主的营销理念已从"媒体导向"向"受众导向"转变。以往的营销活动须以媒体为导向,选择知名度高、浏览量大的媒体进行投放。如今,广告主完全以受众为导向进行广告营销,因为大数据技术可让他们知晓目标受众身处何方,关注着什么位置的什么屏幕。大数据技术可以做到当不同用户关注同一媒体的相同界面时,广告内容有所不同,大数据营销实现了对网民的个性化营销。

（3）性价比高

和传统广告"一半的广告费被浪费掉"相比,大数据营销在最大程度上让广告主的投放做到有的放矢,并可根据实时性的效果反馈,及时对投放策略进行调整。

（4）关联性

大数据营销的一个重要特点在于网民关注的广告与广告之间的关联性,由于大数据在采集过程中可快速得知目标受众关注的内容,以及网民身在何处,这些有价信息可让广告的投放过程产生前所未有的关联性。即网民所看到的上一条广告可与下一条广告进行深度互动。

3）大数据精准营销方式

精准营销简单地说就是利用现代化的信息技术手段来实现个性化营销的活动,需要建立在精准定位和分析基础之上,运营商精准营销可以从以下几个方面进行。

①大数据精准营销要解决的首要问题是数据整合汇聚。运营商目前运用大数据实现精准营销的一个重要挑战是数据的碎片化,即信息化系统各自为政。在许多信息化系统中,数据散落在互不连通的数据库中,相应的数据处理技术也存在于不同部门中,如何将这些孤立错位的数据库打通、互联、交换和共享,并且实现技术共享,才能够最大化大数据价值,实现精准营销。为此,运营商首先要构建大数据交换共享平台,整合共享各信息化系统的数据,汇集用户在多个渠道上的行为数据,构建对用户行为和用户其他数据的深入洞察,一方面实时监控各渠道的用户行为特征、运营和营销的效果;另一方面集中用户的数据,便于后续的深入挖掘分析,实现以用户为中心的数据有效汇聚,提升用户数据价值,实现用户交互的精准识别和多渠道数据汇集,为用户提供更加准确的服务和营销策略。

②建立系统化的大数据可视化关联分析系统。通过三维表现技术来展示复杂的大数据分析结果,支持多种异构数据源接入包括互联网与运营商本身海量数据外,还可以支持第三方接口数据、文本文件数据、传统数据库(如 Oracle、SqlServer、MySQL 等)数据、网页数据等数据源;支持数据可视化分析、数据挖掘运算法、预测性分析、语义引擎、高质量的数据管理等。借助人脑的视觉思维能力,通过挖掘数据之间重要的关联关系将若干关联性的可视化数据进行汇总处理,揭示出大量数据中隐含的规律和发展趋势,进一步提高大数据对精准营销的预测支撑能力。

③将大数据交换共享平台和现有的 CRM 系统打通。以前的 CRM 系统,只能促使分析报告回答"发生了什么事",现在让 CRM 系统结合大数据平台,可以被用来回答"为什么会发生这种事",而且一些关联数据库还可以预言"将要发生什么事",从而能判断"用户想要什么事发生"。对用户的需求进行细分,使营销服务符合精准分析、精准筛选、精准投递等要求。

④利用用户的各种社交工具实现精确营销和用户维系,可以利用关联分析等相关技术对用户社交信息进行分析,通过挖掘用户的社交关系、所在群体来提高用户的保有

率,实现交叉销售和向上销售,基于社会影响和社交变化对目标用户进行细分,营销人员可识别社交网络中的"头羊"、跟随者以及其他成员,通过定义基于角色的变量,识别目标用户群中最有挖掘潜力的用户。

⑤对用户市场进行细分。这是运营商实现精准化营销的基础,不同于传统的市场划分,精准营销开展的市场细分要求根据用户的消费习惯、需求、行为规律等进行分析研究,然后据此进行市场细分,这就要求必须收集客户显性和隐性方面的信息数据,利用大数据分析挖掘工具深入分析,绘制完整的用户视图,然后进行深层次的挖掘分析,定位目标市场,才能为运营商精准化营销提供依据。

⑥根据大数据挖掘分析的用户需求信息,进行产品或服务的量身定做。通过大数据精准营销缩短运营商与用户的沟通距离,实现一对一的精准化、个性化营销。随着移动互联网、大数据等技术的进步,运营商和用户的交流沟通更加个性化、虚拟化、网络化,沟通技巧也变得更加柔和,大数据精准化营销使得沟通变为直线最短距离,加强了沟通的效果。营销方式从海量业务广播式推送,过渡到一对一以用户体验为中心的业务精准实施。一对一精准营销面向用户在某一刻、以适合的价格,推送最需要的业务。围绕用户、业务场景、触点、营销推送内容、营销活动等,基于跨渠道触发式的营销,运营商在注重用户体验的同时达到最佳的营销效果,并且可对营销过程进行全程跟踪,从而不断优化营销策略。

⑦要以客户为导向重组市场营销流程,对市场营销全过程实施跟踪监管。传统的市场营销流程主要是以产品为中心,对市场的反应速度较慢,而且没有对市场营销活动的结果反馈进行改进,因而难以形成一个闭环。大数据时代的精准化营销,以客户为中心,从客户的需求着手,进行深入的洞察和分析,然后结合运营商自身的业务、品牌等进行市场营销活动的策划。在市场营销活动的过程中,还要根据市场变化、竞争对手的反应及用户反馈情况等内容及时调整营销策略。同时,在市场营销活动开展一段时间后,要根据活动反馈结果适时做一些归纳和总结,以便为下一个阶段市场营销活动策划打好基础。

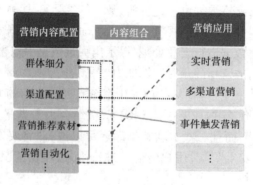

图5-16 营销流程重组

【工作小结】

随着跨境电商业务在境外的拓展和深入,线上营销推广的成功与否直接关系着卖家的销量和品牌口碑的传播。怎样才能让用户看到自己的商品并购买,如何采用精准的营销方法获取站外流量也十分关键。目前来看,对平台上的卖家来说,站内引流是主要方式;对 B2C 独立网站来说,SEM 是必不可少的;而第三方平台还可以将线上与线下相结合。无论采用什么样的营销方式,最终还是要回归到内容,如在社交媒体上,只有好玩、有创意的内容才会被大量传播并吸引粉丝。此外,如何满足用户的个性化需求也是一个大趋势。跨境电商已经逐渐成为中国经济连接世界的一部分,如果说电商"上半场"的主题是规模上的野蛮生长,背后是终端普及带来的用户和流量红利作为支撑,那么进入后流量红利时代的"下半场",核心则是对生态的精耕细作。如何尽可能多地挖掘现有用户价值,多种多样的传统与现代营销,作为必需的手段需要被准确地应用。

【复习思考题】

一、选择题

1.搜索引擎营销的简称是(　　　　)。

A.SEO　　　　　B.SEM　　　　　C.SEC　　　　　D.SERP

2.一个做儿童服装批发的网站,最匹配的精准关键词是(　　　　)。

A.童装批发　　　B.服装批发　　　C.服装批发网　　D.儿童服装批发网

3.一个精准关键词的"基础三度"不包括(　　　　)。

A.相关度　　　　B.流行度　　　　C.竞争度　　　　D.相似度

4.以下(　　　　)和(　　　　)属于大数据营销的特点。

A.性价比高　　　B.无关联　　　　C.时效性　　　　D.沟通成本大

二、判断题

1.B2C、B2B、C2C 是电子商务的三种主要模式。　　　　　　　　　　(　　)

2.网站曝光率指能让更多的客户在搜索引擎或网站、论坛及其他平台上找到关于网站的产品信息。　　　　　　　　　　　　　　　　　　　　　(　　)

3.大数据最显著的特征是数据规模大。　　　　　　　　　　　　　　(　　)

4.在当前环境中,最为突出的大数据环境是自然环境。　　　　　　　(　　)

三、简答题

1.大数据营销的基本概念是什么?

2.SEO 的优势有哪些?

四、讨论题

【工作实践】

基于消费者日益提高的消费需求,某电商平台着力打造跨境海淘平台,以母婴产品

149

为主,请就目前国内同类竞争对手做市场评估,拟订一份线上推广方案。

工作背景:随着中国经济转型发展跨入"消费升级"全新时代,电商领域不断创造着新的消费需求。消费者是市场竞争最终的决定性力量,是市场的主人,是新的资本动力的源泉。谁能赢得最多的消费者,谁就能拥有最大的市场和巨额的资本注入,所以跨境电商平台的线上推广既要关注同类平台,分析竞争优劣势,更需要回归消费者本身,拟订有针对性的推广方案。

工作要求:请大家进行网络查询,主要就本章学习内容,拟订平台推广方案。

任务六
跨境电商进口线下推广

【工作情境】

经过几个月的跨境电商实习,小张终于熟悉了跨境电子商务的一些基本流程和线上的推广运营工作,但是小张也发现,跨境电子商务,如果只是线上推广和运营还是远远不够,发现往往成功的案例中是线上线下融合在一起的,而且线下的推广更加不可或缺。

人物设定:小张,20岁,大专,营销策划专业,有一定的跨境电子商务运营推广经验。

职务:跨境电子商务运营推广。

所属部门:营销推广策划部。

工作内容:领导交办的营销推广工作。

需要的工作能力:电子商务O2O(线上线下)营销推广技能。

【工作目标与要求】

了解跨境电子商务的线下推广模式;

了解跨境电子商务的线下运营手段;

认识跨境电子商务的海外仓模式;

了解跨境电子商务的线下运营流程。

【知识流程】

跨境电商进口线下推广流程如图6-1所示。

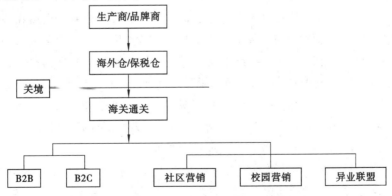

图6-1　跨境电商进口线下推广流程

【工作案例】

为什么跨境电商会钟情线下体验店？

台版花王纸尿裤、意大利版爱他美奶粉、德国施巴润肤露、美国飞利浦奶瓶、法贝尔儿童沐浴露……在南方某大城市跨境电商体验店开张第一天客流量超过 5 000 人，很多商品货架"遭到"扫空。而究其原因，很多抢购者表示该跨境电商的商品"便宜"，这是什么原因呢？

一位业内人士表示，购买境外商品，有一个便宜的途径，那就是购买境外产品有"个人购买而非企业贸易，个人物品就可以缴纳行邮税而非贸易税"的规定。跨境电子商务体验店利用邮税比一般贸易税大约优惠 30%，50 元以下免征的特点，直接把商品送到了消费者身边，等于用电子商务直接为消费者降低了关税。建立实体体验店，以电子商务支付的方式进行支付，和传统购买境外商品比较，要便宜很多，有了价格的优势，自然能吸引大量顾客购买！

从 2015 年互联网发展趋势看，很多互联网公司都大手笔地开始拓展线下渠道，如今年阿里 290 亿入股苏宁，最大的一个原因就是看中了苏宁 1 600 多家实体店的优势；2015 年 3 月电商京东宣布：京东在北京市的第一家母婴实体体验店正式营业；2015 年 3 月雷军宣布：小米两年内将在印度开 100 家体验店，进军海外市场；"双十二"即将来临之际，当当网日前对外宣布，将在 3 年内开 1 000 家线下实体书店……除此之外，O2O 领域是今年电商的热点，包括百度 200 亿打造糯米网，在移动互联网流量入口多渠道的前提下，以 O2O 闭环形式撬动移动互联网，还有"双十二"阿里在各大超市支付宝支付活动，无疑，在实体店被电商冲击得几近崩溃的时候，电商们又开始在线下布局网购体验店，这是为什么呢？

电商虽然火爆，但是大多属于低价消费。从有关部门对 2015 年有购买记录的487.5万用户分析发现，网络购物者的消费主要集中于偏低端产品。虽然在 2015 年"双十一"活动中，全天电商的交易总额达到 1 229.37 亿元，从产品销量看，服饰鞋包、运动健康、家用电器排在前三名。而在线下实体消费中，这些占据的比例很小，在 O2O 领域，餐饮、旅店、电影、健身是热点，而在美国，据统计，美国人均年支出 30 000 美元左右，而线上消费比例仅占 2%，那么剩下的 98% 花在哪里呢？答案是，大部分都在本地消费了，如娱乐、健身、咖啡等。可见，目前电商市场，只在消费领域做得相对成熟，而且近于饱和，想要有新的突破，向线下发展是一个趋势。

线下体验店，可能会带动更多的消费者，"双十二"阿里的超市支付活动，就吸引了大量的"大妈"人群的参加，她们不是网购的主力军，但可以通过线下体验店的开拓，养成这一人群的网购习惯，有效地拓展网购人群。

线下体验店,还可以吸引高端消费用户。"网购"一直都被加上了"假货"的标签,而且电商和电商之间的竞争中也以此为卖点,这样就把一部分高档消费人群挡在网购之外,高档消费人群对价格不是太敏感,而把产品质量放在第一位,通过线下体验店,可以彻底让对网购存有怀疑的人群放下心理包袱,感受互联网"定制"带来的高性价比的享受。

6.1　大客户营销

大客户营销,就是针对大客户的一系列营销组合。大客户是相对于一般消费者而言的,一般指的是企业客户或者渠道商,其价值相对比较大,需要一对一地进行客户管理与营销战略实施。

大客户(Key Account,又被称为重点客户、主要客户、关键客户、优质客户等)有两个方面的含义,其一指客户范围大,客户不仅包括普通的消费者,还包括企业的分销商、经销商、批发商和代理商;其二指客户的价值大小,不同的客户对企业的利润贡献差异很大,20%的大客户贡献了企业80%的利润,因此,企业必须高度重视高价值客户以及具有高价值潜力的客户。在大客户营销战略中的大客户是指后者,是指公司所辖地域内使用产品量大或单位性质特殊的客户,主要包括经济大客户、重要客户、集团客户与战略客户等。其中经济大客户是指产品使用量大、使用频率高的客户;重要客户是指党政军、公检法、文教卫生、新闻等国家重要部门的客户;集团客户是指与本企业在产业链或价值链中具有密切联系、使用本企业产品的客户;战略客户是指经市场调查、预测、分析,具有发展潜力,会成为竞争对手的突破对象的客户。

6.1.1　B2B 营销

企业的营销指个人或组织,包括企业、政府和机构,采取的促进将产品和服务销售给其他公司或者组织的方法。这些其他公司和组织将这些产品和服务作为他们自己的产品和服务的一部分进行再销售或者用它们来支持他们的运营。企业营销还被称为工业营销、企业对企业营销,或者简称为 B2B 营销。(注意:尽管对政府的营销和组织营销的动态变化有些相似,B2G 营销在意思上是不同的。)

1)企业营销的起源

在广义上讲,这种一个承办商和另一个承办商进行贸易的做法和商业一样古老。然而,像今天我们知晓的这样在市场营销学领域占有一席之地还是最近的事。在纽约城市大学 Zicklin 商学院的市场营销学教授 J.David Lichtenthai 的《企业营销研究基础》的介绍中,他强调指出工业营销自 19 世纪中期就存在了,尽管关于企业营销的大量研究直到近 25 年才出现。

Morris,Pitt 和 Honeycutt 2001 年指出很多年来企业营销都不如消费者营销重要(消费者营销指商品和服务提供商通过大众传媒和零售渠道直接向家庭出售),这种状况在 20 世纪 70 年代中期到后期开始改变。各种学术期刊,如《企业营销杂志》和《企业和工业营销杂志》,定期发表关于这个课题的研究,每年关于企业营销的学术会议也定期召开。另外,企业营销的课程在很多大学里也很常见。事实上,Dwyer 和 Tanner(2006)指出更多的市场营销专业的学生是从企业营销而不是消费者营销开始他们的职业。

2) 企业营销和消费者营销

尽管表面上企业营销和消费者营销的区别很明显,二者之间存在着更微妙的区别和更重要的分歧。Dwyer 和 Tanner(2006)注意到企业营销的分销渠道一般更短更直接。

消费者营销的目标是大量的人口统计群体,主要通过大众传媒和零售商,而企业营销中买卖双方的谈判过程更加私人化。Hutt 和 Speh(2004)指出大部分企业营销人员只把促销预算的一小部分用于广告,而且通常是通过直接邮递和行业杂志。尽管广告有限,它通常能帮助企业营销人员成功地建立销售拜访。

向以盈利为目的的企业推销(B2B 营销)和向私用的个人推销(B2C 营销)的基本概念是相似的。无论是 B2C、B2B 还是 B2G,市场人员都必须具有以下特征:

①成功地将产品服务的长处和一个明确的目标市场的需求相匹配。

②为产品服务定位定价使它符合市场需要,这通常是个很微妙的平衡。

③以能够向目标市场有效地表明它的价值的方式传播和销售。

这些就是 1960 年 E.Jerome McCarthy 最先记录的市场营销的 4 个 P(市场营销组合)的基本原则。

3) B2B 销售中谁是消费者?

"其他企业"似乎是个简单的回答,但是 Dwyer 和 Tanner(2006)将企业消费者分为 4 个大类:使用产品或服务的公司、政府部门、机构和分销商。

第一类包括原装设备制造商,如将买来的量表装在他们的汽车里的汽车制造商和购买产品用于自己消费的公司用户。第二类,政府部门,是最大的一类。这一类还包括州政府和当地政府。第三类,机构,包括学校、医院和疗养院、教堂、慈善机构。第四类,分销商包括批发商、经纪人和工业分销商。

4) 企业营销和消费者营销的区别

B2C 销售针对个人。那个人的决定可能会受到其他因素(如家庭成员或者朋友)的影响,但是最终掏腰包的是一个人。B2B 销售针对组织。这个简单的区别包含了一系列复杂的不同,这些不同来自销售的组织结构,也随着企业大小、位置、行业、收入来源等"企业统计群体"(亦即用于划分企业的"人口统计群体")的不同而不同。

市场营销组合经常受 B2B 独特性的影响,这种独特性包括企业产品和服务的复杂性、需求的多样性和销售本身的不同特性(包括更少的顾客购买更大的量)。因为 B2BA 销售的这些重要的微妙之处,McCarthy 原来提出的 4 个 P 就有了更多分类。

6.1.2　B2C 营销

随着宽带互联网在我国的不断普及,以及打破传统销售时间与空间界限的电子商务为大众带来便捷与丰富的消费体验,越来越多的网民投身于网上购物当中。而企业与个人之间的(B2C)电子商务模式以其支付方式多样,品牌信誉良好,售后服务到位等优点深受消费者的喜爱并不断茁壮成长。

1) B2C 平台的经营模式

(1)B2C 商城系统运营模式:综合型 B2C

综合型就是涉及面要够广,要利用好自身的品牌影响力,积极寻找新的利润点,培养核心业务。可在现有品牌信用的基础上,探索国际品牌代购业务或者采购国际品牌产品销售等新业务。网站建设要在商品陈列展示、信息系统智能化等方面进一步细化。对于新老客户的关系管理,需要精细客户体验的内容,提供更加人性化、直观的服务。选择较好的物流合作伙伴,增强物流实际控制权,提高物流配送服务质量。

(2)B2C 商城系统运营模式:垂直型 B2C

垂直领域只要够深,往往更能体现网站的专业性和独特性。核心领域内继续挖掘新亮点。积极与知名品牌生产商沟通与合作,化解与线下渠道商的利益冲突,扩大产品线与产品系列,完善售前、售后服务,提供多样化的支付手段。鉴于目前个别垂直型 B2C 运营商开始涉足不同行业,笔者认为需要规避多元化的风险,避免资金分散。与其投入其他行业,不如将资金放在物流配送建设上。可以尝试探索"物流联盟"或"协作物流"模式,若资金允许也可逐步实现自营物流,保证物流配送质量,增强用户的黏性,将网站的"三流"完善后再寻找其他行业的商业机会。

(3)B2C 商城系统运营模式:平台型 B2C

B2C 受到的制约因素较多,但中小企业在人力、物力、财力有限的情况下,平台型 B2C 不失为一种拓宽网上销售渠道的好方法。首先是中小企业要选择具有较高知名度、点击率和流量的第三方平台;其次要聘请懂得网络营销、熟悉网络应用、了解实体店运作的网店管理人员;最后是要以长远发展的眼光来看待网络渠道,增加产品的类别,充分利用实体店的资源、既有的仓储系统、供应链体系以及物流配送体系来发展网店。

(4)B2C 商城系统运营模式:直销型 B2C

要从战略管理层面明确这种模式未来的定位、发展与目标。协调企业原有的线下渠道与网络平台的利益,实行差异化的销售,如网上销售所有产品系列,而传统渠道销

155

售的产品则体现地区特色;实行差异化的价格,线下与线上的商品定价根据时间段不同设置高低。线上产品也可通过线下渠道完善售后服务。在产品设计方面,要着重考虑消费者的需求及感觉。大力吸收和挖掘网络营销精英,培养电子商务运作团队,建立和完善电子商务平台。

2)以凡客诚品为例对现时 B2C 营销模式进行分析研究

(1)凡客诚品简介

凡客诚品是 2007 年 10 月由原卓越网创始人陈年先生创立,国际顶尖风险投资机构 IDG 巨资打造而成的服装品牌。仅仅一年时间,凡客诚品营业额就达到 3 亿元,一跃成为行业内的领军者,并在 2009 年营业额增加到 9 亿元。其后,凡客在 2010 年和 2011 年分别推出自我品牌商城"V+商城"和自主研发的化妆品牌"妙棵"。截至 2011 年 3 月,凡客诚品在服装类网上零售市场中,以 28.4%的市场份额排名第一,在中国网上 B2C 领域收入规模排前四位,是 B2C 电子商务平台市场占有排名第四的服装销售网站。凡客诚品目前已拓展涵盖男装、女装、家居、鞋、配饰、童装、化妆品七大类,随着在各品类间的不断深化,逐渐成为网民服装购买的首选。根据艾瑞网 2011 年第二季度公布的中国 B2C 购物网站的市场份额显示,凡客诚品在中国 B2C 购物网站市场中,平台式 B2C 和自主销售为主的 B2C 所占的市场份额分别是 2.0%和 4.1%,排名分别为第 6 名和第 5 名,直逼当当网。

156

(2)凡客诚品的品牌推广

凡客诚品在短短的 4 年间就变得家喻户晓,深受广大年轻一代喜爱并成为中国网上 B2C 领域交易规模第四位的企业,这都归功于它铺天盖地式的广告宣传和善用娱乐媒体资源并紧抓目标顾客的心理进行推广。

①铺天盖地式的广告宣传。在线上广告方面,凡客诚品除了利用传统的 E-mail 推广和手机短信推广外,它的品牌推广方式紧跟时尚潮流,采用微博推广。这是一种成本低而且高效的品牌推广方式。众所周知,微博已经成为中国网民一个对外沟通的重要工具。巧妙地利用微博进行病毒式营销是企业挖掘更多新客户和抢占市场份额的重要手段。另外,凡客诚品在各大门户网站投放广告,务求使更多的潜在顾客接触到凡客,刺激他们登录凡客网进行消费。而在线下广告方面,凡客继续采取强大的广告攻势。无论在地铁,公交车站还是街上的广告板上,人们都可以见到始终标价 39 元的凡客衬衫广告,这对一般大众来讲是一个致命的消费吸引点。

②紧抓目标顾客的心理,善用娱乐媒体资源。凡客诚品抓住"80 后""90 后"张扬个性、渴望展现自我的特性,开展凡客 T-shirt 设计师、凡客模特招募和凡客明星等活动,不仅给他们一个展现自我的机会,令凡客诚品不再仅仅是一个服装品牌,更升华成为一个才能展现的平台。最重要的是这样可以吸引更多的年轻人参与其中,从而提高企业品牌知名度。凡客诚品还推出"我是凡客"板块,让凡客消费者把自己的衣着搭配

放上网站与他人分享。另外,它与我国偶像电影《将爱情进行到底》合作,利用消费者追随偶像的心理来增加消费者对品牌的忠诚和黏着度。

（3）凡客诚品 B2C 电子商务模式最新运营模式

在 B2C 模式中,凡客诚品扮演举足轻重的角色,是我国 B2C 模式的典范。下面就来分析一下凡客诚品 B2C 模式的运营方式。

①市场定位。凡客诚品的定位是互联网快时尚品牌,所属领域是服装 B2C 领域。目标客户是伴随着互联网成长起来的、与国际潮流对接最为快速而消费能力大多又有限的人群,其中"80 后"和"90 后"占大部分。而"凡客"所做的就是要使这部分购买力有限的消费群体可以用较低的价格追求时尚,使"时尚"一词变得不再遥不可及。同时,"凡客"希望传达给广大消费者一种"每一个人都很平凡,每一个人又都不平凡"的信息,并且用最简单直接的方式告知人们,"凡客"是大众的。

②支付方式。支持货到付款、电话支付、网上支付、凡客礼品卡支付、邮局汇款和邮局网汇通汇款。另外,还支持消费者建立独有的,顾客专属的凡客虚拟账户。在 VANCL 购物多支付的部分或报销运费等金额都会存入顾客在 VANCL 虚拟账户中,顾客可以在 VANCL 购物时使用。凡客支持多种支付方式满足了部分保守人群"一手交钱,一手交货"的传统交易理念,也方便了还没有办理网上银行和在第三方支付平台注册的消费者。

③商品信息发布平台。为了让广大顾客不局限于利用电脑进行网上购物的空间束缚,凡客诚品紧跟手机网购的潮流,抓住移动交易市场迅猛发展的机遇,与电信运营商合作,推出各款主流手机的凡客客户端,让顾客随时随地可以利用手机登录凡客网进行购物。凡客诚品客户端是凡客诚品专为手机用户免费定制的购物软件,它与凡客网上万产品库对接,拥有商品搜索、浏览、收藏、查物流、购物车等功能,保持用户的体验与 PC 端毫无差异。另外,随着现在的 ipad 用户不断增加,凡客诚品也推出 ipad 客户端。

④发展企业多元化品牌。凡客诚品在服装领域的品牌建立起来之后,慢慢涉足化妆品和网上商城领域,开始发展自主品牌的化妆品"妙棵"和建立自己的电子商城——V+商城,务求令更多时尚靓丽一族认识凡客。

3）B2C 的营销策略

（1）剔除

在 B2C 电子商务模式中,大部分人都会认为"库存和物流"是理所当然的因素,而且这两块儿也是成本较高的因素。既然这两块儿是成本比较高的因素,那么能不能剔除呢？ 大部分人的第一反应是:肯定不能。没有什么是不可能的,办法总比问题多,已经有电子商务网站剔除掉了这两个环节。剔除掉这两个环节有两个方法:

①只销售信息类产品,不销售实物类产品。

②实物类产品销售的话,就需要整合相关的资源。

（2）减少

B2C 网站都是靠众多的广告费砸起来的。网络最大的优势在于它是一种低成本的营销平台。B2C 网站想获得快速发展,减少硬广告的投放,降低营销成本,然后多花一些精力在营销上进行创新。

（3）创造

①导购资讯。大部分 B2C 网站都是产品展示和产品销售,内容单调,很难留住回头客。很多购买者在有需求的时候,面对众多的同类产品,选择会让他们非常盲目。如果有非常合理的导购信息让他们对自己所要购买的产品进行一个客观的了解和比较的话,他们就可以购买一个让他自己满意的产品。让客户满意,客户就愿意继续到你的网站购买产品。客户买产品,买的不是产品本身,买的是产品带给用户的好处。人性化的导购信息可以帮助用户快速地获得各类产品的好处。

②购物文化。大部分购物网站都缺少一种东西,那就是购物文化。什么叫购物文化呢? 就是让你的购物网站营造出一种氛围,让用户感觉到在这种氛围内购买你的产品就是一种享受。

（4）仓储物流服务

随着电子商务日益发展,物流配送业务也日趋庞大,甚至出现了供不应求的市场局面。因此仓储物流行业在近几年变得异常火爆,这类企业主要业务除了仓储、代发货、物流配送,还包括了配送跟踪、终端消费者退货投诉处理等业务。而一家全面的仓储物流公司还会帮助供应商提供具体的物流解决方案,如高效的配送方案、低成本的配送选择等。而这类企业主要集中在上海、北京、广州这些资源集中型城市,像上海的智工厂仓储物流公司就是通过短短 3 年的时间发展成为全国知名的物流配送基地,不仅开通了淘宝、天猫、京东、一号店等电商合作平台,而且智工厂不单服务于中小店铺卖家企业,更专注于品牌商的合作,如三主粮、匡威旗舰店、上海日化、天美健天猫官方旗舰店等。而在选择这类企业的时候,主要考量发货速度、物流配送成本、货品安全性、订单处理量这几方面。

（5）增加

目前大部分 B2C 网站只是选择两三种简单的支付方式,其实,支付方式是否便捷,直接决定着用户的购买欲望。大部分消费者都属于冲动型购物者,如果在购物过程中遇到了一些麻烦的话,这些消费者就会转化成理智型购物者。因此,支付越便捷,对 B2C 的销售越有好处。而且这条特别的重要。中国的 SP 行业之所以能够有如此巨大的市场,最大的原因就是其支付的便捷性。如果 SP 的服务都是去邮局汇款支付的话,不可能会有今天的市场。如果要做 B2C 行业,一定要把支付方式做到行业标准之上,做到最便捷的话,对销售特别有好处。

4）B2C 电子商务精准营销

随着网络与信息技术的飞速发展,电子商务已成为众多企业之间、企业与消费者之

间进行信息沟通和贸易活动的重要形式,与消费者的生活联系也越来越密切。我国的
B2C 电子商务网站的规模、数量对营销理念、手段、方式等都是一个巨大的挑战,基于网
络的营销逐渐成了人们关注的焦点,营销开始由过去的粗放型转变为精准集约型,其特
征就是通过信息的分析,提高投资回报,实现可衡量的营销效果以及对投资市场的精准
细分,精准营销应运而生。精准营销更具有可分析、可操作、可度量的特点,对用户分散
的 B2C 企业来说,精准营销的意义更为重要。我国的电子商务精准营销研究主要集中
在两方面:一是侧重于对广告精准营销途径或企业客户关系管理等单方面的营销方案
进行研究;二是主要集中在通过电信渠道作为精准营销的研究,以及对图书等领域的精
准营销进行规划,而以电子商务网站或 B2C 电子商务为对象的精准营销的系统性研究
稍有匮乏。

5)一样的模式,不一样的策略

(1)天猫——为人服务做平台

虽然名字改了,但是天猫在 B2C 行业的地位还是无人能敌。天猫商城的模式是做
网络销售平台,卖家可以通过这个平台卖各种商品,这种模式类似于现实生活中的购物
商场,主要是提供商家卖东西的平台。天猫商城不直接参与卖任何商品,但是商家在做
生意的时候要遵守天猫商城的规定,不能违规,否则会被处罚。如果这家网络"购物商
场"想赚更多的钱,他就会加你租金,你不交他就会把你赶到集市上摆摊。而一些不服
管制的业主就会"拉大旗、耍大刀"地跟这个商场的负责人理论。这就是天猫商城,与
我们现实生活中的购物商场类似。

(2)京东——自主经营卖产品

京东商城的模式就类似于现实生活中沃尔玛、乐购、家乐福类的大型超市,引进各
种货源进行自主经营。京东先从各厂商进货,然后在自己的商城上销售,消费者可以在
这里一站式采购。京东自己负责经营这么庞大的网络商城,盈亏都看京东自己的经营
能力。消费者购买时出现问题,可以直接找京东解决。

(3)凡客——自产自销做品牌

凡客的模式类似于现实生活中的美特斯邦威、特步等服装专卖店,主要是自产自销
的经营模式。凡客靠卖服装类产品起家,又陆续推出家居、化妆品等产品。凡客所销售
的这些产品基本上都是凡客自己生产,从生产到销售的整个过程都是由凡客自己说
了算。

6.1.3 B2B 营销和 B2C 营销的区别

首先,B2B 营销和 B2C 营销在知识、原理和理论方面,都有着共同的体系。在 B2B
营销和 B2C 营销活动中,管理的基本任务都是相同的。无论是在企业市场还是在最终
消费者市场中,营销者都要以市场为导向制订组织规划,这就需要营销者更好地了解并

满足消费者。但是由于各自的购买者和市场存在巨大差异,其关注的焦点也存在差异。因此,B2B 营销和 B2C 营销是有所不同的。

B2B 市场与 B2C 市场存在巨大的差异。如 B2B 市场客户数量少,但购买数额大;客户需求往往特殊和复杂,参与购买的人员多且购买过程理性和专业。更为重要的是,市场规模数倍于 B2C 市场的企业市场中,企业与客户的关系往往是持续的,并且与客户建立长期的关系对企业的成功至关重要。

1)B2B 市场与 B2C 市场对比

B2B 市场是由一切购买商品和服务,并将它们用于生产其他产品或服务,以供销售、出租或供应给他人的组织所组成。B2B 市场包括国内市场和全球市场两个层面。在 B2B 市场上,一家企业将产品或服务销售给另一家企业,供其自行使用或销售给其他企业使用。B2C 市场是指为个人消费购买产品和服务的全体个人与家庭。B2B 市场与 B2C 市场相比,其主要区别见表 6-1。

表 6-1　B2B 市场与 B2C 市场的主要区别

特点	B2B 市场	B2C 市场
购买者属性	购买者比较少;购买者在地理区域上集中	购买者很多;购买者在地理区域上分散
购买者使用产品的方式	购买产品与服务用于企业生产、消耗、使用或者转售	购买产品与服务用于个人使用或消费需求
需求模式	衍生需求(即产业用品需求源自最终消费品的需求);需求缺乏弹性;需求波动大	需求具有弹性;需求波动小
购买者行为	企业购买行为是一个过程;购买量较大;购买决策受众多人员影响;理性和专业性采购;直接采购;多次的销售访问;互相购买;租赁方式	消费者购买行为是一个单独的行动或事件;购买量小;购买决策可能只由一人决定;感性和非专业性采购;一般通过中间商购买
买卖双方的关系	关系密切而长久;逐步走向合作伙伴关系	关系松散

2)B2B 购买行为与 B2C 购买行为对比

B2B 购买行为与消费者购买行为相比,B2C 购买行为只是一个单独的行动或事件,而 B2B 购买行为则是一个复杂的过程。因此,企业营销者必须了解企业在购买一项产品时所遵循的流程。由于企业购买的复杂性,该过程可能长达数周或数月;可能受众多因素影响;可能涉及企业中的多方成员。影响 B2B 购买行为的因素很多,有组织内部和外部的一系列因素,如环境因素、组织因素、团体因素和个人因素等。在 B2B 市场上,企业购买决策受众多人员影响,而在 B2C 市场上,消费者购买决策可能只由一人决定。

3) B2B 营销与 B2C 营销的对比

在市场营销战略和市场营销组合策略等方面,B2B 营销与 B2C 营销关注的焦点各有不同,它们的主要区别见表 6-2。

表 6-2　B2B 营销与 B2C 营销的主要区别

特点		B2B 营销	B2C 营销
市场竞争		竞争更侧重于产品的功能和厂商的售后服务	竞争主要是围绕着产品和服务的品牌和价格进行
市场调研		企业市场主要关注市场规模、增长和潜在的趋势,市场调研更多采用第二手资料研究;定量研究运用更为广泛	消费者市场最关心消费者心理,市场调研更多采用第一手资料研究;定性研究运用更为广泛
市场细分		根据行业与个体公司的需求来细分。企业市场的主要细分变量为人文、经营变量、采购方法、情境因素和个性特征等因素	根据个人或者群体的需求来细分。消费者市场的主要细分变量为地理、人文、心理和行为因素
公司、产品定位		在企业市场,所有与公司商标相关的利益比那些与产品商标相关的利益重要得多;企业客户对公司品牌比产品品牌更感兴趣	在消费者市场,所有与产品商标相关的利益比那些与公司商标相关的利益重要得多;消费者倾向于更多地关注产品品牌而不是公司品牌
市场营销组合	产品	工业品和服务;B2B 营销的产品有标准化的,但更多的是根据企业客户的需求定制	消费品和服务;B2C 营销的产品基本上都是标准化的
	定价	以竞争性投标为主;B2B 营销的价格通常需要买卖双方通过协商与谈判来确定	一般的定价方法有成本导向定价法、需求导向定价法和竞争导向定价法;B2C 营销的价格策略主要体现了卖方的意愿
	分销渠道	以直销渠道为主(如直接人员推销、交易会、邮购、互联网和电视等)	一般通过中间商销售
	促销	以人员推销为主要促销手段,其他促销手段为销售促进和企业广告等	以广告为主要促销手段,其他促销手段为销售促进和人员推销等

161

6.2 资源营销

营销资源,是指在市场营销中形成的为组织或个人占有的核心技术、经验积累、产品及个人声誉、客户关系、市场网络等资源。经济学中将营销资源定义为在一定的市场环境中,为发掘和说服消费者,并充分满足之需要,引导物品及劳务从生产者流通至消费者或使用者,并最终实现企业目标的企业活动而投入的资财消耗。

不必将营销看作一种必须完整执行的行为模式。归根结底,营销是为企业生存发展服务的。一旦我们将目光转到企业生存发展这一主题上来,会忽然发现诸多重要的影响因素,它们就是——资源!好的营销,就应该将自己能够调动的资源全部运作到位,以实现自己的经营目标。至于具体运作方式,则大可不必一成不变。

为此我们提出了"资源营销"的观念。所谓资源营销,就是以资源为核心的营销活动,它是通过整合有限的可利用资源来调控开发全社会无限的资源,从而实现资源价值最大化的目标。

资源营销就是资源开发、资源整合的过程,企业在进行资源营销过程中,其出发点和最终目标都是资源。资源的增值就是靠资源转换来实现的,它可能是将资本资源转化成了市场资源,或将市场资源转化为网络资源、品牌资源,等等。企业就是在资源转化过程中实现资源的增殖,同时也实现赢利,而利润只是其中一种表现形式。

6.2.1 社区营销

互联网以社区为基层活动场所。网友大都参加不同社区,并且参与程度高、互动性强、主题特定、具有心理归属感的网络社区便于企业向用户传达品牌信息,尤其是通过用户间口碑传播的力量更使品牌传播效果已不仅仅是单个的累加,而是几何级数的增长。市场调查显示:77%的在线购物者会参考其他用户所写的产品评价,而这些人往往对网站拥有更高的忠诚度;超过90%的大公司相信,用户推荐在影响用户是否购买的决定性因素中是非常重要的。

互联网上各类社区很多,仅阿里巴巴就有数十个社区。这些社区在网络上聚合,形成各类如兴趣型、幻想型、交易型等专区,也能形成一种交流互动。以上各种社区都是在某些方面具有同质性的消费者的集合,或角色或兴趣的共通使信息在社区中的传播非常有效,因此,合理利用舆论导向影响消费者的品牌舆论非常重要。这样一些社区不仅成为公司和产品的品牌营销平台,而且成为顾客对采购产品或品牌发表看法的信息集散地,成为建立数据库继而研究消费者行为的信息来源。

互联网社区基本上表现为关系型社区,也就是说,网络用户在某些方面具有一定的天然性关联,于是在网络上集结,建立共同的网络社区,如商人论坛、高校论坛、车友论坛、住宅小区论坛等。在关系型社区中,由于人与人之间具有相对稳定的同学、邻里和爱好等关系,能够使品牌顺利地在同质人群中广泛传播。

1) 社区营销的步骤

第一步,直接面对消费人群,目标人群集中,宣传比较直接,可信度高,更有利于口碑宣传。

第二步,氛围制造销售,投入少,见效快,有利于资金迅速回笼。

第三步,可以作为普遍宣传手段使用,也可以针对特定目标,组织特殊人群进行重点宣传。

第四步,直接掌握消费者反馈信息,针对消费者需求及时对宣传战术和宣传方向进行调查与调整。

2) 社区营销活动创意

社区活动必须有一个很特别的主题与形式,社区活动形式上可以是多种多样,如儿童绘画比赛、趣味运动会和各种文体比赛等。但不论是哪种形式,都必须有很好的创意,尽量不要在同一个小区重复举办同一个活动,否则活动效果给居民带来的满意程度往往因缺乏新意而递减。

特别注意不要刻意模仿竞争对手,因为活动本身没了新意,就激不起消费者的参与积极性,而且会无形降低自己在消费者心目中的地位。不管是什么活动,怎么操作,总是难以面面俱到,而消费者常常放大工作中的失误给自己造成的不满意感觉,总是会忘记好的一面。当我们模仿活动时,消费者第一感觉就会想到负面因素,会给我们的品牌打上一个不好的第一印象分。再者,跟竞争对手展开对垒,后来者往往要有压倒性优势才可达到转移注意力的效果,可这意味着大投入。总之,缺乏新意的活动是不经济的。

3) 社区营销宣传方式

最常见的社区宣传是到处做招贴,随处挂横幅,直邮单路路撒、户户塞,既影响社区整体美观,也有害于环境卫生,居民很是反感。一方面,厂家的宣传效果难以落到实处,花钱打水漂;另一方面,弄巧成拙,因公司缺乏社会责任感而损害公司形象。在做宣传时,厂家应有选择性的进行品牌宣传,实物展示与促销往往是居民乐于接受的方式。另外传统的邮寄、夹报、散发、广告牌、板报等可加以人性化的创新,不再是单纯做广告。如在向居民户派发直邮单时,可将居民所需要的信息附载于上,或以居民有实用价值的生活用品,装饰品作为直邮内容的载体,这样居民会因其使用价值而接受这些宣传品,大大增加居民接触厂家广告信息的机会。

6.2.2　校园营销

校园营销(campus marketing)是知名校园营销机构 Freshmedia(新鲜传媒)提出的

163

概念,主要指针对大学生这一细分群体进行的市场营销活动。校园营销就是企业通过采用针对校园市场的营销手段,在学校推广校园群体适用产品的一种营销方式。校园营销是在新的市场环境下,企业营销方式由传统营销方式向个性化发展的必然趋势,是企业营销方式的创新与营销潜在规则的有机结合。企业在进行校园营销活动时,应该把握校园营销的特殊性和新颖性,制订一套具有针对性的营销方案,并做好每个方案的细节,力争获得良好的营销效果。

一般说来,企业开展校园营销活动的目的无外乎两个:通过宣传以提升企业形象,提高其品牌声誉;通过活动在校园销售其产品。这样,根据不同的目的可以划分企业校园营销活动的两种主要模式。

(1)提升形象

这种营销活动既可以影响企业的现实消费者,也可以影响企业的未来消费者。其形式主要有以下几种:

①在校内设立奖、教、助学金来加强其形象传播。这种方式对那些力图扩大其知名度的企业来说是一种很好的方式,因为它的影响深刻,能给教师和学生都带来荣誉感,易于形成好的口碑传播。目前,这种方式已经被很多企业运用。像深圳华为技术有限公司在复旦、清华、北大、人大都设立了奖学金;上海宝山钢铁(集团)公司目前已经在54所院校设立了奖学金。

②提供一定的实习培训机会。一些公司在校内指定某个社团为其选拔某方面的同学到该企业进行一定时间的实习或培训,举行选拔活动,让学生进入到企业中,更深入地了解企业及产品和运作过程,从而使该企业的声誉在同学间广泛传播,树立起该企业关注大学生素质和能力提高的形象,大大拉近了与大学生之间的距离,而且这种活动所花费的成本较低,效果很好。

③为学生活动提供赞助。这类企业要么是知名品牌的企业,要么是以大学生为现实或潜在顾客的企业,它们提供赞助的主要出发点是提升自身的品牌形象、增强品牌美誉度和知名度,或培养学生对其品牌的好感、促进潜在消费群的感情亲近,或培养忠实的现实消费者,甚至直接刺激其购买行为。"动感地带"不失为一个成功的例子,现在,提到"动感地带"这一品牌,人们会自然地把它和"麦当劳""周杰伦""街舞"等年轻人的时尚新鲜事物联想到一起。而2005"动感地带"在中国人民大学赞助举办的"首都高校街舞大赛",更是将动感地带"年轻""活力""动感""自由"等最时尚、最新潮的元素展示无遗,迎合了学生的消费口味,同时也使动感地带打上了"最酷、最炫、最动感"时尚符号的烙印。

④协办学校的大型活动。一般说来,很多大学每年都要举办一些有影响力的学术会议或者传统的文娱节目。这种大型活动的特点就是普及面广、影响大、参与人数多,是企业迅速扩大知名度、提升自身形象的好机会。如由中国人民大学广播台主办的每年一届的大学生校园音乐盛典"歌影年华"不仅在校园内部有着广泛的学生基础,而且

在整个首都高校中也有很大的影响力,吸引了众多企业的协助参与,成为一个知名校园原创音乐品牌。

⑤举办专题活动。一些企业和校内某学生组织合作,举办一些以传播其企业形象或促销活动为目的的活动,有利于企业集中地进行营销传播。

⑥为学校或学生的科研项目提供支持。如在复旦大学举办的2005第九届挑战杯大学生科技成果转让仪式上,清华大学王晓峰同学的科技作品FIYFIRE电子系统设计平台被作价400万元,成功地与四川龙泰金属有限公司签订了合作协议书,吸引了一大批人的关注。

⑦到校园里开展一些现场录制节目。这种活动对学生来说具有很大的吸引力,尤其是露天拍摄时,不仅同学们积极报名参加,而且还会引来成群的围观者,对企业可以产生很好的宣传效果。"2005百事新星大赛",从海选、复赛、半决赛的全程现场录制,吸引了首都及河北地区97所高校的近100万在校生,超过13 000名选手报名参加比赛,持续3个多月比赛的全方位宣传,极大地提升了百事可乐的品牌知名度及美誉度,深化了百事品牌的内涵,给予高校学生更多的百事品牌体验。

⑧争取在校园内的冠名权。这是指对学校建筑物或院系的冠名权。这对企业来说是持久、深刻、最富积极意义的品牌传播手段,也是在学生心目中树立企业形象的最佳方式之一。

（2）促进销售

这种营销活动主要是影响企业的现实消费者。其形式主要有以下几种:

①与学校相关部门合作,承接学校针对学生的一些业务。

②通过校方来推广一系列服务。如银行业,很多大学生刚一入校就能拿到统一发放的银行卡。此外,向新生介绍推广速汇通、网上银行、电话银行等业务。

③通过与校方勤工助学中心合作。如招聘部分学生在校园内代售其产品,为他们提供勤工助学的机会。在这样一种方式下,该企业由于前期的招聘,扩大了其在校园里的知名度,而且可以获得在校园里做促销的机会。

④通过与院系教师合作。如指定或推荐某门课程的教材、辅导资料或参考书目为某某出版社出版的或者某位作者的著作,同时辅以折扣优惠,从而促进书籍的销售。

⑤构建校内食堂,商店销售终端。

⑥企业销售人员直接面对学生。三元、光明乳业就有专门的销售人员直接负责学生订购,并采取统一配送等方式。

⑦寻找校园代理人。一些企业的推销部门或中间商机构,到校园寻找一些学生作为代理,其商品通过这些学生传递到其他学生手中。

165

6.2.3　异业联盟

异业联盟是指各行业、各层次的商业主体之间，为了达到共同的利益，通过一定的组织机构或网站形式组成的商业联盟。异业联盟的各商业主体之间相对独立，同时，各商业主体之间又存在一定的利益联盟。因此，异业联盟是一个相对紧密、资源共享、利益共存的联盟。异业联盟似乎是个陌生的概念，但是它在国内存在的时间却不短了。银行和通信企业发起的消费性异业联盟，网络与普通商家建立的商业平台等关联或者非关联行业之间的合作，都属于异业联盟的范畴。

1）异业联盟的重要性

随着商业的发展，市场竞争越来越残酷，竞争可谓白热化。大品牌、大商家逐渐形成垄断市场的格局。各个行业都是如此，第一品牌和第二品牌主宰着整个行业。

大量的小商家、小企业、小品牌的生存受到巨大威胁。为了打破这种局面，小商家、小企业必须联合起来，积众弱为强，共同对抗大品牌、大商家的冲击，由此，异业联盟应运而生。

2）异业联盟的运作方式

异业联盟，是一种非常理想的方式，把不同行业、不同层次的商家联合在一起。但是，操作起来并非易事。异业联盟，通过电子商务网站为平台，把大量的中小微企业、个体户整合起来，成为网站会员。这些会员提供的商品，都设有一定的积分。这些积分，就用于返利给消费者。

联盟规定：商家可以介绍新商家入驻，老商家与新商家之间，通过一定的纽带关系联系起来，实现互帮互助，利益共享。同时，异业联盟也给消费者搭建一个免费创业的平台，消费者可以去推广平台的商品，并获得相应的积分返还。这些返还的积分，可以转换为货币，从而使消费者得到实惠。

在所有的商业模式中，不管采用什么样的方式，只要锁定了消费者，就锁定了一切。异业联盟，让消费者成了企业的主人，成为平台的主人。消费者就有了归属感，一旦消费者忠实地在异业联盟的电商平台消费，或者介绍新客户，异业联盟将实现爆发式的增长。

3）异业联盟的特点

异业联盟作为一种新型商业运作模式，其应用前景广泛，市场深挖掘能力巨大。这一模式具有别的行业团体难以比拟的特性，主要包括联盟主体差异性、联盟主体非竞争性、联盟主体互补性、联盟运作网格性和收益根式延伸性。

（1）联盟主体差异性

由异业联盟的本质决定,要求其联盟合作者必须为具有行业差异性的主体,或是同一行业阶段性差异化的主体,这样的前提决定其没有利益冲突,为异业联盟的创建提供基础。

（2）联盟主体非竞争性

这一特征是基于其主体差异性产生的,主体的差异使联盟合作者不存在竞争性或是非直接化、非硬性利益冲突。这种情况下,异业联盟作为一个系统,才能够协调运行,各参与者才能够竭尽全力,实现共同发展。

（3）联盟主体互补性

任何行业,任何个体的任何一次合作,出发点都是为了实现各自利益最大化,获得利润。异业联盟作为一种合作共赢的商业运作模式,也是如此。各个联盟合作者或多或少都会找到其切合点,这个契合点的理想模式为"螺丝—螺丝扣"模式,非理想型为互补性。也就是说,能够找到与对方合作的点,而这一个点也能为自己创造价值。互补性为异业联盟的创建提供了可能性。

（4）联盟运作网格性

网格,其中定义为"一种用于集成或共享地理上分布的各种资源(包括计算机系统、存储系统、通信系统、文件、数据库、程序等),使之成为有机的整体,共同完成各种所需任务的机制"。这是一个 IT 领域的定义,应用于营销领域,意义同样重大。异业联盟恰恰整合应用这一特点,将表面本非一体的经济参与主体有机结合起来,发挥其团体效益。因此,在异业联盟范围内,以一参与主体为点,透过网格性特征,或多或少都会找到与其他参与主体的利益关联。

（5）收益根式延伸性

以上四点,保证了异业联盟的可行的良性运作,同时,也会促使收益根式延伸性出现得突然。任何植物的根,在生长过程中是没有固定方向可循的,但是,却有共同的规律——随着营养需求发展。异业联盟创造的经济价值也是如此。在联盟运作有了一定的成熟性以后,各参与主体都会根据合作经验,深挖掘自己的利益对象,实现品牌的提升、经营成本的降低、客户数量的增加和质量的提高。笔者定义为"根式延伸",只要在这个系统中,有适合自己利益的"土壤",联盟参与者的"根"便会伸向那里。

6.3 跨境电商的线下"海外仓"模式

2015年5月12日,国务院出台《关于加快培育外贸竞争新优势的若干意见》,提出要大力推动外贸结构调整,提升国际经济竞争力,全面提升与"一带一路"沿线国家的合作等九个方面。

其中,自贸区战略包括两种自贸区,对国内的四大自贸区而言,要继续深化改革开放,在全国复制推广改革试点经验,并逐步扩大试点范围,加强区域载体的建设,对外则加快实施自贸区战略,以开放的态度加快实施自贸区战略,发挥自贸区对贸易投资的促进作用,提升国际经贸规则话语权,积极同"一带一路"沿线国家和地区商建自贸区。

鉴于跨境电商对外贸转型的重要作用,在培育新型贸易方式上也着重提出跨境电商,要求积极开展跨境电子商务综合改革试点工作,抓紧研究制订促进跨境电子商务发展的指导意见。培育一批跨境电子商务平台和企业,大力支持企业运用跨境电子商务开拓国际市场。鼓励跨境电子商务企业通过规范的"海外仓"等模式,融入境外零售体系等。

6.3.1 自贸区三种跨境电商模式

第一种是进口商品直销中心。这种模式是商家通过一般贸易进口方式把商品进口到国内,在商品直销中心销售,这部分商品已经缴纳关税、增值税和消费税,属于完税商品,现场购买可以直接带走,但由于减少中间的流通成本,部分商品还是比其他渠道购买的便宜,但是该种模式算不上跨境电商,仅仅是传统销售的方法。

第二种是跨境电商保税模式。保存在海关特殊监管区或保税监管场所内的商品通过体验中心的二维码扫码下单或者在家通过网站下单,网站后台接收订单后,通过保税仓库分拣打包把产品配送到客户手上,商品最快1~2天就能送达,并且只按照行邮税征收,低于50元的税费可减免,如果保税模式成熟,可为国内消费者带来非常大的实惠,可零税费享受国外商品并且物流配送时效快,能真正给消费者带来性价比高的商品。

第三种是保税展示销售模式。目前上海自贸区正在实行。商品在进境前,先进行预归类及价格审核,完成海关进境备案申报,进入保税区指定分拨仓库,完成预检验、报关、安检、查验。通过办理以上严格监管手续才能进入保税展示交易平台进行展销。商品销售完成后,再向海关集中进行报关完税,若没有实现销售,同样可以返区离境,转移到其他地区销售,这样可降低经营者风险,比较适合奢侈品等高价值、高税率的商品。对顾客来说,由于减少了中间环节,就算是加上相关税费,价格还是相当优惠。在自贸区内,体验中心模式和跨境电商保税模式只是作为保税展示销售模式的补充而不是主要部分。因为保税展示销售模式需要在指定监管区域进行销售,有自贸区以外的区域没办法获得的优势,而另外两种模式在自贸区以外其他区域都可以实现。

6.3.2 两种进口模式

保税进口模式,进口电商能将商品批量运输至保税区备货,再销售给消费者。由于商品批量先备货至保税区,利于发挥国际段运输的规模效应,每单运费被极大地摊薄;消费者下单后,商品由保税区直接发货,对消费者而言等待时间最短;由于海关开辟了保税进口的绿色通道,保税进口的通关速度和稳定性都较高。由于在国内备货,保税进口模式需要承担较大的库存风险,因此更加适用于经营品类相对单一,经营商品消费频次较高的进口电商,如母婴进口电商。

直邮进口模式,指消费者下单后,商品从国外直邮消费者的模式。相对于保税进口模式而言,直邮进口模式不受保税区备货规模有限的影响,在品类上更加丰富,因此更加适用于做全品类、大平台的进口电商。

6.3.3 清关快递模式

跨境快递主要有以下三大环节:境外段(海外电商—海外口岸)、清关(海外口岸—中国口岸)及国内段最后一公里配送(中国口岸—中国消费者)。

境外和境内配送方面,目前仅有四大国际快递巨头(DHL、UPS、FEDEX 和 TNT)以及各国邮政。中国邮政(国外邮政负责国际段运输,到境内直接转中国邮政进行国内配送),能够提供门到门的国际快递服务,自主完成这三个环节。国际快递主要为满足商业快件及时性设计,逐单运输,空运密度高,舱位利用率整体较低,规模效应不突出,成本较高。

进境清关方式主要有邮政清关、机场快递清关和中港快件清关。清关环节的成本差异主要体现在入境包裹是否需要缴纳关税。邮政清关为批量清关,清关速度快,被查收税概率较低,但原则上要求使用对方国家邮政网络,国内段由 EMS 配送,2012 年海关新政以前,华人快递公司也可以使用邮政渠道清关,清关速度快,被抽查的概率低。2012 年,海关总署发布 2012 年第 15 号公告,修改境外快递公司清关渠道,华人转运公司将不得使用邮政清关渠道进行进境邮递物品清关手续的办理。因此华人转运公司大多通过机场快递清关,由于快递清关原则上要求提交包裹详细信息以及收件人身份证信息,逐单检查,抽查缴税的概率大大增加,关税成本大为提升。

6.3.4 未来海外仓模式的发展趋势

对从事跨境零售出口的卖家来说,以往大多通过类似国际小包快递方式,将货物快递给国外消费者,这种方式的缺点非常显:费用贵、物流周期长、退换货麻烦,还有各种海关查扣,快递拒收等不确定因素,由此造成客户体验差,长期下去还会限制卖家扩张品类。

解决小包物流成本高昂,配送周期漫长问题的有效方案,就是在海外设立仓库。卖家将货物提前存储到当地仓库,当海外买家有需求时,直接从当地仓库进行货物分拣、包装以及递送等,从而缩短物流时间,提升用户购物体验。

"海外仓的本质就是将跨境贸易实现本地化,提高跨境卖家在出口目的市场的本地竞争力。"eBay 大中华区首席战略官胡蓉蓉表示,通过使用海外仓,中国卖家将在提高单件商品利润率、增加销量、扩充销售品类、降低物流管理成本、提升账号表现等方面得到显著提升,这最终还将促进跨境电商产业由价格战逐渐变成良性的服务竞争。

跨境电子商务出口零售未来一定是"海外仓+自营",把仓储建到目的国去,通过一般贸易、集装箱把主要货物拉到海外仓库,当网上消费者下单之后,通过当地物流配送直接送给消费者,这样可以显著降低物流成本。国内各大跨境电商平台也开始纷纷布局海外仓。阿里巴巴旗下的菜鸟网络公司,已着手建立覆盖全球五大洲的海外仓储网络和航空干线资源能力,在全球各个重要城市设置仓库节点。外贸电商第一股兰亭集势继去年初欧洲海外仓投入运营后,日前宣布其首个北美海外仓投入使用。

【工作小结】

本节主要讲解了跨境电商的线下推广和体验模式,了解了大客户营销中的 B2B 营销和 B2C 营销模式的区别,资源行销中的社区营销、校园营销、异业联盟等模式,跨境电商的线下"海外仓"模式,比较了跨境电商的自贸区模式,直邮和保税两种进口模式,以及清关快递模式和未来"海外仓"模式的发展。

【关键术语】

大客户营销;B2B 营销;B2C 营销;社区营销;校园营销;CBD 营销;异业联盟

【复习思考题】

一、选择题

1.(   )不属于跨境电商线上大客户营销方式。

A.B2B 营销模式　　　　　　　　　B.B2C 营销模式

C.C2C 营销模式　　　　　　　　　D.京东营销模式

2.下列不属于资源行销的是(   )。

A.社区营销　　　　　　　　　　　B.校园营销

C.异业联盟　　　　　　　　　　　D.线下店面推广

3.下列不属于自贸区三种跨境电商模式的是(   )。

A.进口商品直销中心　　　　　　　B.跨境电商保税模式

C.保税展示销售模式　　　　　　D.小区跨境电商体验店

4.以下属于跨境电商的进口模式的是(　　　　)。

A.保税进口模式和直邮进口模式　　B.代购进口模式

C.海淘一族进口模式　　　　　　D.微商海外购模式

5.以下属于跨境电商线下推广模式的是(　　　　)。

A.天猫商场海外购　　　　　　B.京东商场海外购

C.社区营销方式的海外代购　　　　D.唯品会平台的海外代购

二、简答题

1.怎样看待现在跨境电商扎堆开设线下展示店这一现象？对跨境电商来说,这种线下展示最大的意义是什么？这种模式会不会继续发展下去？

2.有一些保税体验店开在了核心商区,并没有在保税区或者自贸区,这种做法有没有可能被推广出去？若是被推广出去,需要什么条件？

3.国内很多跨境电商实体店都是打着保税的招牌在卖完税产品。跨境电商做完税商品线下卖场有没有什么优势？对跨境电商平台的发展又有什么好处？

三、讨论题

经历了前几年的高歌猛进,天猫国际、蜜芽宝贝、豌豆公主、55海淘等各类传统零售商、海内外电商巨头、供应链分销商纷纷完成入局,并加速跑马圈地。然而进入2016年,政策波动频繁,中国进口跨境电商仿佛一夜间从狂喜的高台跌落到泥泞的洼地。以2016年4月8日跨境电商税改新政正式实施为标志,跨境电商开始进入过山车式极速爬坡又猛然坠下的跌宕期。如今政策红利即将结束,残酷竞争和不确定的外部环境接踵而至,跨境电商还能否"拨开云雾再见天"？

【案例分析】

不同模式的跨境电商们都面临怎样的麻烦？

一、综合平台型:百花争艳却难以独占鳌头。新政限制的第一对象便是进口B2C模式,天猫国际、京东、网易考拉等综合型平台首先受到影响,如今这种模式下看似高手林立、百花齐放,但每个平台都不轻松。

1.这些综合性平台看似都在自有核心优势的基础上建立了独特模式,如洋码头做直发/直运平台,亚马逊海外购、1号海购用自营B2C模式,网易考拉采用自营直采模式。但它们都有自己的软肋,比如亚马逊虽然有全球优质供应链物流体系和丰富的SKU,但跨境电商最终还是要比拼境内转化销售能力和对本土用户消费需求的把握,亚马逊在这方面却还是个生手。

2.第一阵营几大巨头各自遇到了"麻烦",第二、三阵营的陪跑者更难言轻松。如天猫国际,虽然开放平台入驻,但其中的国际品牌大多为TP代运营,价位高,天猫对品牌端的管控力也弱。

再如京东、聚美优品,尽管他们能直接参与货源组织、物流仓储买卖流程,但目前仍受限于品类,并且过度依赖爆品,同时还面临极大的资金压力。

尽管网易考拉的自营业务顺风顺水,但供应链过长、反应慢,自营过于依赖于现金,导致 SKU 要多,资金压力大,业务过于依赖国内保税仓储,一旦爆仓会导致所有业务停滞等问题同样不可小觑。

最可惜的是蜜淘网等还未待到这种模式成熟就倒下了。回顾这个曾经的标杆,出身于天猫的谢文斌自创办蜜淘网后就做代购、导购平台,后又定位"海外品牌限时特卖网站",并曾在多个领域发起价格战,叫板天猫、京东等,最后却淹没在客户的恶评和极重的平台模式中。

总之综合性平台只适合于那些拥有强大资金和流量的巨无霸,但目前看来巨无霸也很吃力。除了需要解决流量、资金和供应链等问题,还需要处理海淘业务和原有业务的冲突,看来一切任重道远。

二、垂直电商:小而美的故事还要讲多久。垂直电商大概是跨境电商最有故事也是最热闹的,从母婴、家具到奢侈品、女性再到欧美、日韩等,每个细分市场都挤满了创业者。2015 年前备受资本关注,然而进入 2016 年,这个势头初看并没有减弱。

如 2016 年 2 月,宝贝格子融资 5 200 万人民币;专注日淘、走 B2B2C 模式的"豌豆公主"在 2016 年 2 月获得 VentechCapital 领投的千万美金 A 轮融资后,又在 5 月拿到 1 000 万美金的 A+轮融资,投资方包括伊藤忠商社、真格基金、MTG 株式会社以及 Ventech Capital;6 月母婴电商贝贝网也获得 1 亿美金 D 轮融资。但仔细一算就会发现,2016 年的平均单笔融资在 3 330 万美元上下,较 2015 年缩水了近 57%。

然而"祸不单行",税改新政对垂直电商平台打击也是直接而影响深远的,尤其是化妆品、母婴保健品、轻奢品等品类,这对聚美优品、小红书、达令等来说可算是毁灭性冲击,而扎根母婴类的贝贝网等也因为提价 12%丧失了价格竞争力。

当然在母婴品类里,少数几家发展势头也较为强劲。如贝贝除创立圈儿模式外也开设了海外购频道,开展跨境电商业务。近日贝贝对外公布完成 1 亿美金 D 轮融资以及 3 个业务数字:2015 年 GMV(交易总额)破 40 亿元,月活用户超过 1 000 万,占母婴垂直电商行业 70%的市场份额,但如此漂亮的成绩却止不住外界对它的质疑。

总之跨境电商的垂直模式,一边在上演高潮迭出的各类故事,一边在质疑、谩骂、指责中挣扎前进。

三、移动电商,现实和理想总有些距离。这类以海蜜、优盒网、街蜜等为代表,更多地采取 C2C,即海外买手制的方式,从品类来看以长尾非标品为主,从形式上是达人经济模式,每一个买手都是 KOL,有着自己的气质和偏好,他们通过自己的强时尚感、强影响力获得认同和分享,在建立个人信任机制后完成商品交易。

对于行业,它们的贡献是扩宽了供应链和选品的宽度,也重新建构了新的商业零售逻辑:从品牌商主导到消费者主导、从生产商单一化到多元化、商品核心竞争力从标品规模化到个性化、情感归属性。而且相对于传统 PC 端电商,这种消费模式更加注重消费场景化和强社交依附。

然而他们也不得不面临残酷的现实:他们仍然没有摆脱传统的靠广告和返利的盈利模式,服务体验的掌控度也差,个人代购如今还存在法律政策风险,税改新政的实施也是严重的打击,买手制平台的转化也低,普遍目前只有 2% 不到,而且流量和销售也是"二八原则",集中在那些优质的 KOL 那里,大多数人需要回答如何获得流量,提高转化,如何积累成为意见领袖等问题。

即便是老大哥淘宝全球购(目前已和一淘合并)也还需要解决商品真假难辨以及获取消费者信任等问题。所以看起来很美好的移动电商,也才开始起步。

四、社区电商:几人欢喜几人愁。和海外买手只注重达人信息分享类似的还有社区电商模式,如小红书、辣妈帮等。他们通过内容分享/社区资讯引导消费,完成自然转化,他们的优势在于天然海外品牌培育基地,用户黏性高,消费能力强,人群精准,平台也有调性、有文化。

因为社交就是圈子,这种模式是建立在圈到某个特定团体用户的基础上。但社区电商与生俱来具有"二律背反"效应,即用户活跃度高,电商就会弱化,电商属性强点,活跃度就会下降。而且,他们这种模式产品竞争壁垒较弱,一旦有平台内容做得更好,形式更加立体新颖,用户就可能"集体出逃"。

更尴尬的是,绝大部分跨境电商平台的盈利空间来源于产品在国内外进销的差价以及海外品牌自身在中国销售渠道的缺失。这实际抢夺的是原本属于海外经销商和国内代理商的利润。一旦品牌商自建渠道,而平台又没建立起新的核心能力,就只能沦为品牌商众多销售管道之一,或被品牌商抛弃。如今的世界又平又挤,跨境电商平台利用信息不对称等因素盈利只会是昙花一现。

绝地反击,这些或成救命之符。

首先,如何打破信息不对等的障碍是每个平台的头号课题,而"直播+电商"的方式很好地解决了这个问题。根据比达咨询的数据显示,2015 年大电商类的新客获取成本已经达到了 400 元,获客成本正带给跨境电商巨大的经营压力。因此,跨境电商平台要变被动为主动获取新用户,不妨试水直播模式。

事实上,除了聚美优品外,其他跨境电商已在开始尝试,如蘑菇街宣布将投入 3 亿元扶持旗下艺人;网易考拉海购将直播化运营奉为 2016 年三大战略之一;翁永飙除了"豌豆公主"外,也在日本市场推出了前端类 Instagram 的红人电商"Wonderfull",菠萝蜜主打视频直播,亚马逊更是量身打造了《时尚密码现场》直播类节目……

尽管他们可分为网红类(含明星)直播和互动类直播两种模式,但都是基于 UGC 或 PGC,利用直播的方式打造丰富新颖的内容,为平台引流,提高打开率和购买量,这和美拍、花椒等纯直播平台不同,电商+直播就是为了商品售卖。

其次,目前多数跨境电商平台依靠爆品、标品,通过"低价""爆款"等活动打开市场,尤其是母婴类,以致奶粉、纸尿裤等一度成为海外购物的代名词。然而时过境迁,爆品、标品将不再适用。

毕竟依靠爆品、标品获取来的用户几乎毫无忠诚度,一旦价格战退却,用户也将大批流失,对平台而言既没有提升对品牌方供应链的把控力,也没有提升对终端消费者的持续服务能力。

并且境内电商的爆品战略并不适合跨境电商,因为爆款 SKU 拉量、长尾 SKU 赚毛利的逻辑是建立在多数销售品牌已在消费者心目中有较好认知的基础上。但如今多数海外品牌消费者并无太多消费认知,一旦平台方过度使用价格体系,消费者就无法形成正确的价格认知和品牌认知,平台方就只能一直打价格战而培养不了其他产品的正常销售,最后掉进死胡同。

另外有数据显示,和去年母婴、保健品销售占比达50%以上相比,今年轻奢类、服饰类占据了"黑五"国内销售的主流地位,营养品和高客单产品将成为新宠。并且随着"90后"的崛起,消费者需求也发生了变化,他们逐渐成为海外产品消费主体,追求价值敏感而非价格敏感,因此做国外的三四线品牌会更有机会,因为品牌方会认可平台并给予更多支持。

最后的重中之重,还是"得供应链者得天下"。跨境产业上游最大的瓶颈还是供应链,几款爆品的品牌商如花王等,国内无法与其直接签约供货,但即便平台用复合供应链来维持货源供应,也还是出现了上游供应链不稳定,价格基本透明,无毛利等问题。

所以我们看到各大平台都在使出浑身解数,小红书、蜜芽、菠萝蜜、笨鸟海淘等都在积极布局国内保税仓和海外仓;天猫国际采取保税和集货两种模式来提升供应链的效力等。尽管方式不一,但胜败与否的标准还是用户体验。

问题:根据案例,谈一谈"跨境电商线下运营"与线上推广的区别。目前,你认为跨境电子商务的发展方向和趋势是什么?

任务七
跨境电商 O2O 体验店连锁加盟与运营数据分析

【工作情境】

小王是某跨境电商公司的区域营销总监,公司运营得很顺利,发展势头非常好,公司决定在重庆选址建立跨境电商体验店,这项工作由小王全面主持。

人物设定:小王,35岁,大专,营销策划专业,一直在公司从事营销策划运营工作。

工作岗位:重庆区域营销总监。

工作内容:负责重庆区域跨境电商体验店的建立、运营与管理工作。

需要的工作能力:独立经营管理能力、营销数据分析能力。

【工作目标与要求】

认识跨境电商 O2O 体验店的经营模式;

了解跨境电商 O2O 体验店的发展现状;

了解连锁加盟的方式及相关要求;

掌握营销数据的收集方法;

掌握营销数据的分析方法。

【工作流程】跨境电商 O2O 经营流程(图7-1)

【工作案例】

重庆百货转型"跨境电商+金融"

根据海关总署和中国电商研究中心统计的数据,2014年海淘人群1 800万,跨境电商成交规模1 400亿元。商务部公布的全球贸易格局报告则显示跨境出口电商市场规模的年增速保持在30%以上,预计到2018年市场规模将达万亿级别。另一方面"80后""90后"人群购买商品的重点更倾向于食品安全、品质优良、品类多样、价格合理等方面,再加上海归群体、海外旅游等使消费者对海外品牌认知度提升,为跨境电商提供了刚性需求。

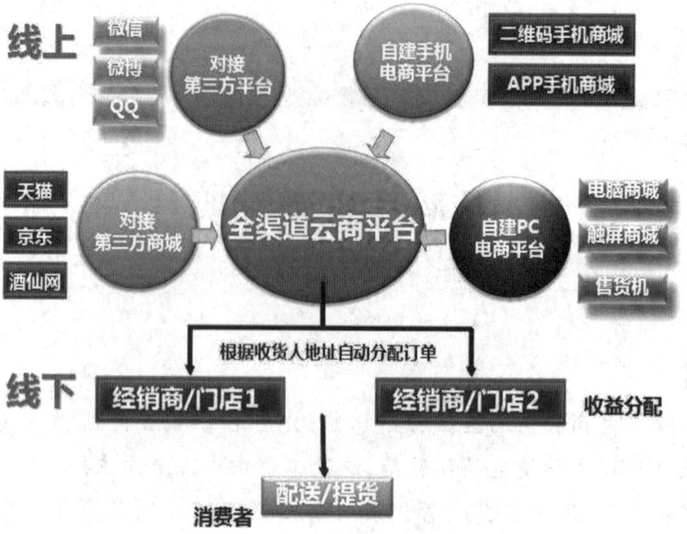

图 7-1　跨境电商 O2O 经营流程

在此背景下,零售商涉入跨境电商既是趋势,也是对其自身优势的补充,但是作为后进入跨境电商区域的零售商,市场的蛋糕可能并不多了。面对蓬勃发展的跨境电商浪潮,传统百货有自身的优势,同时也面临挑战。

2014 年 9 月上线的跨境电商平台世纪购以及在两路寸滩保税区开业的线下体验店世纪 SHOW,将打造成跨境电商 O2O,上线到 4 月份已实现 1 000 万销售额。世纪购主营轻奢百货及母婴类产品,2 万个 SKU,全部产品采取自营模式,通过全款采购,从源头控制货源保证正品且具有直采的价格优势。同时,重庆百货还成立消费金融、小额贷款、商业保理三个公司。其中,消费金融公司的筹建,将消费金融与传统零售业务进行结合,为消费者提供增值服务,增加客户黏度,是公司探索产融结合的重大举措。

以上是几个大型传统零售企业进军跨境电商的案例,形式新颖、商品的性价比和差异化非常高,跨境电商体验店也备受消费者的喜爱。在政策扶持和市场需求强劲的双重作用下,预计未来几年跨境电商的交易规模将保持30%年均增速,传统零售企业仍然有机会在未来的跨境电商蛋糕中分一杯羹。虽然近两年来跨境电商发展迅猛,但目前市场上的第三方软件还不具备跨境电商所需要的定制化服务能力,所以跨境电商企业继续调整企业 ERP 系统,以顺应市场发展的要求。

连锁跨境电商一体化业务模式(图 7-2)。

连锁跨境电商一体化系统架构(图 7-3)。

线上跨境电商平台无缝对接线下实体 ERP 系统及海关系统(图 7-4)。

连锁跨境电商一体化方案对比(图 7-5)。

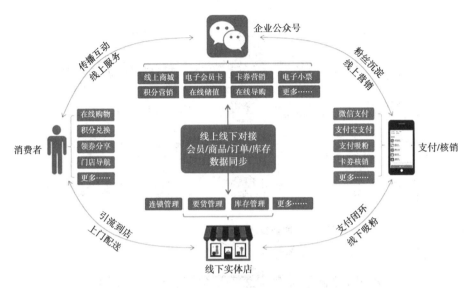

图 7-2　连锁跨境电商一体化业务模式

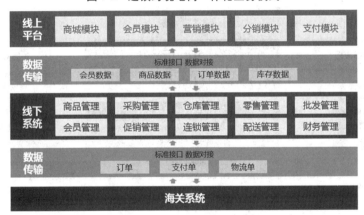

图 7-3　连锁跨境电商一体化系统架构

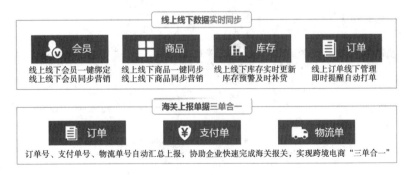

图 7-4　线上跨境电商平台无缝对接线下实体 ERP 系统及海关系统

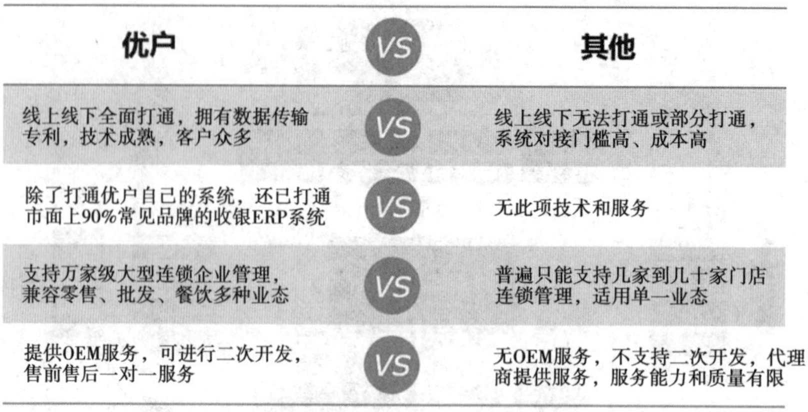

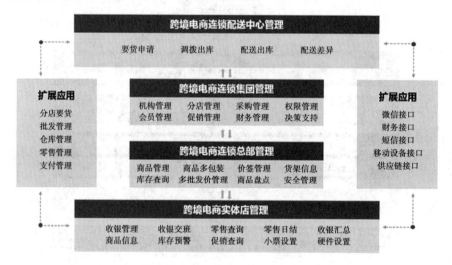

图 7-5　连锁跨境电商一体化方案对比

跨境电商连锁 ERP 系统(图 7-6)。

图 7-6　跨境电商连锁 ERP 系统

跨境电商连锁 ERP 系统优势(图 7-7)。

图 7-7　跨境电商连锁 ERP 系统优势

线上跨境电商连锁平台业务模式(图 7-8)。

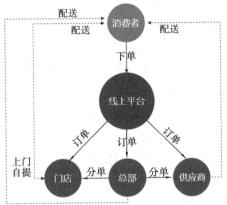

图 7-8　线上跨境电商连锁平台业务模式

线上跨境电商连锁平台功能模块(图 7-9)。

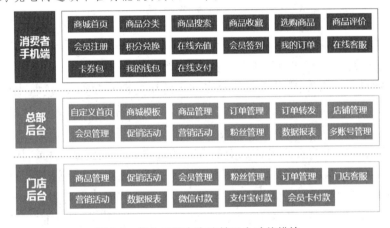

图 7-9　线上跨境电商连锁平台功能模块

7.1　跨境电商 O2O 体验店模式

7.1.1　O2O 的经营模式

O2O 即 Online To Offline,是指将线下的商务机会与互联网结合,让互联网成为线下交易的前台,这个概念最早来源于美国。O2O 的概念非常广泛,只要产业链中既涉及线上,又涉及线下,就可通称为 O2O。

O2O 电子商务模式需具备五大要素:独立网上商城、国家级权威行业可信网站认证、在线网络广告营销推广、全面社交媒体与客户在线互动、线上线下一体化的会员营销系统。

实现O2O营销模式的核心是在线支付。这不仅仅是因为线上的服务不能装箱运送，更重要的是快递本身无法传递社交体验所带来的快乐。但如果能通过O2O模式，将线下商品及服务进行展示，并提供在线支付"预约消费"，这对消费者来说，不仅拓宽了选择的余地，还可以通过线上对比选择最令人期待的服务，以及依照消费者的区域性享受商家提供的更适合的服务。但如果没有线上展示，也许消费者会很难知晓商家信息，更不用提消费二字了。另外，目前正在运用O2O摸索前行的商家们，也常会使用比线下支付要更为优惠的手段吸引客户进行在线支付，这也为消费者节约了不少的支出。

从表面上看，O2O的关键似乎是网络上的信息发布，因为只有互联网才能把商家信息传播得更快、更远、更广，可以瞬间聚集强大的消费能力。但实际上，O2O的核心是在线支付。

7.1.2　跨境电商O2O体验店的发展现状

线下体验+线上购买的O2O模式，成为目前跨境电商的运营很火爆模式，短短几年内，全国各地的跨境电商体验店如雨后春笋，遍地开花。

与天猫国际、洋码头、蜜芽宝贝等众多知名跨境电商平台相比，这些小型跨境电商企业，市场知名度不高，在线上没有巨大的流量入口，市场竞争力弱。在这种情况下，众多的跨境电商企业开始瞄准线下，希望通过开通线下跨境电商体验店，打响知名度。

在短短半年时间，在全国允许试点的几个跨境电商试点区域，如深圳前海、广州南沙、福建福州等地，各大跨境电商O2O体验店争先恐后亮相。如深圳前海地区，仅半年时间，就开出近10家跨境电商体验店，如腾邦、羿百跨境购、华润万家e万家等，其中多数以前店后仓的形式。店门多以保税商品和完税商品各成一定比例陈列，保税商品通过线下体验，线上平台下单，保税仓库直接发货或者海外直邮，成为这些跨境电商的主要运营模式。

同时，大型零售企业也把其线下门店作为跨境电商展示窗口与流量入口，如天虹、百佳华、金鹰、广百、华润万家等，均以店中店的形式，引入旗下跨境电商体验展区。

在跨境电商体验店购物可以眼见为实，对款式、颜色等可以亲身体验、挑选，而且在这里购物有很好的售后服务。消费者日常无法见到、无法试用的进口产品，都可以在保税商品体验区体验。消费者可以通过扫描展示商品的二维码，手机在线下单，商品会在1~3天从设立在境内的保税仓直接邮寄到家。这种从保税仓直接购买的商品，已经比国外原产国的价格贵不了多少。完税商品直购区的商品更具价格优势，消费者可以现场直购直提，普遍比国内市场价格低30%~40%。而且，通过线下的体验店，可以获得更直接的售后服务和更多的质量保障。

目前大部分的跨境电商体验店都是通过连锁加盟的方式来进行组建和运营的。相对于自己筹建体验店来说,通过连锁加盟的方式更加便捷,不需要自己建立海外仓,不需要自己去完善所有的货运物流的流程和单独办理海关手续。这些都统统的由统一的加盟主体企业来完成。

7.1.3　连锁加盟的方式及相关要求

1)连锁加盟的概念

连锁加盟(chain)是指主导(中庸顾问)企业把自己开发的产品,服务的营业系统(包括商标、商号等企业形象,经营技术,营业场合和区域),以营业合同的形式,授予加盟店的规定区域内的经销权或营业权。让加盟主可以用加盟总部的形象、品牌、声誉等,在商业的消费市场上,招揽消费者前往消费。而且加盟主在创业之前,加盟总部也会先将本身的 know-how、技术等经验,教授给加盟主并且协助创业与经营,双方必须签订加盟合约,以达到事业之获利为共同的合作目标;而加盟总部则可因不同的加盟性质而向加盟主收取加盟金、保证金以及权利金等。

2)加盟方式

(1)自愿加盟

自愿加盟及加盟者拥有经营权和所有权,向加盟总部支付一定的加盟费用,而享受总部提供的 CIS(企业识别)系统设计、及店铺管理经验(Know-how)。加盟主完全独立运营店铺,自负盈亏。

(2)跨业加盟

加盟者已经在经营某种商店,想借由店铺的固定投入(租金、人力成本等)经营更多的商品,起到补充产品线乃至最终实现提高客源和客单价的目的。

(3)委托经营

有行业经验比较丰富的从业人员(店长或总部员工)承包某家加盟店。承包者与加盟总部分拆毛利,但店铺的运营成本(水电、房租、人员工资)由承包者支付。

(4)委托授权经营

想加盟连锁体系的人,有一定的资金实力,但是自己不想经营店铺。加盟者与加盟总部约定由加盟总部来运营店铺,即加盟者对店铺无经营权但是有所有权,实际营收按照出资比例分拆。

(5)内部加盟

由加盟总部与企业公司内部优秀员工共同出资,运营方式与直营店完全相同。创业员工与公司按照出资比例来分拆利润。

(6)供货联盟

一些只对加盟连锁体系产品感兴趣的经营者无心加入这个连锁体系。加盟总部只向经营业者提供货物,不负责店铺的管理。这种连锁体系会随着规模的增长,大大地降低进货成本。

3）连锁加盟的注意事项

（1）商标注册证

所谓加盟,就是总部将品牌授权给加盟店使用,换句话说,总部必须要先拥有这个品牌,才能授权给加盟店。也就是说,总部必须先取得国家工商行政管理总局商标局所颁发的商标注册证才行。加盟者在加盟前,务必要先确认总部的确拥有此一品牌,才能放心地加盟。

（2）费用支付方式

一般而言,总部会向加盟者收取 3 种费用,分别是加盟金、权利金及保证金。所谓的加盟金,指的是总部在开店前帮加盟者做整体的开店规划及教育训练所收取的费用。而权利金指的是加盟店使用总部的商标,以及享用商誉所需支付的费用,这是一种持续性的收费,只要加盟店持续使用总部的商标,就必须定期付费。支付期限可能是按年、按季或是按月支付。至于保证金,则是总部为确保加盟者会确实履行合约,并准时支付货款等所收取的费用。其中,由于权利金是持续性的收费,某些加盟总部会在签约时,要求加盟者一次开出合约期限内全额权利金的支票,如合约期限为五年,权利金采取年缴方式,某些总部便要求加盟者将五年的权利金,一次开齐五张支票缴交总部。曾有这样的案例发生,某一体系的加盟者开店二年,因为生意不佳而关门大吉,但是早在签约时,已开齐五年权利金的支票交给总部了。按理说,后面三年既然已经收店不再使用总部的商标、商誉,就不需再支付权利金,然而总部却仍将已收取的支票轧进银行取款,害得这位加盟者,不仅赔了二年生意,还得另外支付这些已开出的支票金额！因此,加盟者若遇总部要求一次开齐合约期限内全部权利金的支票面额时,务必记得在合约上加注一点,当加盟店收店不再开店时,总部必须退回未到期的权利金,以保障自身的权益。

（3）供货价格问题

一般的加盟合约中,总部都会要求加盟者一定要从总部进货,不得私下进货。这点往往是总部与加盟店纷争最多的一环。因为加盟店经常认为总部的供货价格偏高,于是纷纷自行从外部采购。但是总部基于连锁体系品质的一致性,不得不要求加盟店必须统一从总部采购,于是争端便产生了。较为合理的方式是加盟者在签立合约时,即应事先要求总部供货的价格不得高于市场行情,或是高出市场行情百分之多少是可以接受的,以免事后双方为了价格问题争执不休。

（4）商圈保障问题

通常加盟总部为确保加盟店的营运利益,都会设有商圈保障,也就是在某个商圈之内不再开设第二家分店。因此,加盟者对保障商圈的范围有多大,必须十分清楚。不过常见的情形,是总部在保障商圈以外不远处,再开设第二家店时,影响到原有加盟店的生意而引发抗议。其实,总部若是开在保障商圈以外的地方,加盟店并没有抗议的权利。但值得一提的是,某些连锁体系因为加盟店增多或已达饱和状态时,在商圈的保障下,已很难再开新的加盟店,于是便取巧发展第二品牌。意即使用另一个新的品牌名称,而营业内容与原来的品牌完全相同,这样就可以不用受限于原有品牌的商圈保障限制了。如曾有某个房屋中介连锁体系就是如此,最后当然就会招致加盟店的群起抗争。因此,加盟者为保障自身权益,在签约时,最好载明总部不得再发展营业内容完全相同的第二品牌。

（5）竞业禁止条款

所谓竞业禁止,就是总部为保护经营技术及智慧财产,不因开放加盟而外流,要求加盟者在合约存续期间,或结束后一定时间内,不得从事与原加盟店相同行业的规定。此一规范旨在保护总部的智慧财产权,并无可厚非,公平交易委员会也认为此举不违法。但是竞业禁止的年限究竟应该多久才合理? 如果太长,恐会影响加盟者往后的工作权益。对此,曾有某连锁体系的竞业禁止条款规定为三年,被加盟店告到公平交易委员会,公平交易委员会认为竞业禁止条款乃属合理,唯认为三年过长,后来该总部也很识相地把三年改为一年。所以加盟者在签约时必须考虑清楚,以免影响日后生计。

（6）管理规章问题

一般的加盟合约内容少则十几二十条,多则七八十条上百条,不过通常都会有这样一条规定:本合约未尽事宜,悉依总部管理规章办理。如果加盟者遇到这样的情形,最好要求总部将管理规章附在合约后面,成为合约的附件。因为管理规章是由总部制定的,总部可以将合约中未载明事项,全纳入其管理规章之中,随时修改、为所欲为,届时加盟者就只好任由总部摆布了。

（7）违约罚则

由于加盟合约是由总部所拟定,所以对总部较为有利,在违反合约的罚则上,通常只会列出针对加盟者的部分,而对总部违反合约部分则只字未提。加盟者对此应可提出相对要求,明定总部违约时的罚则条文,尤其是规定总部应提供的服务项目及后勤支援方面,应要求总部确实达成。

（8）纠纷处理

一般的加盟合约上都会明列管辖之法院,而且通常是以总部所在地之地方法院为管辖法院。为的是万一将来有需要时,总部人员来往附近法院比较方便。值得一提的是,曾有某加盟总部在合约中规定,加盟者向法院提出诉讼前,需先经过总部的调解委员会调解。遇此状况时,应先了解调解委员会的组成成员有哪些,如果全是总部的人员,那么调解的结果当然会偏袒总部,而不利于加盟者。碍于合约,加盟者又无法忽略调解委员会,而直接向法院诉讼。因此笔者建议加盟者在遇到类似的条款时,应要求删除。

183

（9）合约终止处理

当合约终止时，对加盟者而言，最重要的就是要取回保证金。此时，总部会检视加盟者是否有违反合约或是积欠货款，同时，总部可能会要求加盟者自行将招牌拆下，如果一切顺利且无积欠货款，总部即退还保证金。但若是发生争议时，是否要拆卸招牌往往成为双方角力的重点。某些总部甚至会自行雇工拆卸招牌，加盟者遇此情况，需视招牌原先是由何者出资而定。若由加盟者出资的话，那么招牌（物）的所有权就应归加盟者所有，总部虽然拥有商标所有权，但不能擅自拆除。若真想拆，就必须通过法院强制执行，如果总部自行拆除，即触犯了毁损罪。

（10）应注意事项

就是在合约签立之后，双方务必要各执一份。曾经有某超商连锁体系与加盟者签约之后，总部留两份合约，并未留一份给加盟者，后来被状告到公平交易委员会才改正。所以加盟者一定要切记自己保留一份，才能清楚了解合约内容，确保自身权益。

7.2　营销数据的收集与分析

想要把网店做好，就必须懂得利用数据化分析来运营店铺，没有经过具体数据分析的网店，单凭感觉去推广和优化，是一种盲目的方法，不仅没有好处，甚至会影响店铺。想要经营好一家网店，需要经过市场数据的分析，才能找到大众的需求点，学会利用这些数据是网店经营成功的垫脚石。而卖家们应该如何利用数据分析运营店铺，这就是本节即将介绍的内容——营销数据的收集途径与分析方法。

7.2.1　营销数据的收集

我们可以通过互联网获得很多有关网店经营的数据，这些数据是非常重要的，通过分析这些数据，可以清楚了解网店目标人群的需求，利用数据做好规划才能给网店做好定位和决策，因此，我们需要对历史营销数据进行收集与分析。

1）收集数据的原因

我们为什么要收集历史营销数据呢？收集这些数据对我们有什么帮助呢？主要有以下几层原因：

①了解客户来源；

②了解客户搜索趋势；

③了解客户区域占比。

通过收集历史营销数据，可以帮助我们了解客户信息，以便采取更加有力的营销手段。

2）收集数据的种类

那么,需要收集哪些对我们有用的历史营销数据呢? 归纳起来,主要包括以下几类。

（1）经营概况数据

经营概况数据是本店经营情况的一个统计,即知己。首先了解自己的不足与优势,以便采取相应措施解决问题。它应该包括以下数据:

①浏览量（PV）:店铺各页面被查看的次数。用户多次打开或刷新同一个页面,该指标值累加。

②访客数（UV）:全店各页面的访问人数。所选时间段内,同一访客多次访问会进行去重计算。

③收藏量:用户访问店铺页面过程中,添加收藏的总次数（包括首页、分类页和宝贝页的收藏次数）。

④支付转化率:所选时间内,支付买家数除以访客数,即访客转化为支付买家的比例。

⑤成交量:指在某一时段内具体的交易数。

⑥支付金额:即商家统计所有已经被支付商品的价值总和。

⑦客单价:指商场（超市）每一个顾客平均购买商品的金额,也即是平均交易金额。客单价=销售总额÷顾客总数,或者是客单价=销售总金额÷成交总笔数。

⑧退款金额:客户对商品不满意,进而退款的金额。

⑨服务态度评分:客户对店铺服务态度的评价情况。

（2）同行经营数据

同行经营数据是同行业其他店铺的经营情况统计,即知彼。所谓"知己知彼,百战不殆",正是这个原因,我们需要了解同行业整个的经营情况。主要包括以下两方面:

①同行同城平均:同行同城平均的访客数、成交量及服务态度评分等。

②同行同城优秀:同行同城优秀的店铺的访客数、成交量及服务态度评分等。

（3）访客行为特征

因为"顾客就是上帝",只有了解客户的需求,才能尽可能地满足顾客的需求。主要包括以下特征:

①来访途径:顾客的来访途径是什么? 是通过搜索进店的? 还是通过其他网页引荐进店的? 或者是直接访问的? 我们就可以根据顾客的来访途径优化广告渠道。

②入店关键词 TOP5:顾客一般通过哪些关键词访问我们的店铺? 我们就可以根据搜索最多的关键词优化商品的关键词设置。

③单品访问 TOP5:访问最多的单品是哪些? 这就了解了顾客最关心最关注的产品和问题是什么,我们就可以据此选择商品的上下架时间。

④国家 TOP5:顾客是来自哪个国家哪个城市的? 这些都是我们需要了解的问题,

185

以便满足不同国家不同特征客户的需求。

例:我们以在一米海淘上卖"奶粉"的一商家为例,我们搜集了以下数据。

①经营概况数据(表7-1)。

表7-1　经营概况

访客数	浏览量	成交用户数	支付金额	支付转化率	客单价	退款金额	服务态度评分
22 307	39 652	572	926 640 元	2.56%	1 620 元	0	4.8

②同行经营数据(近30天平均)(表7-2)。

表7-2　同行经营数据

同行同层平均		同行同层优秀	
访客数	成交金额	访客数	成交金额
16 987	840 780 元	21 277	1 035 180 元

③ 访客行为特征(表7-3)。

表7-3　访客行为特征　　　　　　　　　　　　　　　　单位:人

来访途径		入店关键词 TOP5		单品访问 TOP5		国家 TOP5	
搜索	8 023	奶粉	9 025	荷兰牛栏	6 986	中国	10 021
引荐	5 621	荷兰奶粉	6 318	爱他美	6 030	美国	6 502
直接	3 206	母婴	3 267	美素佳儿	5 109	加拿大	4 361
域名	2 037	跨境购	2 150	惠氏	2 165	日本	922
邮件	1 265	海淘	1 547	美赞臣	2 017	英国	501
社交	1 203						
广告	952						

3) 收集数据的方法

那么,我们通过什么方法来收集到这些数据呢? 通过网站后台以及一些软件可以帮助我们获取到相应的数据。

①网站后台:网站后台可以获取本店的所有数据,只需登录网站后台即可看到。

②生意参谋:如果是淘宝或天猫上面的店铺,有"生意参谋"可以给我们提供相应的数据。当然,"生意参谋"在没有付费的情况下,只能给我们提供比较基本的经营数据及建议,详细深入的数据需要支付一定的费用。

③千里眼:"生意参谋"主要提供本店经营情况数据,以及根据同行业的经营情况给一些建议。如果要看同行业竞争对手的经营数据,就需要另外的软件了,"千里眼"

软件可以给淘宝、天猫、京东上面的店铺提供相应的数据。

④站长统计:目前国内站长使用最多的网站流量系统,为个人站长提供安全、可靠、公正的第三方网站访问免费统计,是站长们每日必看的流量统计分析工具。通过 CNZZ 站长统计,站长可以随时知道自己网站的被访问情况,每天多少人看了哪些网页,新访客的来源是哪里,网站的用户分布在什么地区等非常有价值的信息数据。站长们根据 CNZZ 站长统计,可以一目了然地及时知道自己的网站的访问情况,及时调整自己的页面内容、推广方式,以及对自己网站的调整做出客观公正的评测。

⑤百度统计:作为国内最大的搜索引擎,百度是大数据分析当之无愧的代表,而对营销人来说,了解行业、品牌、市场、活动等方面的传播力度,百度指数是首选的分析工具。百度统计是百度推出的一款免费的专业网站流量分析工具,能够告诉用户访客是如何找到并浏览用户的网站,在网站上做了些什么,还可以知道某个关键词在百度的搜索规模有多大,关注这些词的网民是什么样的,分布在哪里,同时还搜了哪些相关的词,有了这些信息,可以帮助用户改善访客在用户的网站上的使用体验,不断提升网站的投资回报率。

⑥Google Analytics(谷歌分析):谷歌分析工具是一个可以用来分析网站流量来源信息,分析来访用户信息、访问时间段、访问次数、页面跳出率等信息的工具,使用这个工具可以有效地让站长对来访者进行分析,及时对网站做出调整。

⑦当然还有其他一些工具,如腾讯统计、百度指数、搜狗指数、好搜指数和百度预测等,可以根据自己需求选择一款合适的统计工具。

7.2.2　营销数据的分析

通过收集得到的这些营销数据,我们又应该如何分析,以对后期的营销发挥其积极作用呢?

在为企业进行营销数据分析时,通过对历史数据的分析,从产品线设置、价格制订、渠道分布等多角度剖析客户营销体系中可能存在的问题,为制订有针对性和便于实施的营销战略奠定良好的基础。

1)分析数据的目标

在分析数据之前一般应该和领导对一些相关背景进行探讨和沟通,主要包括以下几个方面。

①基本信息:包括市场状况和重点区域(重点销售区域、重点关注区域)、重点产品(主要销售产品、重点关注产品、产品定位、产品类型、对主要产品的评价等),以便在数据分析中抓住重点。

②目前发展阶段:了解公司市场的发展历程,便于在数据分析中对数据反映的发展趋势进行判断。

③竞争态势：了解的主要竞争产品以及公司与主要竞争产品的竞争势态，便于对数据中反映的市场状况进行判断。

④数据分析的用途：在数据分析中各项内容全部展开在时间和精力上有很大浪费，提前预知数据分析的用途便于抓住重点方向进行工作。

2）分析数据的方法

常用的分析软件工具有 Excel、Spss、Eviews 等，最常用的是 Excel，因为它基本能够满足90%以上的数据分析，不仅仅对销售数据的收集编排整理有非常便利的功能，而且制作出来的图表清晰、漂亮。

这需要将收集到的数据录入 Excel 中，主要通过"插入"选项卡下方的"图表"组选择合适的图表类型（表7-4），旨在展示数据的分析方法和图形表示，以便分析的数据结果更加直观清晰地展示出来，便于对数据分析结果的解读。

表7-4　常用图表类型及选用

图表类型	图表作业及选用
柱形图、条形图	这两种图表指出了统计表中各数据之间的差别，对比较数值的大小是非常适合的
折线图	折线图可以看出统计数据的变化趋势，主要用于以等时间间隔显示数据的变化趋势
饼图	饼图能够反映出统计数据中某项所占的百分比，便于掌握部分与全局的关系。但它只能显示一个系列的数据比例关系，因此，需要强调某个重要数据时，饼图十分有用

例：我们选用 Excel 作为分析工具，以上节收集到的一米海淘上卖"奶粉"的数据为分析对象，将收集到的数据录入 Excel 中，通过 Excel 对数据进行计算分析，并通过 Excel 插入分析图表，得出以下一些分析结果图。

①最近30日流量分析如图7-10所示。

----本店访客数　——同行同层优秀的访客数　---·同行同层平均的访客数

图7-10　最近30日流量分析

可见，本店的访客数略高于同行同层平均的访客数，但与优秀的尚有一段距离。

188

②流量来源占比如图 7-11 所示。

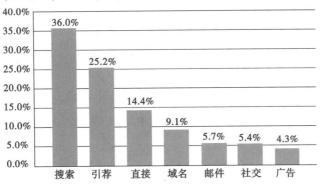

图 7-11　流量来源占比

可见,本店的流量主要来自搜索和引荐,可以强化这两方面的推广。

③区域占比如图 7-12 所示。

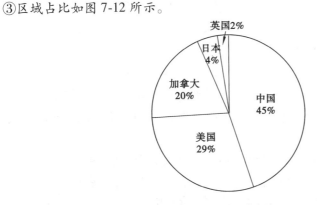

图 7-12　区域占比

可见,本店的访客主要来自中国和美国,其次是加拿大,所以我们应该更多地关注这几个国家消费者的购买习惯和需求,以更好地满足绝大多数消费者的需求。

④入店关键词 TOP5 如图 7-13 所示。

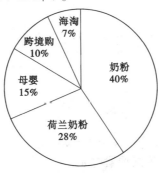

图 7-13　入店关键词 TOP5

⑤单品访问 TOP5 如图 7-14 所示。

图 7-14　单品访问词 TOP5

【工作小结】

　　跨境电商 O2O 体验店的核心经营模式:线下消费、线上支付。O2O 电子商务模式需具备五大要素:独立网上商城、国家级权威行业可信网站认证、在线网络广告营销推广、全面社交媒体与客户在线互动、线上线下一体化的会员营销系统。

　　连锁加盟是指主导企业把自己开发的产品,服务的营业系统(包括商标、商号等企业形象、经营技术、营业场合和区域),以营业合同的形式,授予加盟店规定区域内的经销权或营业权。连锁加盟方式包括自愿加盟、跨业加盟、委托经营、委托授权经营、内部加盟、供货联盟。

　　数据的收集与分析在跨境电商进出口运营中非常重要,因为只有经过了严格的"知己知彼"的数据分析,才能更好地定位目标客户群,才能更好地满足顾客的需求,才能更好地制定营销战略。数据的收集方法有网站后台、生意参谋、千里眼、百度统计、站长统计等,我们可以根据实际需求选择合适的收集方法;常用的数据分析软件工具有 Excel、Spss、Eviews 等,最常用的是 Excel,当然也可以根据实际需求选择自己最合适的工具。

【关键术语】

　　O2O;连锁经营;数据收集;数据分析

【复习思考题】

一、选择题

1.O2O 经营的核心是(　　　　)。

A.线上体验　　　　B.线上支付　　　　C.线下支付　　　　D.线下体验

2.以下属于 O2O 电子商务模式要素的是(　　　　)。(多选)

A.独立网上商城　　　　　　　　　B.国家级权威行业可信网站认证

C.在线网络广告营销推广　　　　　D.全面社交媒体与客户在线互动

E.线上线下一体化的会员营销系统

3.以下属于连锁加盟方式的有(　　　　　)。(多选)

A.跨业加盟　　　　　　　　　　B.内部加盟

C.自愿加盟　　　　　　　　　　D.委托授权经营

E.供货联盟

4.以下不属于数据分析工具的是(　　　　　)。

A.Eviews　　　　　B.PS　　　　　C.Excel　　　　　D.Spss

5.在进行数据分析时,如果我们需要分析一组数据的变化趋势,最好选用哪种图表。(　　　　)

A.饼图　　　　　　B.条形图　　　　　C.折线图　　　　　D.雷达图

6.在进行数据分析时,如果我们需要分析一组数据的比例关系,最好选用哪种图表。(　　　　)

A.饼图　　　　　　B.条形图　　　　　C.折线图　　　　　D.雷达图

二、简答题

1.请谈谈 O2O 经营的现状。

2.请说说连锁加盟的注意事项。

3.收集数据的方法有哪些,请列举。

4.数据分析的工具软件一般有哪些,请列举。

三、讨论题

通过网络查询,讨论中国 O2O 经营模式的优缺点及未来发展方向。

O2O 现在已成为大家茶余饭后的热点话题。现在可以看到两种趋势:一种是线上的快速发展:我觉得无论是布丁或者是酒店管家,这类产品都在线上发展得很快。但这类产品面临同质化的问题,别人如果也做怎么办?因为里面只有线上,没有线下。右边是线下的行为,到家美食汇是很有趣的例子,做了线下送餐服务他们用了非常辛苦,但是非常具有竞争优势的方式,一旦做成了,可能跟京东的做法有点像。就是如果你做了送餐的队伍,然后再跟每个商家接触,他们对互联网不懂,没关系,我来帮你解释,我来帮你做。如果你愿意介入得这么深的话,那是可以做成 O2O 的,只是成本比较高,发展比较慢。另一种是线上、线下整合营销:就是为了建立、维护和传播品牌,以及加强客户关系,而对品牌进行计划、实施和监督的一系列营销工作。全民 O2O 系统致力于推动"价廉物美、货真价实、体验快速、线下体验线上购买"的消费普及,帮助更多的零售业主与消费者享受移动互联网带来的便利与实惠,让消费者得到更多的零售店的线下体验服务与线上价格实惠,通过全民 O2O 系统,帮助更多的零售店开拓市场,建立品牌,实现店铺移动互联网升级,打造新型的小商圈与粉丝经营圈;帮助更多胸怀梦想的人通过移动互联网实现就业、创业。新时代、新模式、新商业、新文明下的全民人,正走在创造全民合伙全民收益的道路上!

O2O绕不开的,或者说首先要解决的是,线上订购的商品或者服务,如何到线下领取? 专业的话语是线上和线下如何对接? 这是O2O实现的一个核心问题。目前用得比较多的方式是上海翼码的电子凭证,比如淘宝聚划算等电商以及团购网站都采用了这一模式。即线上订购后,购买者可以收到一条包含二维码的短彩信,购买者可以凭借这条短彩信到服务网点经专业设备验证通过后,即可享受对应的服务。这一模式很好地解决了线上到线下的验证问题,安全可靠,并且可以后台统计服务的使用情况,方便了消费者的同时,也方便了商家。直销式O2O主要有两种形式:一种是综合类多品种产品和服务,一种是垂直类某一细分的产品或者服务自营线上线下零售模式,通过自建电子商务网站,自建线下仓储,物流及实体零售店,甚至包括安装售后服务,通过线上线下同步销售、线下服务来实现整个营销过程中的品质和服务的保障。

一、直销式O2O产品流优缺点分析

1.信息流优缺点分析

①信息流的优点。通过线上线下平台统一产品信息,产品在线下线上展示统一给客户很好的体验,如果在能实现线上线下同价,将会把线下客户转化成线上客户降低难度。

②信息流的缺点。本地化O2O没有明显缺点,但是跨区域O2O就会在信息传递上缺少当地特色,打个比方,同一个东西,四川人可能称之为A,东北人可能称之为B,地方差异就出来了,所以统一的同时就带来各地客户体验不同,如果实现各地管理,作为直销电子商务模式跨区域则需要庞大的人力物力,盈亏平衡点是否能解决,目前尚没有成功案例。

2.仓储物流优缺点分析

①仓储物流的优点。通过统一编码,统一采购,统一仓储,统一物流,线上线下销售库存统一管理,最大限度降低仓储成本及物流成本,如果再加上实体店派送则在整个流程中人力成本又有了降低。

②仓储物流的缺点。直销性电商跨区域一样面临各地建仓的成本,今天刚报道凡客在建设多年物流后决定裁掉二三线城市物流,保留一线城市物流,这也证明了直销式电商如果不能靠前有力的线上线下销售,多地建仓的高额成本将会拖累企业盈利,如果是厂家承担仓储直接发货,合作物流公司又对产品和服务无法控制,这种两难处境目前还没有办法很好解决,只能在以后更多的实践中寻找出路。

3.资金流优缺点分析

①资金流的优点。通过公司总部统一结算、统一采购可以对线上线下体系进行严格监控,财务、税务风险更容易规避(可以模仿京东模式);通过统一管理更容易进行内部分配,使整个运营过程中财务监管更到位。

②资金流的缺点。由于笔者不是财务出身,资金流缺点在税务和财务方面暂时提不出有用信息,但是有一点需要大家严格注意就是在整个业务流程中必须各部门责权分明,避免"大锅饭"或互相推诿,以免造成责任追究无法落实,给财务在理赔及供应商结算方面造成麻烦,尤其需要注意的是产品和服务捆绑销售的产品如家装和汽配等,业务流程不严谨、完善会增加资金结算难度。

二、商务电子化

1.商务电子化的优点

从上面可以看出来这种模式是把除生产以外的渠道商、经销商、零售商所有的环节都进行了商务化,通过电子系统把采购、仓储、销售、物流进行统一管理,大大降低了整个商业流通过程中人力和物力成本,提升了效率,也降低了人在整个流程中的作用,使管理更轻松。

2.商务电子化的缺点

目前更多的是没有形成体系时的缺点,如线下线上信息数据没有统一,人、财、物的管理没有健全,CRM、RCM、ERP 系统没有串联等,造成各电子系统还是独立运作,效率没有提升反而可能降低,这里面涉及因素主要是和后面的四大目标是否完成有直接关系。

三、直销式 O2O 模式客户管理优缺点

1.信息化管理优缺点分析

①信息化管理的优点。客户信息化管理是电子商务与传统零售的核心区别,传统零售客户信息在销售员脑子里,销售员走了,客户要不流失、要不由新的销售员建立关系,而电子系统对客户的管理档案可以把客户的完整信息及每次交易记录完整保留,以便以后随时查询,这也是数据分析三大核心之一。

②信息化管理的缺点。信息的保管,要避免内部客户信息流失和黑客攻击。

2.营销信息化管理优缺点分析

①营销信息化管理的优点。通过客户信息档案建立,为营销推广客户关系完善等提供了一系列数据支持,能够分门别类对不同消费能力和习性的客户进行精准营销,这些都是直销型电商的基本功,也是现在电商公司最缺乏的。

②营销信息化管理的缺点。缺点就是粗放式营销,满就送,搭配套餐,秒杀团购等,不能依据细分人群需求制作营销活动,成功率和转化率必然大打折扣。

3.推广精准化管理优缺点分析

①推广精准化管理的优点。依托客户档案,通过客户以往交易记录进行准确推广,如客户刚买了苹果手机,那苹果手机配件的营销活动就可以给他推广,转化率一定很高。

193

②推广精准化管理的缺点。同样的道理,如果不能细分精准,几百万封邮件,几十万短信,广告轰炸等,费时费力费人,效果也肯定不好。

四、四大运营目标之利益分配优缺点

1.利益分配的优点

传统企业原来的利益分配可以有很多漏洞,通过电子化系统管理能够衡量出各个部门,各个体系在整个业务中贡献的比例,根据比例进行合理分配,避免分配不合理,为企业造成不必要的浪费,通过数据对各部门奖赏有根有据。

2.利益分配的缺点

在这里着重讲一下利益分配中有一个误区,就是实体店都在市中心或者繁华地段,而网站广告又在繁华地段、公交车、超市等做广告,存在一个重复广告成本,利益分配最后的方法就是让各个体系运营成本尽量互补,避免重复,如果实体店仓储在郊区形成仓储式零售,既节约了房租成本,同时郊区低廉的餐饮、房租等也间接降低用工成本,所以利益分配一定是在一个最有效的体系里面完成,而不是为分配而分配。

五、四大运营目标之标准化优缺点

1.标准化的优点

通过标准化的信息,标准化的流程可以进行复制,一旦标准化完成,意味着整个体系的成熟,企业进入快速增长期,各个体系流程都可以通过标准量化进而复制,可持续发展。

2.标准化的缺点

缺失创新,主要是因为有了标准化流程后大家更多地关注我怎么把这个做好,会忽略流程中一些不足或者不完善,因为任何改进如果不是基于主业务,而是细分的,或者区域的,都会存在执行困难。

六、四大运营目标之团队优缺点

1.团队建设的优点

这个模式在团队建设中组织架构合理,各个体系人员能够匹配职责。在团队建设上相对比较轻松,因为各个体系分工明确,业务流程清晰,各司其职,销售、仓储、物流、采购、实体店等无论自营还是合作外包都比较清晰,协同作战,只需要根据数据对各团队任务完成是否到位进行监管就好,团队建立一定是围绕模式建立而不是围绕一个人建立。

2.团队建设的缺点

切忌团队建设在体系之上,人比业务流程大,老大说怎么改就怎么改,就和依法治国道理一样,一旦人凌驾于法律之上将会乱套,同样的如果在团队里谁的权利可以凌驾于整个体系之上,体系也会支离破碎。

七、四大运营目标之市场化运营

直销型 O2O 模式的业务流程必须按照市场化建设,只有按照市场化建设,市场化运营,从消费者需求入手,建立符合商业规则的完善的业务流程,才能真正让模式发扬光大。所有的规则和方案都需要接受市场的考验并根据市场反馈进行调整,尤其是垂直类还需要符合行业规律,违背行业规律将会让你与合作商和供应商出现矛盾,进而影响你的整个业务发展,即使你能做到全产业链垂直化也需要满足市场需求,否则你的价值将会大打折扣。

O2O 模式的未来发展前景:

从 O2O 模式的发展历程以及互联网的发展趋势我们不难发现,移动互联网逐渐成为未来的主流方向,不方便携带、笨重的 PC 已经跟不上人们日益加快的步伐。轻便的手机集成了 PC 大部分的功能,移动支付也是今后发展的必然趋势。然而线下支付需要解决的主要是渠道与技术问题,并不是 O2O 模式未来发展的主要方向和商业模式的演化。O2O 模式未来真正的改变在于在线地图导购服务。

O2O 模式的核心是将线上线下深度结合,利用互联网庞大的信息量优势拓展线下业务。中团网副总裁刘新成曾表示:"门店实体店不会消失,网络不可能取代实体店。"无论时代如何变化,实体店的形式不断改变,从最开始的普通小摊、门店、旗舰店到现在的体验店,模式在不断变更,消费者享受的服务越来越丰富,但实体店始终作为消费者购物的最重要终端,而 O2O 模式就是将网上丰富的信息带入线下的方式。

O2O 模式目前最急迫需要解决的就是如何将消费者带领进入实体店,地图成为最不可或缺的一个部分。通过地图不但可以为消费者提供最直观、最直接的导航,更可以将周边信息充分向消费者展示。而百度和腾讯两家互联网巨头最近也对移动互联网地图业务摩拳擦掌。数据显示,中国在线地图服务行业发展稳定快速,2014 年总体收入超过 26 亿元。每年的增长率保持在 13%～20%。随着 O2O 模式的成熟,这块蛋糕也会不断胀大,在这片巨大的海洋中,战况将会越演越烈!

附　录

1.海关仓储知识

概念：

海关监管仓库是指存放在海关批准范围内，接受海关查验的进出口、过境、转运、通关货物，以及保税货物和其他尚未办结海关手续的进出境货物的仓库。其实也是保税储存的一种类型，与外国的保税区域的功能有类似之处，主要存放货物以及行李物品进境而所有人未来提取，或者无证到货、单证不齐、手续不完备以及违反海关章程，海关不予放行，需要暂存海关监管仓库听候海关处理的货物。

这种仓库有的由海关自行管理，但随着进出口业务的增大，海关作为行政管理机关，自营诸多不便，现在基本上交由专营的仓储企业经营管理，海关行使行政监管职能。存放在海关监管仓库的货物有两个期限，如储存超过 14 天未申报，海关要征收滞报金；超过 3 个月仍不提取的，便视为放弃货物，按照《中华人民共和国海关法》的规定变卖，款项交归国库。

海关仓库管理：

仓库管理部门对存入仓库内的货物负有保管责任，凡存入进出口监管仓库的货物，未经海关许可，任何单位和个人不得开拆、提取交付、发运、改装、抵押、转让或者更改标记。自运输工具进境之日起，超过 3 个月未向海关报关提取的货物，监管仓库管理员应列出清单一式两份，于每月 10 日前连同货物运单副本一同交海关处理。

对进口监管仓库中的货物，监管仓库应严格凭加盖海关放行章的正本运单或《进（出）口货物放行单》放行。对需要移入其他监管库保管的监管货物，监管仓库须凭加盖海关验讫章的正本运单办理出库手续。

出口普通货物因故不出境，货主要求从监管仓库中提出，仓库保管员必须凭加盖验讫章的《退关出库放行通知单》放行。出口鲜活品因故不能出境需从库中提出，应及时通知海关。在海关工作时间内凭海关加盖验讫章的《退关出库放行通知单》放行；在海关非工作时间提取货物需经海关主管科长许可后补《退关出库放行通知单》。为保证海关对出口货物的查验，所有出口货物须严凭海关加盖放行章的正本运单装箱、上板、封网。

所有出口货物必须实际进入出口监管仓库后方可报关，海关凭监管仓库加盖印章（交海关备案）的《国际货物托运书》接受报关，《国际货物托运书》上应填明出口货物品名、件数、质量,并不得涂改。

2.报关相关知识

概念:

报关是履行海关进出境手续的必要环节之一。报关是指进出口货物的收发货人、进出境运输工具的负责人、进出境物品的所有人或者他们的代理人向海关办理货物、物品或运输工具进出境手续及相关海关事务的过程,包括向海关申报、交验单据证件,并接受海关的监管和检查等。

报关种类(涉及的对象):

报关涉及的对象可分为进出境的运输工具和货物、物品两大类。由于性质不同,其报关程序各异。运输工具如船舶、飞机等通常应由船长、机长签署到达、离境报关单,交验载货清单、空运、海运单等单证向海关申报,作为海关对装卸货物和上下旅客实施监管的依据。而货物和物品则应由其收发货人或其代理人,按照货物的贸易性质或物品的类别,填写报关单,并随附有关的法定单证及商业和运输单证报关。如属于保税货物,应按"保税货物"方式进行申报,海关对应办事项及监管办法与其他贸易方式的货物有所区别。

报关提交单证:

进出口商向海关报关时,需提交以下单证:

(1)进出口货物报关单。一般进口货物应填写一式二份;需要由海关核销的货物,如加工贸易货物和保税货物等,应填写专用报关单一式三份;货物出口后需国内退税的,应另填一份退税专用报关单。

(2)货物发票。要求份数比报关单少一份,对货物出口委托国外销售,结算方式是待货物销售后按实销金额向出口单位结汇的,出口报关时可准予免交。

(3)陆运单、空运单和海运进口的提货单及海运出口的装货单。海关在审单和验货后,在正本货运单上签章放行退还报关员,凭此提货或装运货物。

(4)货物装箱单。其份数同发票,但是散装货物或单一品种且包装内容一致的件装货物可免交。

(5)出口收汇核销单。一切出口货物报关时,应交验外汇管理部门加盖"监督收汇"章的出口收汇核销单,并将核销编号填在每张出口报关单的右上角处。

(6)海关认为必要时,还应交验贸易合同、货物产地证书等。

(7)其他有关单证。

①经海关批准准予减税、免税的货物,应交海关签章的减免税证明,北京地区的外资企业需另交验海关核发的进口设备清单。

②已向海关备案的加工贸易合同进出口的货物,应交验海关核发的"登记手册"。

进口报关流程:

(1)客户提供到货通知书、正本提单或电放保函及换单费、THC 费等到所属船公司换取进口提货单。

（2）准备进口报关所需单证。

①必备单证:清单、发票、合同一式一份、报关和报检委托书各一份。

②从欧盟、美国、韩国、日本进口货物,如是木制包装箱的需提供热处理证书或植物检疫证书,如是非木制的需提供无木制包包装。

③税则所规定的各项证件(如进口许可证、机电证、重要工业品证书)。

④有减免税手册的提供减免税证明手册。

（3）进口申报后如海关审价需要,客户需提供相关价格证明。如信用证、保单、原厂发票、招标书等海关所要求的文件。

（4）海关打印税单后,客户需在15个工作日缴纳税费。如超过期限,海关按日计征滞纳金。

（5）报关查验放行后,客户需及时缴纳报关、报检代垫代办费。

提示:货物到港后14日内必须向海关申报。如超过期限海关按日计征滞报金(按货物价值万分之五),超过3个月,海关将作无主货物进行变卖。

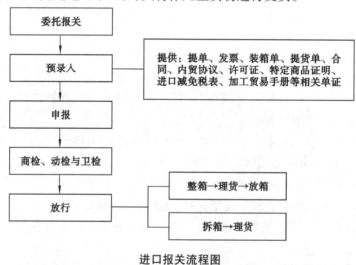

进口报关流程图

出口报关流程:

（1）出口报关企业应具备在当地海关、检验检疫局注册备案,有进出口经营权和自理报检登记证书。

（2）出口报关所需单证:

①客户在货物运抵海关监管区后,装货的24小时之前,备齐海关所需单证向海关申报。

②必备单证:清单、发票、合同、核销单、报关委托书、船公司装货单等证件各一份。

③按海关税则所规定的各项证件(如通关单、出口许可证等)。

④有出口手册需提供手册报关。

(3)出口报检所需单证:

①客户应在报关之日前3天备齐所需单证,向检验检疫局申报。提供单证包括清单发票、合同、报检委托书、厂检单、纸箱包装单等证件各一份。

②出口货物到美国、澳大利亚、加拿大、欧盟等外包装为木制的需做熏蒸或热处理的,客户所提供的单证包括清单、发票、合同、报检委托。如熏蒸产品是木制品,还需提供厂检单。

③做熏蒸或热处理的产品,客户应在报关前两天,将货物运抵到指定的堆场或港区进行熏蒸(需熏蒸24小时)。

(4)出口报关正式向海关申报。如出口需缴纳税费的,应及时缴纳税费。

(5)海关现场审单结束。货物单证放行后,货主应在海关规定的时间内将货物运至海关监管区内进行验放。如需查验,报关行应及时与海关联系,进行货物查验,验完后需按船公司封指定铅封。不需查验的应及时进行实货放行,将装货单按截关时间送到港区装船。

(6)待货物出口,船公司就将出口舱单数据传送海关,海关接收到数据后报关行待海关数据结关后,及时到海关打印退税核销联。

(7)出口通关结束。客户需及时缴纳报关报检代垫代办费。

注意事项:在进出口贸易的实际业务中,绝大多数是卖方负责出口货物报关,买方负责进口货物报关,即绝大多数的贸易公司只是同自己国家的海关打交道。

199

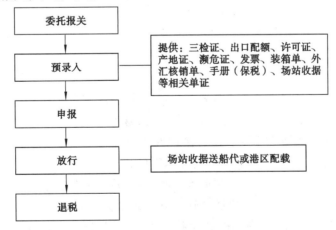

出口报关流程图

报关期限:

进出口货物的报关期限在《海关法》中有明确的规定,而且出口货物报关期限与进口货物报关期限是不同的。

出口货物的发货人或其代理人除海关特许外,应当在装货的 24 小时以前向海关申报。做出这样的规定是为了在装货前给海关以充足的查验货物的时间,以保证海关工作的正常进行。如果在这一规定的期限之前没有向海关申报,海关可以拒绝接受通关申报,这样,出口货物就得不到海关的检验、征税和放行,无法装货运输,从而影响运输单据的取得,甚至导致延迟装运、违反合同。因此,应该及早地向海关办理申报手续,做到准时装运。

进口货物的收货人或其代理人应当自载运该货的运输工具申报进境之日起 14 天内向海关办理进口货物的通关申报手续。做出这样的规定是为了加快口岸疏运,促使进口货物早日投入使用,减少差错,防止舞弊。如果在法定的 14 天内没有向海关办理申报手续,海关将征收滞报金。滞报金的起收日期为运输工具申报进境之日起的 15 天;转关运输货物为货物运抵至运地之日起的第 15 天;邮运进口货物为收到邮局通知之日的第 15 天。截止日期为海关申报之日。滞报金的每日征收率为进口货物到岸价格的 0.5‰,起征点为人民币 10 元。

计算滞报金的公式:

滞报金总额=货物的到岸价格×滞报天数×0.5‰

进口货物的收货人自运输工具申报进境之日起超过 3 个月未向海关申报的,其进口货物由海关提取变卖处理。所得价款在扣除运输、装卸、存储等费用和税款后,尚有余款的,自货物变卖之日起一年内经收货人申请,予以发还;逾期无人申请的,上缴国库。确属误卸或者溢卸的进境货物除外。

注意事项:

(1)进口单证(装箱单、发票、贸易合同)等所有单证一定要和实际货物一致。

(2)装箱单、发票、贸易合同等单证上的货物品名一定要相同并且和实际货物的品名一致。

(3)装箱单上的货物质量和方数要和提单上的一致,并且要和实际货物一致。

(4)合同上面要有合同号,发票上面要有发票号。

(5)木制包装的需要在木制包装上有 IPPC 标示。

(6)从韩国和日本进口货物,还要有非木制包装证明。

(7)凡进口下列九类商品必须提前 5 天预申报:汽车零件;化工产品;高科技产品;机械设备;药品;多项食品;多项建材;钢材;摩托车零配件。

(8)凡进口旧印刷机械,进口年限不能超过 10 年,超过 10 年国家不允许进口。

(9)凡进口发电机组,工作实效不能超过 15 000 小时,年限不能超过 8 年。

(10)旧医疗器械,国家不允许进口。

200

3.相关行业证书及考试要求

跨境电子商务师:

分为三个等级:跨境电子商务员、助理跨境电子商务师、跨境电子商务师。

(1)报名及考试时间

①报名时间:每年3—5月中旬,9—11月中旬。

②考试时间:每年两次,6月上旬一次,12月上旬一次(具体时间见网上公示)。

③报名需提交资料:身份证、最高学历证明复印件各一份,大一寸红底彩色照片3张。

(2)证书的发放与使用

考核通过者将由工业和信息化部电子行业职业技能鉴定指导中心颁发跨境电子商务师证书并网上注册,全国有效。

(3)报考资格

具备下列条件之一者:

①在本专业工作岗位见习工作1年以上,经本专业正规培训达规定标准学时数,并取得毕(结)业证书者。

②取得经教育行政部门和劳动保障行政部门审核认定的、以中级技能为培养目标的中等以上职业学校本专业毕业证书者。

③相关专业的中等以上职业学校在读学生。

(4)考试方法

考试由理论知识考试和技能操作考核两部分组成。两部分考核都合格的考生通过本次考试。

①理论知识考试:时间60分钟,总分100分,考试得分60分(含)以上者为合格。

②技能操作考核:时间90分钟,总分100分,考试得分60分(含)以上者为合格。

(5)试题形式

①选择题(含多项选择)、判断题:主要考查考生掌握基础知识概念的理解及掌握的清晰程度。

②操作技能题:主要考查考生对跨境电子商务综合业务的分析、理解、处理等能力。

4.相关行业比赛及比赛要求

比赛名称	举办单位	比赛主要内容	比赛时间
中国大学生跨境电子商务创新创业大赛	国家服务外包人力资源研究院	以公益培训、企业实习、创业导引等方式,让学生们走出校门,进入企业,在真实的企业供应链和国际市场环境中,接受真实的业务技能训练,操盘真实"互联网+"下的国际贸易	2015年首届的时间:4月开幕,11月闭幕

续表

比赛名称	举办单位	比赛主要内容	比赛时间
全国跨境电商创新创业能力大赛	中国国际贸易学会和全外贸职业教育教学指导委员会	专业贸易专业知识,PS技术,平台运营技巧,团队写作能力以及数据收集、数据分析能力	2016年首届:3—7月

5.跨境电商创业知识要点

当前,创业氛围浓、门槛低的跨境电商出口从传统的B2B类大宗商品交易逐渐向B2C和C2C类零售商品扩展,甚至出现了"一个亚马逊网店可以养活一个工厂"的传说。据数据显示,2013年我国跨境电商平台企业已经超过5 000家,在各类跨境电商平台上发展业务的企业已经超过了20万家,主要集中在北京、上海、广东、浙江等地。

而业内人士认为:暴利期已过,下海要谨慎。跨境电商需较高的外语水平和店铺维护、营销等知识,这些需要一个学习过程,而等到正常出单,可能需要半年。这个过程中可能遇到各种问题和瓶颈,也没有收入。工薪阶层最好不要贸然辞职做跨境电商。

跨境电商创业要点:

①产品。前两年火爆的3C、假发等产品的利润不再;服装类开始崛起,尤其是婴童服装;电子烟异军突起;家具产品现蓝海。另据MasaPay后台最高峰时的交易量占比来看,女装、3C、户外、家居等实物类,软件、游戏、社区交友等虚拟类产品的需求空间仍然很大。

②物流。建海外仓是趋势,一方面实现本地化,容易取得当地消费者的信任,另一方面可以节省成本。但生产型企业可以选择第三方服务公司进行合作。

③人才。几乎所有跨境电商企业都缺人,企业自己培养更实际。建议企业之间不要相互挖角,这不利于整个市场的良性循环。最好是在传统企业里挑选人才进行培训,这种人是最容易上手的。现在有些跨境电商企业采用"合伙人机制",效果非常明显,企业发展非常迅速。

④跨境电商主流模式不是B2C,而是B-B-C。跨境电商=跨境贸易(B2B)+本地化电商(B2C、B2b),传统企业转向跨境电商后,越来越趋向小订单。小订单现有3种解决方案:在线批发+海外仓模式;在线货源分销模式;代运营模式。

⑤不要只想做高端产品。高端用户的获取是很难的,毕竟大部分电商购买用户的普遍收入并没有想象中的高,特别是三线城市,70%以上的用户月收入低于5 000元,扣除所有的税、保险、公积金,到手的只有3 000多元。而对电商创业而言,三线城市用户的获取是远远易于一线城市的,所以如果跨境电商创业想要获取足够多的用户,就必须争取这些普通收入水平的用户,一定要去做能够被大众接受的产品,只做"卖得贵"的产品是行不通的。

⑥不要试图只做爆款。对于跨境电商,打爆款的思维是要不得的。首先,海外的商

品同类差异化的产品特别多。以眼药水品牌为例,日本一个眼药水就有 40 多个品牌,每个品牌都是针对不同人的情况专门设计的。而正因为国外的产品分得非常细,因此国外的所有企业全部是计划型经济,今年要做多少货,是年初就定下来的,到年底都不会改。所以如果你要做爆款,货源是跟不上来的。

⑦不要试图做大而全。创业者千万不要奢望做一个全品类的跨境电商,在无线选品的情况下,跨境电商创业者更应该利用好跨境电商现在的利好环境,尽快做好细分市场。

⑧不要自以为国外没有假货。其实国外跟国内一样,都会有假货。虽然说国外造假的成本非常高,但是国外的产品生产都是有计划的,当产生严重的供需不平衡,国外产品脱销的时候,国外的假货就有可能产生。

⑨跨境电商创业千万不要囤货。在这个跨境电商时代,囤货是非常不可取的。首先囤货第一个考虑的因素是汇率,当汇率有所跳动的时候,很多囤货的商家就会变得"血本无归"。第二个因素是国外品牌生产计划的改变,因为当跨境电商给渠道源带来红利时,在利益驱动下国外品牌商也有瞬间扩大产能的可能性,这时所囤的货价格及价值可能就会降低。虽然跨境电商的周转时间特别长,但是周转期一定要尽可能地压缩,因为跨境电商有一个致命的缺点,就是在保税区不能做的两件事情:第一个不能退货,第二个很难分销。所以囤货是非常危险的行为。

参考文献

［1］薄晓东. 跨境电子商务驱动中国外贸创新发展研究［J］. 现代管理科学,2018(01):51-53.

［2］周坚男,朱海鹏,杨坚争. 上海市跨境电子商务发展情况分析［J］. 中国林业经济,2018(01):24-27.

［3］刘晓. 跨境电子商务对我国中小企业国际贸易的影响及思考［J］. 商场现代化,2018(01):60-61.

［4］朱博晨. 基于博弈论的跨境电子商务监管问题探究［J］. 现代商业,2018(02):61-63.

［5］刘晏君. 跨境电子商务物流模式创新与发展趋势［J］. 现代交际,2018(03):255-256.

［6］谢蓉. 宁波保税区做大做强跨境电子商务的对策研究［J］. 宁波经济(三江论坛),2018(01):26-29.

［7］陈宇红,梁恒,杨书琴. 跨境电子商务风险及防范研究［J］. 社科纵横,2018,33(03):22-26.

［8］张衍斌. 以区块链技术构建中欧跨境电子商务生态圈［J］. 中国流通经济,2018,32(02):66-72.

［9］郭韧,黄淑蓉,程小刚. 基于动态聚类的跨境电子商务物流信息匹配研究［J］. 图书馆学研究,2018(01):89-94.

［10］杨军安. 外贸新常态下跨境电子商务的发展研究［J］. 商业经济,2018(01):107-108.

［11］郑远芳,李路平. 贸易便利化下自贸区跨境电子商务:一个文献综述［J］. 经济研究导刊,2018(03):176-177,180.

［12］刘侃,赵冬梅. 跨境电子商务物流企业竞争力实证研究［J］. 商业经济研究,2018(01):93-96.

［13］王佳玲,宋聪.跨境电子商务环境下物流模式选择——以优耐特公司为例[J].现代商贸工业,2018,39(07):56-58.

［14］徐凡.跨境电子商务基础与实务[M].北京:中国铁路出版社,2019.

［15］章学拯,苏庆新.国际贸易电子化实务与跨境电子商务[M].上海:格致出版社,2018.

［16］冯晓宁.跨境电子商务概论与实践[M].北京:中国海关出版社,2019.